W0230880

Artemis & Winkler

Dieter Arnold

Die Tempel Ägyptens

Götterwohnungen, Kultstätten,
Baudenkmäler

Artemis & Winkler

Frontispiz:
Rekonstruktion des ersten Pylons des Tempels
Ramses' III. von Medinet Habu.

Alle Rechte, einschließlich derjenigen
des auszugsweisen Abdrucks und der
photomechanischen Wiedergabe, vorbehalten.

Artemis & Winkler Verlag
© 1992 Artemis Verlags-AG, Zürich

Gestaltung: Tatiana Wagenbach-Stephan
Druck: Kösel, Kempten
Printed in Germany
ISBN 3-7608-1073-X

Inhaltsverzeichnis

7

EINLEITUNG

Während der Jahrhunderte unmittelbar vor und nach unserer Zeitrechnung wurde Ägypten nicht nur von ausländischen Dynastien beherrscht, sondern stand auch unter den verschiedensten Einflüssen fremder Kulturen des Mittelmeerraumes. Dennoch wurden auch weiterhin die Kulte einheimischer Götter gepflegt und Tempel im pharaonischen Stil errichtet oder zumindest bestehende ältere Bauten erweitert oder unvollendete Tempel fertiggestellt. Die letzte datierbare hieroglyphische Inschrift wurde schließlich im Jahr 394 n. Chr. auf einer Wand des Tempels von Philae angebracht.

Bis zu diesem Zeitpunkt war Ägypten wie kaum ein anderes Land der Erde ein Land der Tempel. Von Nubien bis zum Mittelmeer, von der Oase Siwa bis zur Küste des Roten Meeres wurden die Lehmhütten jeden Dorfes und die mehrstökkigen Häuser jeder Stadt von den monumentalen Pylonen ihrer Tempel beherrscht, Heiligtümer, die mit ihren gewaltigen Umfassungsmauern alle übrigen Bauten an die Peripherie verwiesen. Diese Tempel waren durch mancherlei Bezüge miteinander zu einem dichten Netz verwoben. Ihre Götter waren nicht nur verwandtschaftlich miteinander verbunden, sondern wohnten auch als «Gastgötter» in fremden Heiligtümern, und häufig zogen ihre Kultbilder zu Wasser oder Land zu benachbarten Tempeln. Auf diese Weise prägten die Götter und ihre Tempel die Landkarte Ägyptens und gestalteten das Land zu einer Art Staat der Götter.

Man darf jedoch nicht vergessen, daß schon in der Ptolemäer- und Römerzeit keineswegs mehr alle Göttertempel intakt waren, die im Verlaufe einer 2500 Jahre währenden Bautätigkeit in Ägypten entstanden waren, und daß sich schon ein antiker Besucher um Christi Geburt und danach selbst an Orten mit relativ gut erhaltenen Tempeln kaum noch ein richtiges Bild von der Situation zur eigentlichen pharaonischen Zeit machen konnte. Denn schon die Pharaonen des Neuen Reiches ließen nahezu alle älteren Bauten abtragen und durch eigene, größere Neubauten ersetzen, so daß wir heute nur noch die wenigen Tempel des Alten und Mittleren Reiches aufrecht stehen sehen, die durch besondere Umstände diesem Schicksal entgingen. Auf gleiche Weise wurden ab der 26. Dynastie wiederum viele der fast tausend Jahre alten und teilweise baufälligen Tempel des Neuen Reiches durch Neubauten ersetzt. Neben dieser wohlmeinenden Erneuerung ging aber auch ein zerstörerischer Abbruch zur Gewinnung von Baumaterial, der weniger die Göttertempel als inaktive, ältere Königskultstätten betraf. Es wird also zu kaum einer Zeit der ägyptischen Geschichte ein idealer Zustand der Vollendung geherrscht haben. Vielmehr dürften die ägyptischen Tempel oft über Jahrhunderte hinweg Baustellen gewesen sein, mit halbzerstörten älteren und halbfertigen neuen Tempeln, durchaus vergleichbar den europäischen Dombaustellen des Mittelalters.

391 n. Chr. wurden unter Theodosius I. die heidnischen Kulte verboten und nach ihrer fast viertausend Jahre währenden Geschichte die Tempel der ägyptischen Götter geschlossen und in der Folgezeit die Zahl der Tempel merklich reduziert. Denn nur wenige Tempel wurden in Kultstätten der neuen Religionen, in Festungen oder gar Speicher und Ställe umgewandelt. Die meisten Bauten wurden

als praktisch inmitten der Siedlungen gelegene Steinbrüche ausgebeutet und im Laufe der Jahrhunderte beträchtlich beschädigt oder ganz abgetragen. Derartige Totalschäden hat besonders das Delta erlitten, wo der Bedarf an Baumaterial durch die Nähe der neu aufblühenden arabischen Städte Damiette, Mansura, Damanhur und schließlich auch Kairos besonders groß war. Selbst im Mittelalter scheinen, arabischen Reiseschriftstellern gemäß, in Ägypten noch beträchtlich mehr Tempelruinen aufrecht gestanden zu haben als heute. Selbst die Publikationen aus dem frühen 19. Jahrhundert verzeichnen noch einige wohlerhaltene Tempel, die erst seither verlorengegangen sind. Dem französischen Archäologen François Auguste Mariette (1821–1881), dem Begründer der ägyptischen Altertümerverwaltung und des Ägyptischen Museums Kairo, gelang es allmählich, dem Abbruch der Tempel ein Ende zu setzen. Lange Zeit darüber hinaus war es den Fellachen jedoch noch gestattet, auch aus Tempelbezirken die zur Düngung der Felder begehrten Lehmziegelreste *(sebbach),* denen man damals keinen archäologischen Wert zumaß, abzutragen. Und mancher pharaonische Lehmziegeltempel dürfte noch diesem Treiben zum Opfer gefallen sein. Dennoch konnten schließlich die letzten Zeugen der pharaonischen Baukunst in das 20. Jahrhundert, aber damit auch in eine unsichere Zukunft hinübergerettet werden. Denn wie zu keiner anderen Zeit zuvor bedrohen jetzt neue Gefahren die altersschwachen Bauten. Noch in den sechziger Jahren unseres Jahrhunderts wurde ganz Nubien künstlich überflutet und seine Tempel als den Fortschritt behindernde Fossilien beiseite geräumt und einige sogar dem Ausland überlassen (nubische Tempel befinden sich heute in Turin, Madrid, Berlin, Leiden und New York). Durch die seitdem intensivierte Bodenbewässerung dringt von unten vermehrt Feuchtigkeit in die Tempelfundamente; von oben bedroht jetzt auch die in Ägypten bedenklich zunehmende Luftverschmutzung die Steinoberfläche, und jährlich treten schon zweieinhalb Millionen Touristen auf die Pflaster der Tempel und befingern ihre Wände. Damit steht die Egyptian Antiquities Organization vor der schwierigen Aufgabe, die Interessen der Denkmalspflege gegen jene des Tourismus und der wirtschaftlichen Entwicklung des Landes zu vertreten.

Nach dieser Jahrtausende währenden Zerstörungsgeschichte überwältigen heute immer noch, besonders in Oberägypten, eindrückliche Tempel dieser größten Steinbaukultur der Geschichte in wenig beschädigtem Zustand jeden Besucher.

Erster Teil:
Wesen und Formen ägyptischer Heiligtümer

VOM WESEN DES ÄGYPTISCHEN TEMPELS[1]

Die ägyptischen Götter residierten nicht in einem fernen Olymp, sondern im Lande selbst, inmitten der Menschen. Ihre Tempelresidenzen sind somit als Teil einer anderen Welt den Menschen ebenso verschlossen wie etwa die Residenz des Königs; äußerlich sichtbar gemacht durch eine gewaltige Umfassungsmauer[2]. Der ägyptische Tempel ist ein *Per,* ein Haus für den Gott im vollen Wortsinn. Der Ägypter gebraucht dafür auch den Begriff *Achet,* «Horizont» oder «Lichtung». Der Tempel ist «wie die *Achet* des Himmels». In dieser Exklave des Himmels leben die Götter in Bildern. Ihre Kultbilder *sind* in gewissem Sinn Götter. Nicht umsonst heißt demnach in den Tempelannalen die Herstellung eines solchen Kultbildes des Anubis «die Geburt des Anubis». Ganz wenige Kultbilder sind erhalten geblieben, so zum Beispiel ein sitzender Falkengott in Menschengestalt mit Falkenkopf, aus massivem Silber gegossen und mit einer Goldauflage versehen. Die Strähnen der Perücke und Details des Gesichtes sind mit Lapislazuli eingelegt, die Augen aus Bergkristall. Die heute verlorene Krone war vermutlich ebenfalls aus kostbarem Material gefertigt. Alle in der Tempelumwallung zusammengeschlossenen Einrichtungen haben letztlich nur die Aufgabe, diese «Götter» zu schützen, zu pflegen und zu versorgen. Die Kultbilder führten im Tempel ein geheimnisvoll elitäres, von dem sie verehrenden Ägyptervolk völlig abgeschirmtes Dasein. Nur an bestimmten Götterfesten wurden sie herausgetragen, um eine «Erscheinung» zu begehen. Solche Anlässe boten dem Laien wenigstens eine geringe Möglichkeit, mit der Gottheit in Beziehung zu treten. Kontakte mit den höheren Mächten suchte man eher über besondere Statuen, die den Tempeleingang flankierten und im Rufe standen, Bitten zu erhören. Derartige «Stätten zum Erhören der Bitten aller Bittsteller» sind uns besonders aus ramessidischer Zeit durch die Widmung von Stelen bekannt, auf denen die betreffenden Statuen abgebildet und angesprochen werden. Fragen und Wünsche an die Götter wurden auch durch Priester vermittelt und in Form von «Orakeln» beantwortet. Gelegentlich war an der Außenseite der Rückwand der Tempel, also gegenüber der Stelle, an der sich im Inneren das Kultbild befand, eine Kultstelle eingerichtet, entweder eine Scheintür, ein Säulenkiosk, ja gelegentlich ein kleiner «Gegentempel», von dem aus das Kultbild hinter der dicken Tempelmauer von außen erreicht werden konnte. Es gab jedoch noch einen anderen Weg, in das Innere einer solchen Götterresidenz einzudringen und sogar dort zu wohnen, nämlich durch die Stiftung einer persönlichen Statue. Demzufolge war das Innere der ägyptischen Tempel nicht nur von Kultbildern, sondern auch von einer Vielzahl von Bildern bevölkert, von denen ein großer Teil von nichtköniglichen Stiftern stammte. In diesen Bildern lebte, wie in den Kultbildern des Gottes, der Ka[3] der stiftenden Person und konnte wie jene in den Genuß der ewiges Leben im Kreise der Götter verheißenden Rituale gelangen. Hinzu kamen schließlich auch Weihgeschenke (kleine Ton- oder Fayencefiguren und dergleichen), die die Bevölkerung ihren Göttern zum Dank für gewährten Beistand in die Tempel schickte. Diese Figuren und Geschenke überfüllten allmählich die Tempel so sehr, daß von Zeit zu Zeit die Innenräume ausgeräumt werden mußten. Votive konnten jedoch als Eigentum der Gottheit nicht zerstört werden, sondern

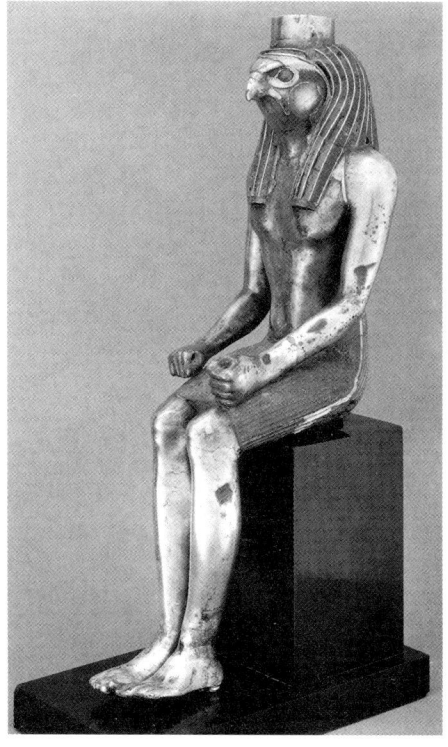

Silbernes Kultbild eines Falkengottes in einer Privatsammlung.

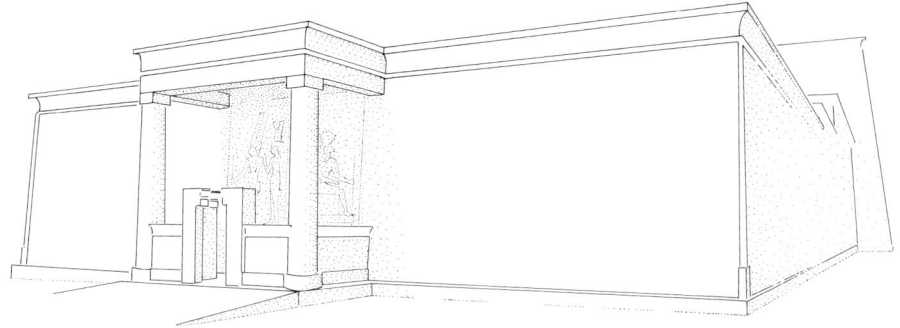

Rekonstruktion des «Gegentempels» an der rückseitigen Außenwand des Chons-Tempels von Karnak.

mußten innerhalb des Tempelbezirkes in großen Gruben versenkt werden. Mehrere Depots wurden wiederentdeckt, das größte 1903 im Hof hinter dem 7. Pylon von Karnak, wo 17 000 Bronzestatuetten und 751 größere Statuen zutage kamen. 1989 wurde ein weiteres Depot von 26 Statuen im zweiten Hof des Luxor-Tempels gefunden.

Außerhalb der Tempelmauern mangelte es nicht an volkstümlichen Kultplätzen wie heiligen Bäumen, Höhlen, Urhügeln (Schöpfungsstätten) und geheiligten Wüstentälern. Besonders ab dem Neuen Reich besaßen auch die meisten privaten Wohnhäuser kleinere Kultstellen für die Schutzgottheiten der Familie.

Daß der Ägypter ein derart aufwendiges System der Götterpflege auf sich nahm, ist durch seine Vorstellung zu erklären, daß dadurch der ausgeglichene Zustand der *Ma'at,* der lebensspendenden Gerechtigkeit und Ordnung, hergestellt werde. Dieses Ziel wurde nur erreicht, wenn Götter und Menschen gegenseitig ihren Beitrag dazu leisteten, der Mensch durch Opfer und Kult, die Götter durch Erhaltung des Lebens. Wurde dieser Zustand nicht erreicht, versank die Welt in Chaos und Not, dann herrschte die *Isfet.* Die Durchsetzung der *Ma'at* auf Erden, also von Gerechtigkeit und Kult, lag in der Hand des Herrschers[4]. Die Erbauung und der Unterhalt großer Göttertempel gehörte somit nicht in die Kompetenz eines Priestertums oder einer Lokalverwaltung, sondern ausschließlich in die Verantwortlichkeit des Königs, dessen Name allein in den Weihinschriften erscheint. Wir finden daher in den Tempelinschriften auch keine Namen von Architekten oder Priestern, die die Pläne für den Bau und seine Ausstattung entwarfen. Große Bauvorhaben wurden vor allem in Zeiten starker Herrscherpersönlichkeiten durchgeführt, also zum Beispiel unter den großen Pharaonen Sesostris I. und III., Thutmosis III., Amenhotep III. und Ramses II.

ENTSTEHUNG UND ENTWICKLUNG

Die ägyptische Architektur hat sich nicht, wie man meinen könnte, schon sehr früh und direkt aus einem «megalithischen» Bauen heraus entwickelt, etwa aus einer Kultur, wie sie im europäischen Raum bereits um die Mitte des 5. Jahrtausends v. Chr. erste Steinarchitekturen hervorbrachte. Vielmehr entsteht in Ägypten erst tausend Jahre später und erst allmählich zunächst eine bedeutende Ziegelarchitektur. Diese gipfelt in monumentalen Umwallungen von Palästen und Grabanlagen der Könige der ersten beiden Dynastien in Hierakonpolis, Neqada, Abydos und

Saqqara (3000–2800 v. Chr.). Ziegelkonstruktionen für den Götterkult von annähernd vergleichbarer Bedeutung und Dimension gab es in dieser Zeit noch immer nicht. Dies ist um so erstaunlicher, als nicht nur in Europa, sondern auch in fast allen umliegenden Ländern des Mittelmeerraumes bereits ab dem 5. Jahrtausend bedeutende Heiligtümer errichtet wurden[5].

Als sich – wohl im Zeitraum von 6500 bis 4000 v. Chr. – die letzten prähistorischen Siedlerwellen, aus dem Westen, Südwesten und Nordosten kommend, im Niltal niederließen, schufen sie dort aus Lehm, Schilf und Holz eine Architektur, in der auch Behausungen zum Schutze ihrer ersten Kultbilder oder Fetische nicht fehlten. Solche Anlagen bestanden aus einem von einem Flechtzaun oder einer Mauer eingefaßten heiligen Bezirk, in dem die eigentliche Kultbildstätte stand, gekennzeichnet durch totemhafte Embleme der hier wohnenden Gottheit. Für die Form der Kultbildhütte gab es in der Frühzeit noch keine Normen[6]. Erst im Laufe der Zeit bildet sich in einem Ausleseverfahren ein allgemein akzeptierter Tempelbautyp heraus.

In der alten Deltastadt Buto gab es einen Palmenhain mit den Totenhäusern oder Grabpalästen vorzeitlicher Häuptlinge oder Fürsten. Es waren Fachwerkkonstruktionen mit festen Eckbalken, die mit Schilfmatten behängt waren. Die Dächer waren gewölbt aus gebogenen Elementen (Rohr?) zusammengebunden. Diese *Per-neser* oder *Per-nu* genannten Bauten wurden später zum Leitmotiv für das unterägyptische Kronenheiligtum oder ganz allgemein zum Symbol für unterägyptische Kultstätten. Noch im Djoser-Grabbezirk der 3. Dynastie baute man derartige Tempel in Stein nach. Da der Ägypter jedoch im Großbau keinen Gebrauch von der Wölbetechnik machte, konnte er diese Bauform im Steinbau nicht verwenden. Nur in hölzernen Götterschreinen fand diese butische Bauform noch lange Zeit Verwendung. Erst in thebanischen Monumentalgräbern der Spätzeit greifen die Architekten wieder auf dieses Motiv für die Ausgestaltung unterirdischer Hallen und Nischen zurück.

Ein Pendant zum butischen Heiligtum ist das oberägyptische Kronenheiligtum oder *Per-wer*. Es wird auf die Gestalt einer vorzeitlichen Häuptlingshütte in der Form eines Ungeheuers zurückgeführt. Auf eine Rahmenkonstruktion sind wiederum Matten gehängt. Das Dach jedoch ist in Nachahmung eines Tierrückens abwärts geschwungen, und am Kopfende treten aus der Fassade die Stoßzähne von Elefanten oder Nashörnern hervor. Davor sind dann noch zwei Flaggenmasten aufgepflanzt. Auch diese etwas absonderliche Bauform eignete sich denkbar schlecht für eine Umsetzung in Stein und lebt daher ebenfalls in nur wenigen kleinen Kapellen und Sarkophagen weiter.

Ein dritter vorzeitlicher Bautyp schließlich errang durch seine für den Steinbau besonders günstige Form den Sieg und prägte den Haupttypus ägyptischer Architektur: ein Bau mit geneigten Außenwänden, eingefaßt durch den «ägyptischen» Hohlkehlen- und Rundstababschluß. Dieser Bautyp ist als *Seh-netzer*, «Götterhütte», in die ägyptische Kultikonographie eingegangen. Seine Herkunft ist unschwer zu erkennen. Wieder ist es eine ursprüngliche Fachwerkkonstruktion mit verstärkten Eckpfosten, vielleicht auch bereits ein Ziegelbau mit Kantenschutz, der oben durch eine dichte Reihe aufgepflanzter Palmwedel bekrönt ist. Dieser Mauerabschluß diente wohl als Schutz gegen das Überklettern der Mauer und war gleichzeitig ein Mittel der Monumentalisierung. Frühe Formen solcher Kapellen finden sich wieder im Djoser-Bezirk von Saqqara in Stein nachgebildet. Ab dem Mittleren Reich werden dann wohl die meisten Kultbauten in diesem «Stil» errichtet. Von nun an wird das Bau-

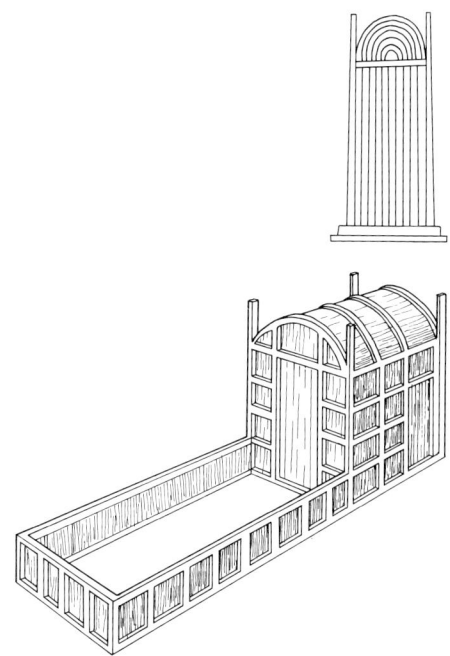

Hieroglyphische Wiedergabe und Rekonstruktionszeichnung des unterägyptischen Kronenheiligtums (Per-neser, Per-nu).

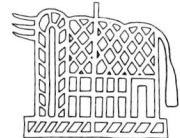

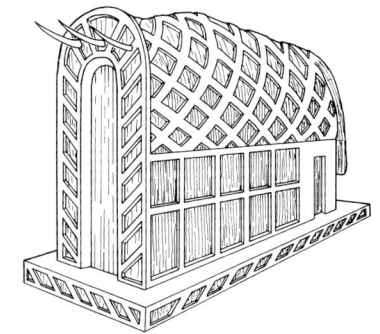

Hieroglyphische Wiedergabe und Rekonstruktionszeichnung des oberägyptischen Kronenheiligtums (Per-wer).

15

Der Hohlkehlenabschluß des Tempels von Edfu.

ornament der ägyptischen Hohlkehle zum Erkennungszeichen eines ägyptischen Tempels.

Neben Kultbauten, die sich schon äußerlich durch eine spezifische Form zu erkennen geben, existierten natürlich überall im Lande primitive, «natürliche» Kultstätten. Eine solche wurde zum Beispiel in den Stadtruinen von Elephantine gefunden. Der über lange Zeiträume hinweg gleichbleibende Kult, bewußter Traditionalismus und vor allem die überragende Bedeutung des Königskultes dürften der Grund dafür gewesen sein, daß solche anspruchslosen Anlagen bis weit in das 3. Jahrtausend hinein den Anforderungen des ägyptischen Götterkultes genügten.

Vor der Entstehung des eigentlichen Steinbaus gab es eine Übergangsphase, in der vorzeitliche Holz-Matten-Konstruktionen, deren Haltbarkeit materialbedingt nur von kurzer Dauer war, von Ziegelkonstruktionen abgelöst wurden. Aus Ziegeln errichtete frühe Heiligtümer kennen wir schon ab der 1. Dynastie, so zum Beispiel ein 7 × 14 Meter großer, rechteckiger Tempel in Abydos; aus der 2. und

Das frühe Satet-Heiligtum auf der Insel Elephantine.

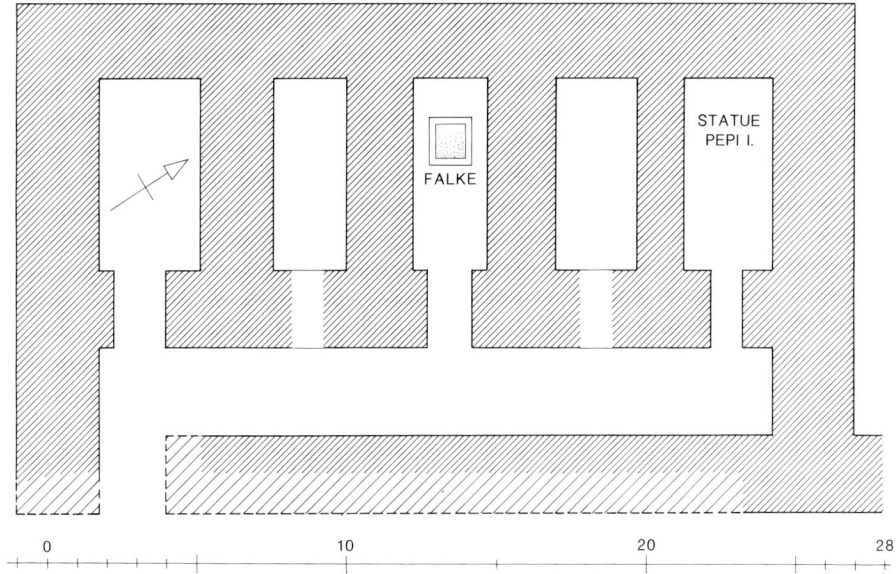

STATUE
PEPI I.

FALKE

0   10   20   28

Plan des Ziegeltempels des frühen Alten Reiches von Hierakonpolis.

3. Dynastie, ebenfalls aus Abydos, eine Anlage in der bereits alle Raumelemente späterer Tempel vorgebildet sind: Erscheinungssaal, Opfertisch- und Gastgötterraum und drei parallel angeordnete Statuenschreine. Ebenfalls aus dem frühen Alten Reich stammen die Reste des Ziegeltempels von Hierakonpolis. Auf einem Sandhügel stand ein 16 × 28 Meter großer Ziegelbau aus fünf parallel aneinandergereihten Kapellen, die sich auf einen gemeinsamen Korridor öffnen. Die starken Mauern deuten auf eine Überwölbung mit Ziegeltonnen. Die Außenseite des Tempels war vermutlich geböscht und mit weißem Putz überzogen. Man darf annehmen, daß die Göttertempel von bedeutenden Orten wie Memphis oder Heliopolis bereits im Alten Reich aus einer Kombination von Ziegeln und Stein bestanden. Denn bereits in der 3. Dynastie wurden die gewaltigen königlichen Jenseitsbezirke der Könige Djoser und Sechemchet in Saqqara in Stein errichtet. Der Komplex des Djoser ist in diesem Zusammenhang von besonderem Interesse, wurden doch hier verschiedene Kultbauten, die im Original aus vergänglichem Material wie Ziegel, Holz und Matten bestanden, in Stein nachgeformt. Diese Scheingebäude sind für den Bauforscher eine wichtige Quelle zur Erschließung früher ägyptischer Kultbauten. Aus den Jenseitsbezirken der 3. Dynastie entwickeln sich unter verschiedenen Kultvorstellungen und Baugedanken die gewaltigen Pyramidenkomplexe der 4. bis 6. Dynastie, Kultanlagen von beträchtlicher Größe und kompliziertem Grundrißschema, das die Form der königlichen Pyramidentempel bis in die 12. Dynastie prägte. In der 4. Dynastie entstand der ebenfalls vollständig in Stein errichtete Harmachis-Tempel von Giza. Vermutlich dem Vorbild des Reharachte-Tempels von Heliopolis folgend, errichteten sechs Könige der 5. Dynastie in der Nähe ihrer Pyramiden Sonnenheiligtümer, einige in beachtlicher Größe. Beide Einrichtungen, die Jenseitsbezirke und die Sonnenheiligtümer, dienten auf ihre Weise dem Heil des Königs, der ja bis in die 4. Dynastie hinein nicht nur Mittler zwischen Göttern und Menschen war, sondern selbst ein Gott, wenn nicht ihr höchster.

Ein interessantes Beispiel für eine Sonderentwicklung des Königskultes bildet der Tempel des Königs Mentuhotep Nebhepetre, des Reichseinigers der 11. Dynastie. In ihm treten zum erstenmal an bedeutender Stelle oberägyptische Bauvorstellungen zutage wie zum Beispiel die eines in den Berg hineinreichenden Terras-

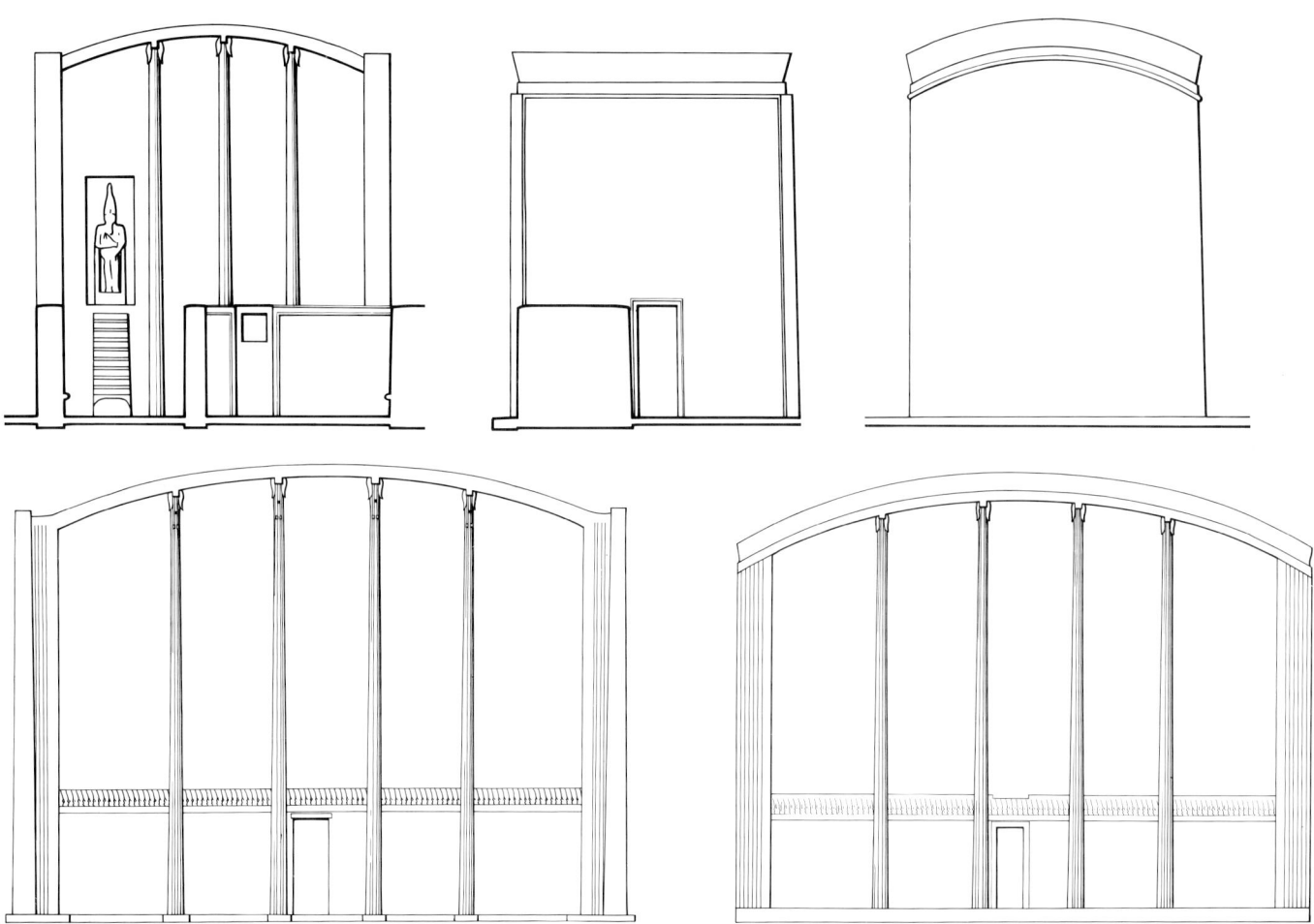

Rekonstruktion von fünf Kapellen im Djoser-Bezirk von Saqqara, die urtümliche Sakralbauten in Stein darstellen.

sentempels. Auch die Weise, in der sich der Tempel mit Pfeilerhallen nach außen öffnet, hat in den memphitischen Bauten des Alten Reiches kein Vorbild. Eine bautechnische Neuerung ist die erste Verwendung des dem Kalkstein an Bruchfestigkeit überlegenen Sandsteines. Wesentlich aber ist, daß hier zum erstenmal der Statuenkapelle des Königs ein Amun-Sanktuar in einer Weise vorgeschaltet wurde, die den König als eine Inkarnation des Amun erscheinen ließ.

Mit der Regierungszeit Sesostris' I., dem eigentlichen Beginn des Mittleren Reiches, setzt in Ägypten eine bisher ungekannte, staatlich gesteuerte Bautätigkeit ein, in deren Verlauf an allen bedeutenden Kultorten Ägyptens, wie zum Beispiel in Elephantine, Hierakonpolis, El-Kab, Esna, Et-Tod, Armant, Theben, Koptos, Abydos, Abgig, Lischt, Memphis, Heliopolis, Bubastis, Sais und Buto, Tempel aus Stein errichtet wurden. Die meisten dieser Bauten sind uns bestenfalls durch Blöcke mit dem Namen Sesostris' I. bekannt, die aus den Fundamenten von Tempeln des Neuen Reiches geborgen wurden. Denn nahezu alle Tempel des Mittleren – wie des Alten Reiches – wurden im Neuen Reich durch moderne größere Bauten ersetzt. Es ist daher kaum möglich, sich allein aus diesen Spolien und wenigen Fundamentresten eine Vorstellung von diesen Tempelbauten zu machen. Völlig rekonstruieren ließ sich allerdings ein Bau Sesostris' I., dessen Blöcke aus den Fundamenten des späteren Karnak-Tempels zutage gefördert wurden. Es ist der in der Ägyptologie als *chapelle blanche* bekannte kleine Pfeilerkiosk, der auch eine in dieser Zeit neu geschaffene Tempelform vertritt. Der Gedanke, zum Abstellen des

Das Innere des Harmachis-Tempels von Giza.

Der Pyramidentempel Sesostris' I. von Lischt.

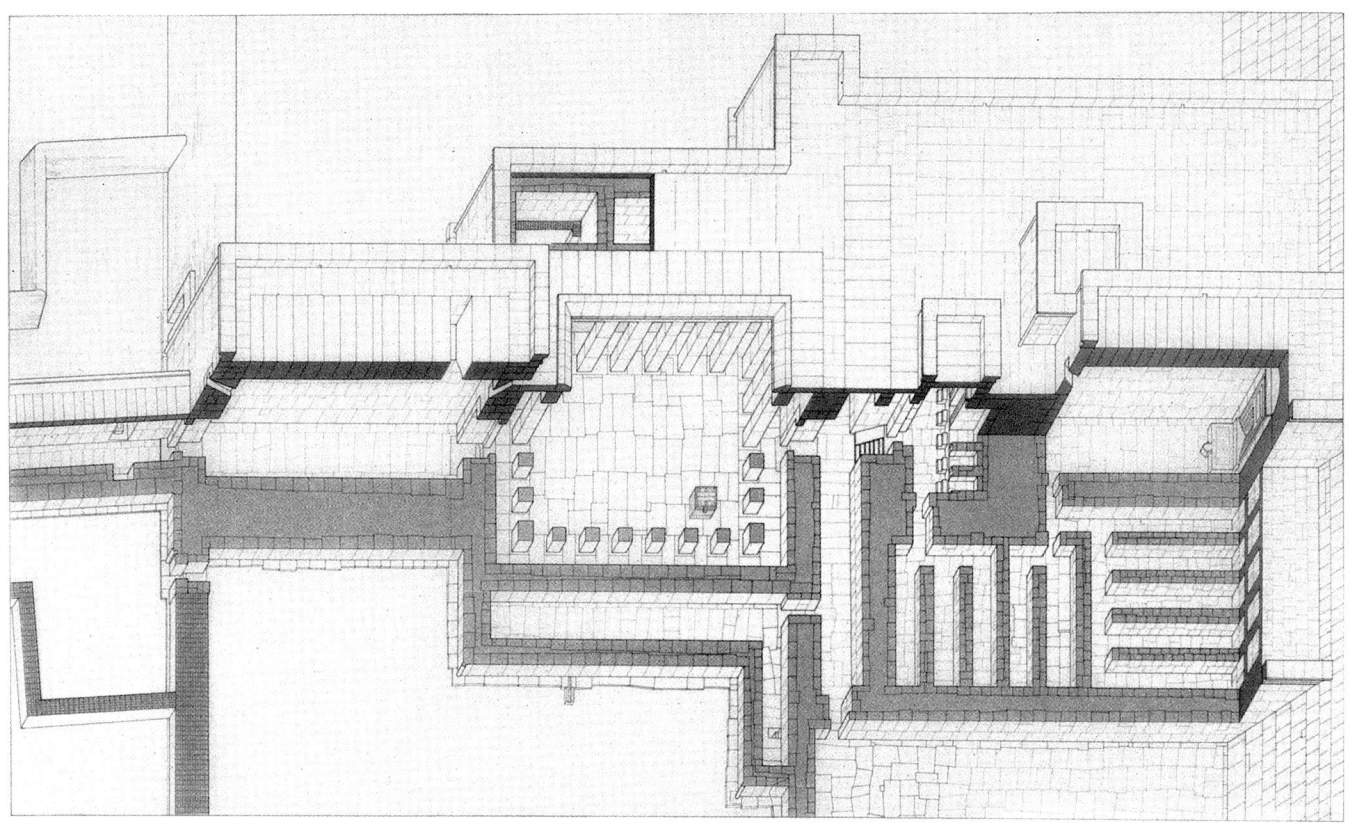

Kultbildes beim Auszug aus dem Tempel einen schützenden Baldachin zu errichten, ist uralt. Neu ist der Gedanke, einen ursprünglich aus Zeltstangen und Teppichen zu denkenden Baldachin in Stein umzusetzen. Von nun an wird die Pfeilerkapelle zu einem wesentlichen Bestandteil ägyptischer Tempelvorplätze, an denen das Kultbild auf seiner Prozession rastet.

Spuren umfangreicher Tempelprojekte finden wir aus der Regierungszeit Sesostris' III. und Amenemhets III., vor allem im damals neu erschlossenen Faijum und dessen Umgebung wie in Medinet el-Faijum (Krokodilopolis), Biahmu, Medinet Madi, Qasr es-Sagha und in Hawara, Herakleopolis und Dahschur. Doch selbst in fernen Gegenden wie auf dem Sinai und am Zweiten Katarakt am oberen Nil entstehen kleine Heiligtümer. Beispiele für steinerne Sanktuare sind uns in den Tempeln von Medinet Madi (Amenemhet III./IV.), Qasr es-Sagha (Sesostris III.?) und Et-Tod (Mentuhotep, Seanchkare) erhalten. Sie bestehen aus mehreren, parallel angeordneten Kultbildschreinen, deren Front von einem Hohlkehlen/Rundstabsystem eingefaßt ist und die sich auf einen gemeinsamen, korridorartigen Opfertischraum öffnen. Über die Form der aus Ziegeln bestehenden Vorbauten ist nichts bekannt.

Als letzte Denkmälergruppe des Mittleren Reiches müssen die königlichen Pyramidentempel erwähnt werden. Nur ein einziger Bau ließ sich mit einiger Sicherheit rekonstruieren, der Sesostris' I. von Lischt. Er zeigt, wie die Architekten des Königs entweder alten Bauanleitungen folgten oder durch Ausmessen alter Bauten das System der Pyramidentempel aus der Zeit der Könige Teti bis Pepi II. (6. Dynastie) nachbildeten, ohne allerdings jenen älteren Prototyp sklavisch zu imitieren. In dieser Rückwendung zu den Vorbildern des Alten Reiches hat man ein für die Entwicklung der ägyptischen Architektur typisches Vorgehen zu sehen. So steht am Beginn des Mittleren Reiches symptomatisch auf der einen Seite der bedeutende, unter Mentuhotep Nebhepetre erzielte Fortschritt, auf der anderen Seite die Rückwendung zu den altehrwürdigen Vorbildern unter Sesostris I.

Die Kultbildschreine des Tempels Qasr es-Sagha.

Wie die Tempelbaukunst des Mittleren Reiches mit dem einzigartigen Bau des Königs Mentuhotep Nebhepetre beginnt, so schließt sie am Ende der 12. Dynastie mit einem ebenso bedeutenden Bauwerk, dem von den Griechen sogenannten Labyrinth, dem als «Weltwunder» in die Geschichte eingegangenen Pyramidentempel Amenemhets III. von Hawara. Es ist ein unersetzlicher Verlust, daß von diesem Bau fast kein Stein mehr geblieben ist. Nur aus der Beschreibung antiker Autoren und spärlichen archäologischen Beobachtungen läßt sich erschließen, daß Amenemhet III. seinen Tempel nach dem Vorbild des Djoser-Bezirkes von Saqqara ausführen ließ. Das Labyrinth war ein für seine Zeit gewaltiges Heiligtum von etwa 157 × 177 Metern in einer 157 × 383 Meter großen Umfassung. Während bei Djoser die Holz-Matten-Kultbauten des Landes nur modellhaft ohne Innenräume nachgebildet waren, besaß das Labyrinth «echte», begehbare Tempel, 32 an der Zahl und reich mit Wandreliefs und Statuen geschmückt. Der Bau dürfte durch seine Dimensionen, sein Grundkonzept und sein vermutlich alle Aspekte des Königskultes zusammenfassendes Bild- und Statuenprogramm den Höhepunkt der Tempelbaukunst des Mittleren Reiches gebildet haben.

Erst mit der 18. Dynastie erwächst in Ägypten wieder ein zu architektonischen Leistungen fähiges Königshaus. Mit diesen in Theben heimischen Königen kehrt auch – wie seinerzeit in der 11. Dynastie – die Bauinitiative nach Oberägypten zurück. Hier werden auf dem thebanischen Westufer in langer Reihe die soge-

Das Sonnenheiligtum des Königs Niuserre von Abu Gurob.

nannten Millionenjahrhäuser errichtet. In Karnak wächst der noch aus der Zeit Sesostris' I. stammende, bescheidene Amun-Tempel zu einem der größten Tempelkomplexe Ägyptens (und der Welt) heran, und an zahlreichen anderen Orten Ägyptens entstehen wieder monumentale Tempelbauten. Man kann in diesem sprunghaften Anwachsen der Göttertempel ein Anzeichen dafür sehen, daß mit Beginn des Neuen Reiches der staatliche Götterkult – verglichen mit vorangegangenen Epochen – eine besondere Wertsteigerung erfährt, ja daß die «Götter» überhaupt erst richtig in den Mittelpunkt des Interesses gerückt werden.

Die neuen thebanischen Herrscher erteilten nicht nur die Bauaufträge, sondern ihre Architekten steuerten sicher auch Bauvorstellungen der oberägyptischen Provinz bei. Dies wird am Tempel der Königin Hatschepsut sichtbar, deren Architekten sich vom Typus des memphitischen Königsgrabes lösten und sich wieder stärker an dem damals sechshundert Jahre alten Mentuhotep-Tempel in Deir el-Bahari orientierten. Der Tempel der Hatschepsut wird damit zu einem weiteren wichtigen Glied in der Entwicklung königlicher Kultanlagen. Hauptmerkmal dieses Baues und seiner typologischen Nachfolger sind die mit Rampen verbundenen hohen Terrassen, auf denen sich nach vorn offene Pfeilerhallen erheben.

Die Königstempel der Thutmosidenzeit sind zum Vorbild für eine ganze Gruppe von Denkmälern geworden, die die Könige der späteren 18. bis 20. Dynastie in ganz Ägypten, besonders aber auf dem thebanischen Westufer, errichteten, die mehrfach zitierten Millionenjahrhäuser (S. 34). Richtungsweisend ist auch die früheste uns bekannte, auf den Hatschepsut-Tempel zuführende Sphinx-Allee. In dieser Zeit kommt immer häufiger ein altes Planprinzip zur Anwendung, das der Eigenschaft des ägyptischen Tempels als Wohnhaus des Gottes besonders Rechnung trägt. Die folgende Gegenüberstellung der Hauptteile des Tempels mit den wichtigsten Räumen eines ägyptischen Wohnhauses mag diesen Aspekt näher vor Augen stellen:

PALAST	TEMPEL
1 Hof	1 Hof
2 Säulensaal	2 Erscheinungssaal
3 Thronsaal	3a Opfertischsaal
4 Wohnräume, Bad, Schlafraum	3b Gastgöttersaal
	4 Sanktuar

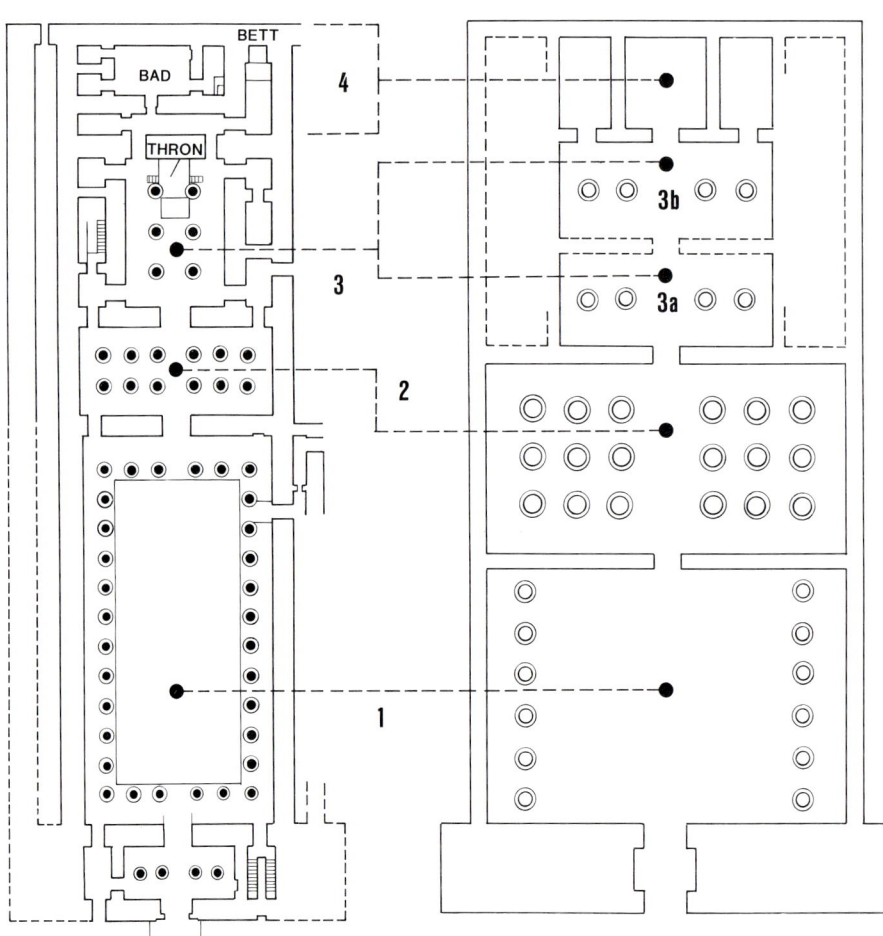

Planprinzip von Wohnhaus (Palast des Merenptah in Memphis) und Tempel (Schema).

Unter Amenhotep III. machten sich Bestrebungen bemerkbar, das Königtum mit jener Göttlichkeit auszustatten, die es seit dem Alten Reich weitgehend eingebüßt hatte. Architektonischer Ausdruck solcher Tendenzen sind die gewaltigen Tempel Amenhoteps III. in Theben-West, Luxor und Soleb, die alle auf ihre Weise die Göttlichkeit des Königs im Blickpunkt haben. Diese Bauten imponieren nicht nur durch ihre großzügige Anlage, sondern demonstrieren auch durch die Ausgewogenheit ihrer Pläne und die wohlgefälligen Proportionen der Säulen die hohe Kunst der Architekten und Bauleute der 18. Dynastie. Ein Kennzeichen für die Tempel der Zeit sind die oft tiefen rückwärtigen Säulenhallen der Höfe, die sich meist auf einer leichten Stufe über das Hofniveau erheben. Frontal geöffnete Säulenhallen lassen sich bis zu den Felsengräbern des Mittleren Reiches und den Taltempeln des Alten Reiches zurückverfolgen.

Die Freude an der Säule zeigt sich auch in der 18. Dynastie in einer oberägyptischen, bis in die 12. Dynastie zurückgehenden Bauform, die bis zum Ende pharaonischen Bauens in zahlreichen Varianten fast alle ägyptischen Heiligtümer geprägt hat, der offene Säulenbaldachin. Im Prinzip besteht er – wie das Vorbild aus vergoldetem Holz – aus vier oder mehr Stützen, die ein mit einer Hohlkehle geschmücktes Dach tragen. Solche Säulenbaldachine schützen die Götterbarke gegen Sonne und Wetter, wenn sie aus dem Innern des Tempels ins Freie getragen wird. Sie können allseitig frei in einem Tempelhof oder -vorplatz stehen oder sich mit der Rückseite an das Tempelhaus oder einen Pylon anlehnen. Sie können auch eine mehr gestreckte, längliche Form annehmen wie die Säulenhalle Tutanchamuns vor dem Tempel Amenhoteps III. von Luxor. G. Haeny hat dargelegt, daß der Säulenkiosk entwicklungsmäßig den Ausgangspunkt für die sogenannten basilikalen Hallen bildet, die ab Thutmosis III. in den thebanischen und memphitischen Tempeln auftreten. In diesen Hypostylen sind zwar wie in einer Basilika die drei Mittelschiffe über die seitlichen Hallen erhöht. Entstehungsmäßig ist aber dieser höhere Mittelteil als ein höherer Baldachin in die Mitte eines ihn umgebenden Säulenhofes eingestellt.

Wie mancher andere Diktator und religiöse Eiferer versuchte König Echnaton die von ihm propagierte neue Ordnung durch entsprechende Großbauten zu verewigen. In seinen nur 17 Regierungsjahren wurden beträchtliche Kräfte des Staates zur Anlage von imposanten Sonnenheiligtümern eingesetzt, wie zum Beispiel im

Modell des Tempels der Königin Hatschepsut von Deir el-Bahari, ehemals im Metropolitan Museum of Art, New York.

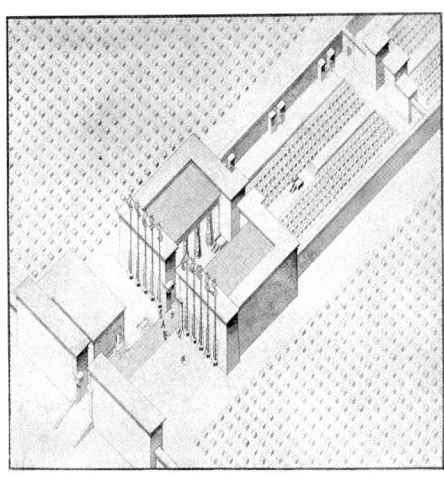

Der Säulenkiosk der 30. Dynastie am Hibis-Tempel von Charga.

Rekonstruktion des Per-haji im Per-Iten von Amarna.

Osten des Karnak-Tempels, im memphitischen Raum und vor allem in der neugegründeten Hauptstadt Amarna. Diese Anlagen übernehmen von der gängigen Tempelbauweise die Einzelformen und stehen mit ihren weiten Umfassungsmauern, großflächigen Höfen und eher zum Quadrat neigenden Raumproportionen durchaus in der Tradition der Bauten Amenhoteps III. Statt der Abfolge immer niedriger und finsterer werdender Räume und statt der ängstlichen Abschirmung der Kulträume öffnen sich aber die Amarna-Tempel dem Licht und haben keine Dächer. Selbst Architrave und Türstürze sind durchbrochen, damit kein Schatten auf den König fällt, wenn er die Tore durchschreitet. Der Zwischenraum zwischen den Pylontürmen ist kein eigentlicher Durchgang mehr, sondern eher ein Podium zur Verehrung des zwischen den Türmen hindurchscheinenden Sonnenlichtes, also ein Sonnentor. Gemeinsam ist den Aton-Tempeln eine Abfolge mehrerer, durch Tore getrennter Altar-Höfe, deren hinterster regelmäßig durch einen Kranz von Nebenkultstellen umgeben ist. In seiner Mitte erhebt sich ein zentraler begehbarer Hochaltar, auf dem offenbar der König selbst opferte und seine Sonnenhymnen sang. Daneben standen Hunderte von kleineren Altären. Die Zahl, Größe und Verteilung der Altäre dürfte einem bestimmten, uns aber unbekannten System folgen. Mehrere zehntausend von sogenannten *telatat,* das heißt in späteren Bauten wiederverwendeten Tempelblöcken Echnatons, wurden in Karnak geborgen und erlauben einen Einblick in das Bildprogramm und den revolutionären Reliefstil des dortigen Sonnenheiligtums. Weitere 1500 Blöcke aus Amarna wurden in Her-

24

mopolis gefunden und geben Hinweise auf die (zeitlich etwas spätere) dortige Tempeldekoration. Diese letzteren Reliefs zeichnen sich durch einen Stil aus, der sich von den Amarna-Reliefs in Karnak durch besonders weiche Linienführung, feine Ausarbeitung von Details und unmittelbare Naturbeobachtung unterscheidet. Inhaltlich tritt das Bild des den Strahlen-Aton verehrenden Königs und seiner Familie in den Vordergrund, sei es im Flachbild, sei es in kolossalen Statuen. Der Eindruck der Lebendigkeit wird durch eine exotische Farbenpracht verstärkt, die durch Einlagen aus bunten Steinen, Glas, Fayence in Skulptur und Architektur hervorgerufen wird.

Wegen ihrer kurzen Lebensdauer übten diese Sonnenheiligtümer keinen Einfluß auf die Tempelbauweise aus, und die unmittelbar auf die Amarna-Periode folgenden Könige Tutanchamun, Aja und Haremhab kehrten wieder zu den traditionelleren Bauformen der Zeit Amenhoteps III. zurück. Zu neuen Großleistungen im Tempelbau kam es erst wieder unter Sethos I. und dann vor allem unter seinem baufreudigen Sohn Ramses II. Die Hauptleistung ihrer Architektur ist die monumentale Steigerung des hypostylen Säulensaales mit seinem bedeutendsten Vertreter in Karnak. Repliken finden wir im Ramesseum, in der Westhalle des Ptah-Tempels von Memphis und im Tempel Ramses' III. von Medinet Habu.

Unter diesen Königen bildet sich schließlich der Bautyp heraus, der uns in so vielen Beispielen entgegentritt, daß wir ihn als *den* ägyptischen Tempel schlechthin ansehen. Seine Proportionen sind nicht mehr überwiegend quadratisch, seine Höfe und Säulenhallen nicht mehr weitflächig und leicht proportioniert. Vielmehr gewinnt der Tempel mit einem Zuwachs an Länge und Tiefe eine gewisse Enge und drückende Raumproportionen, unterstrichen durch schwerfällig gedrungene Säulenproportionen. Während die Bauten Amenhoteps III. noch beliebig durch «Versatzstücke» wie vorgelegte Säulenhallen, Kioske, Höfe und Pylone erweitert werden konnten und aus unbedeutenden Anfängen erst allmählich, fast organisch zu einem einheitlichen Tempelbau zusammenwuchsen, bildet das Tempelhaus ramessidischer Zeit eine in sich abgeschlossene, unveränderliche Einheit. Während in Tempeln der 18. Dynastie nur die Fassaden der Millionenjahrhäuser (S. 34) mit Statuenpfeilern bestückt waren und freistehende Königsstatuen meist kleineren Formates zwischen den Säulen standen, werden nun die Vorhöfe ramessidischer Tempel regelmäßig an einer oder meist zwei Seiten mit kolossalen Statuenpfeilern ausgestattet. In nubischen Felstempeln wandern diese Statuenpfeiler sogar in die Säulensäle im Innern der Tempel ab. Sie folgen damit den Bauten Amenhoteps III., in denen der Götterkult gewissermaßen nur noch einen Vorwand für die Verehrung des zur Gottheit erhobenen Königs lieferte. Die Bautätigkeit Ramses' II. übertraf an Volumen wohl die aller anderen baufreudigen Herrscher, und es dürfte kaum einen Kultort gegeben haben, an dem dieser König nicht ein Denkmal hinterlassen hätte. Es sei an sein Tempelbauprogramm in Nubien, an die Bauten in Karnak und Luxor, an das Ramesseum, seine Tempel in Abydos und Memphis und schließlich an die Monumentalbauten seiner Deltaresidenz erinnert. Unausbleiblich war bei dieser Massenproduktion ein Rückgang der Qualität der Ausführung. Für genauen Fugenschluß der Baublöcke oder eine liebevolle Ausarbeitung der Wanddekoration fehlten meist Zeit und Fachleute. Man arbeitete selbstverständlich fast nur noch in versenktem Relief. Ramses' II. Nachfolger schließlich mußten sich darauf beschränken, den Bauten ihrer Vorgänger ihre Kartuschen aufzuprägen. Einsamer Zeuge für den Verfall der Tempelbaukunst am Ende der Ramessidenzeit ist der Chons-Tempel von Karnak aus der Zeit der letzten Ramessiden und des Herihor. Spuren umfangreicher Tempelbauten aus der 21. und

Die hypostyle Halle des Ramesseums.

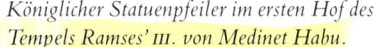

Königlicher Statuenpfeiler im ersten Hof des Tempels Ramses' III. von Medinet Habu.

Blick über den ersten Hof des Amun-Tempels von Karnak mit der Kolonnade des Taharqa.

22. Dynastie finden sich nur in den Städten des Deltas, besonders im damals neu gegründeten Tanis.

Die äthiopischen Könige der 25. Dynastie förderten den Kult des Amun von Karnak erneut und lösten im thebanischen Bereich eine Art Renaissance der Baukunst aus. Allerdings wurden nur relativ kleine Projekte ausgeführt. Erst mit den Königen der 26. Dynastie beginnt eine neue Blütezeit des Tempelbaus, die – der Herkunft und Residenz dieser Dynastie entsprechend – vor allem im Delta zur Entfaltung kommt. Die Leistungen dieser Zeit auf dem Gebiet des Tempelbaus sind nicht so recht in unser Bewußtsein eingedrungen, weil die meisten Tempel dieser Zeit entweder unfertig und unbeschriftet geblieben sind und von den Ptolemäern mit deren eigenen Kartuschen versehen, also «usurpiert» wurden oder weil die überwiegend in den Deltastädten gelegenen Tempel überhaupt zugrunde gegangen sind. Es waren rechteckige, äußerlich völlig ungegliederte, geschlossene und von einer Hohlkehle bekrönte Baukörper mit einem wenig auffälligen Eingang in der Mitte der Fassade ohne Pylon oder Säulenvorhof. Der Frontteil war gelegentlich erhöht, um den Säulensaal mit seiner höheren Decke aufnehmen zu können. Im Sanktuar stand oft ein aus Hartgestein gefertigter, monumentaler Kultbildschrein oder Naos. Allgemein nimmt ab der 26. Dynastie mit der Einführung von Werkzeugen aus Eisen die Verwendung von Hartgestein wieder zu. Das beste Beispiel dafür ist das Iseum von Behbeit el-Hagar, das in der 30. Dynastie völlig in Granit erbaut wurde. Aus dem Neith-Tempel von Sais kennen wir durch Herodots Beschreibung den *«grünen Naos»*, einen Monolithen von gewaltigen Dimensionen.

Rekonstruktion des ptolemäischen Tempels von Qaw el-Kebir.

Die 30. Dynastie war auch die Zeit der Erbauung der mächtigen Umfassungsmauern um die Tempelbezirke. Zwar waren ägyptische Heiligtümer von jeher mit dicken Mauern umgeben. Doch hatte die Erfahrung der Persereinfälle von 525, 385–383 und 373 v. Chr. die Wichtigkeit starker Fortifikationen gezeigt. Aus diesem Grund wurden die Tempel von El-Kab, Karnak, Tanis und andere in der 30. Dynastie durch bis 20 Meter dicke und hohe Mauern geschützt.

Eine der Hauptleistungen der Baukunst der anschließenden Ptolemäerzeit ist die Entwicklung des Pronaos *(Chentit),* der nun von Nubien bis in das Nildelta den älteren Tempelhäusern vorgelegt wird[7]. Dieses Bauelement hat bereits ältere Vorstufen in den Rückhallen der Tempelhöfe des Neuen Reiches und in den vor den Tempelfassaden errichteten Säulenkiosken. Oft legt sich der Pronaos der Ptolemäerzeit über die Fassade eines älteren Tempels. Die Decke des Pronaos liegt auf der Hohlkehle der alten Fassade auf, und seine Seitenwände umklammern von beiden Seiten die alte Frontmauer. Die unteren Partien der Interkolumnien sind von Schrankenmauern verschlossen, die mit Hohlkehlen bekrönt werden und an den Durchgängen zu interessanten Eckverkröpfungen des Hohlkehlengesimses führen. Denn das Mittelinterkolumnium wird als Durchgang offengehalten. Möglicherweise waren die Pronaoi als erste Barkenstation für den Auszug des Kultbildes aus dem Innern des Tempels gedacht und spielten somit die Rolle eines an den

Rekonstruktion der Front des Hibis-Tempels von Charga zur Zeit der 29. Dynastie.

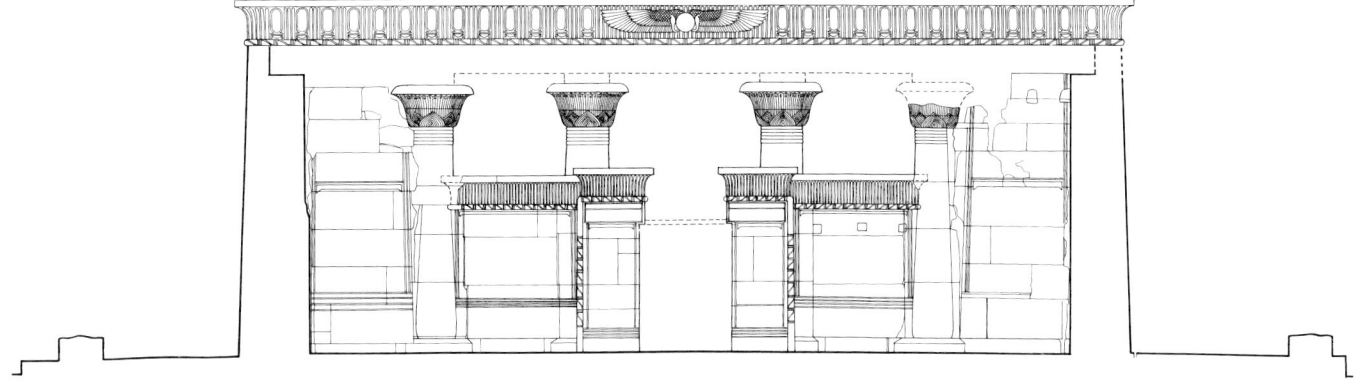

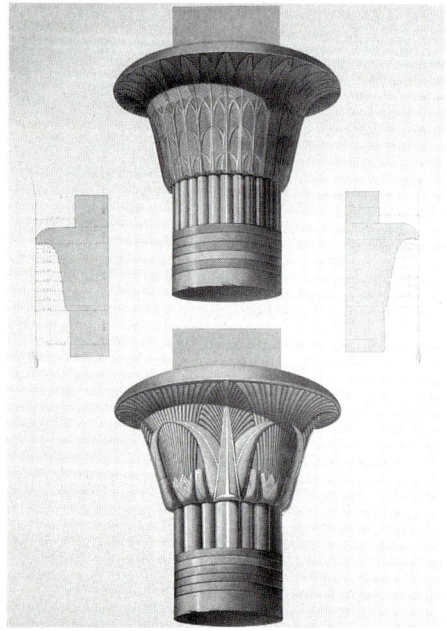

Ziegelumwallung des Tempels von Dendera.

*Rekonstruktion zweier ptolemäischer Lilien/
Papyrus-Kapitelle aus dem Isis-Tempel von Philae.*

Tempel direkt angebauten Kioskes. D. Kurth erschließt aus dem Dekorationsprogramm der Säulen im Pronaos von Edfu die Absicht, im Pronaos alle bedeutenden Götter Ägyptens zu versammeln und sie in den Götterkosmos von Edfu einzubinden[8].

Mit dieser Entwicklung geht eine besonders phantasievolle Ausgestaltung der Säulenkapitelle einher. Formen, die früher nur in Holz verwirklicht waren, werden nun in Stein umgesetzt und dabei in die herrlichsten Kompositkapitelle der ägyptischen Baugeschichte verwandelt. Diese Entwicklung der Kapitelle, zu denen auch Hathor-Kapitelle gehören, geht auch noch in römischer Zeit weiter. Eine weitere Zutat zu den ptolemäischen Tempeln sind die in den Wänden und Fundamenten verborgenen Krypten, die man in älteren Tempeln nur spärlich verwendete.

Dank verbesserter Baumethoden und dank des geringeren Alters sind eine Reihe dieser späten Tempel gut erhalten. Ihre monumentalen Ausmaße, klare Proportionen und die handwerklich besonders sorgfältige Ausführung sichern diesen letzten Zeugnissen ägyptischer Tempelbaukunst einen hervorragenden Platz in der Geschichte der Architektur. Trotz dieser positiven Wertung läßt sich nicht verkennen, daß in der Entwicklung des ägyptischen Tempels seit der 30. Dynastie eine sichtliche Erstarrung eingetreten ist, die alle Bauten einander angleicht. Insofern bilden die Tempelbauten der Ptolemäer- und Römerzeit den glanzvollen Endpunkt des nahezu drei Jahrtausende während Tempelbaues in Ägypten.

WICHTIGSTE TYPEN ÄGYPTISCHER TEMPEL

Stätten des Götterkultes

Weiteste Verbreitung fand ab dem Mittleren, besonders während des Neuen Reiches eine Tempelform, in der die Gottheit oder die Göttertriade einer Stadt residierte.

Wer sich vom Nil her einem solchen Heiligtum näherte, wurde als erstes von einer steinernen Landestelle empfangen. Zwei Treppen leiteten an den Seiten eines Podiums das steile Nilufer hinauf. Auf dem Podium stand möglicherweise ein unbedachter Säulenkiosk mit einem Sockel zum Abstellen der Götterbarke, wenn diese zu einer Flußprozession aufbrach. Eine steingepflasterte Prozessionsstraße führte von hier zu dem in einiger Entfernung gelegenen eigentlichen Tempel. Dieser Dromos war seitlich durch Mauern abgeschirmt oder von Reihen von Sphingen begleitet. Oft säumten auch Baumreihen die Allee. Der Zugangsweg führte an Nebenkultstellen und Barkenstationen vorüber. Der Zugang endete für den nichtbefugten Besucher normalerweise am eigentlichen Tempelbezirk oder Heiligtum, dem *Per* des Gottes, mit einem monumentalen Tor oder Pylon in einer weiß verputzten Umfassungsmauer. Monumentale Stand- und Sitzbilder flankierten den Eingang. Sie trugen gelegentlich eigene Namen und empfingen Opfer. Die Prozessionsstraße setzte sich hinter dem Eingangstor fort und führte geradlinig auf das meist durch einen weiteren Pylon geschützte Tempelhaus. Kleinere Nebentempel wie zum Beispiel Geburtshäuser (s. S. 39) oder Barkenstationen und kleine Kapellen säumten den Weg. Zu beiden Seiten der Straße und das Tempelhaus an allen Seiten umschließend, erfüllte ein dichtes Gedränge von Bauten aller Art das Innere des Tempelbezirkes. Einen großen Teil des Areals nahmen die Speicheranlagen ein, in denen die Naturaleinkommen der Tempel gelagert wurden. Dazu kamen die administrativen Einrichtungen, also die Büros und Archive der Tempelverwaltung und die Wohnhäuser für diejenigen Priester, die im Tempel wohnten. Oft besaßen die Tempel auch eigene Werkstätten, in denen nicht nur die Kultgeräte und Statuen angefertigt wurden, sondern in denen auch viele andere Handwerke vertreten sein konnten bis zur Schlachterei und Tempelbäckerei. Selbstverständlich fehlten neben diesen mehr weltlichen Einrichtungen auch nicht solche, die enger mit dem Kultus verbunden waren. So besaßen größere Tempel Bibliotheken für die religiöse Literatur und Schulen für die Ausbildung der Schreiber und Priester. Sie standen in engem Zusammenhang mit dem «Lebenshaus» *(Per-anch)*, in dem die Schriften kopiert und aufbewahrt wurden und in dem Priester nicht nur Einsicht in die religiöse und wissenschaftliche Literatur nahmen, sondern auch jene geheimnisvollen Riten vollzogen, die der «Erhaltung des Lebens» dienten. Solche Tempelstädte kennen wir dank günstiger Erhaltungsbedingungen oder Ausgrabungen besonders gut von Philae, Karnak, dem Ramesseum, Medinet Habu und den Sethos-Tempeln von Qurna und Abydos. Alle diese Bauten bestanden – mit Ausnahme des Tempelhauses – aus Ziegeln. Sie waren durch ihre geringere Haltbarkeit besonders dem Verfall preisgegeben, so daß heute, von den genannten wenigen Ausnahmen abgesehen, allein die steinernen Ruinen der Tempelhäuser aus den Schutthalden der Nebenanlagen emporragen.

Um den Göttern den Aufenthalt im Tempel zu verschönen und ihre Schöpfungskraft sichtbar darzustellen, waren im Innern der Umfassung Baumgärten, Blumenbeete und künstliche Teiche angelegt[9]. Diese Seen hatten die Form rechteckiger, mit kräftigen, konvex geschwungenen Mauern ausgekleideter Becken von beträchtlicher Tiefe, oft mit einer Mittelvertiefung für den tieferen Wasserstand in der Trockenzeit. Wie Wanddarstellungen in thebanischen Gräbern zeigen, dienten die Seen zu Ausfahrten der Götterbilder in ihren reichgeschmückten Kultbarken[10]. Ergänzt werden diese Darstellungen von echten Baumgruben und Pflanzbecken, die sich noch in den meisten Tempelbezirken archäologisch nachweisen lassen. So besaß der Mentuhotep-Tempel von Deir el-Bahari einen Hain von sieben Sykomoren und 58 Tamarisken sowie Blumenbeete zwischen den Bäumen. Der Vorhof des Totentempels des Amenophis, Sohnes des Hapu, war in einen prachtvollen Garten verwandelt. Um ein größeres Wasserbassin waren in Ziegelkästen zwanzig Sykomoren gepflanzt. Auch der Vorplatz des Amun-Tempels von Karnak war parkartig, dicht mit Bäumen bepflanzt, und das *Pa-hut-Iten* in Amarna war von einer Doppelreihe von fünfzig Bäumen eingefaßt.

Inmitten all dieser Anlagen stand, alle anderen Bauten überragend, das eigentliche Tempelhaus, das *Hut-netzer* (gesprochen *Hawet-natschar* oder auch *Ra-per* genannt). Meist war es das einzige in «ewig» haltbarem Stein errichtete Gebäude. Die Tempelhäuser waren wie der innere Zwinger einer Burg nochmals von einer hohen Mauer umgeben und besaßen neben dem Mitteleingang nur noch eine Seitenpforte, durch die die Priester direkt zum heiligen Brunnen dicht neben dem Tempelhaus gelangen konnten.

In der Mitte der Tempelfront öffnete sich das Hauptportal. Es führt nicht – wie es unserer Erwartung entspräche – in den Tempel hinein, sondern öffnete sich von innen, wenn der Gott in seiner Barke sein Haus verließ oder wieder dorthin zurückkehrte. Der Durchgang mündete meist auf einen an zwei, drei oder allen vier Seiten von Säulen oder Pfeilerhallen umgebenen Hof, ägyptisch *Uba*, «der Offene» im Sinne von «unüberdacht» oder «enthüllt». Bedeutungsmäßig und gelegentlich auch formal bildete er eine Einheit mit dem dahinter folgenden Säulensaal. Denn beide Bauteile galten als Erscheinungsstätten für die Götterbarken und boten Raum für die Abhaltung raumumgreifender Kulthandlungen. Möglicherweise wurden dazu auch die höheren Beamten (die ja ohnehin meist auch priesterliche Funktionen ausübten) zugelassen. Gelegentlich stand bereits in diesem Hof ein großer Opferaltar. Der Deutung des Tempels als «Urhügel» gemäß (s. S. 40) erhob sich die Rückhalle des Hofes oder der folgende Säulensaal auf einer niedrigen Terrasse. Um den Trägern der Götterbarke ein würdiges Herabsteigen in den Hof zu erleichtern, war der Höhenunterschied durch eine flache Rampe überbrückt. Bei besonders aufwendig ausgestatteten Tempeln waren die Rahmen wichtiger Durchgänge mit kostbarem Metall beschlagen oder mit andersfarbigem Stein oder Fayence eingelegt. Der Weg, den die Götterbarke durch den Saal nahm, war oft durch ein erhöhtes Mittelschiff mit weiteren Säulenabständen hervorgehoben und in größeren Tempeln gelegentlich durch eine Art basilikaler Fensteranordnung von oben her beleuchtet. Die Seitenhallen waren in ein Dämmerlicht getaucht, das nur durch die blendend weiße Bemalung der Wände stark aufgehellt wurde.

Manche Tempel besaßen seitlich neben dem Säulensaal oder dem Opfertischraum noch Räume für die Aufbewahrung der heiligen Salben und Stoffe für das Kultbildritual, «Schatzkammern» für das kostbare Kultgerät und schließlich Treppenhäuser, die für Dachprozessionen benutzt wurden.

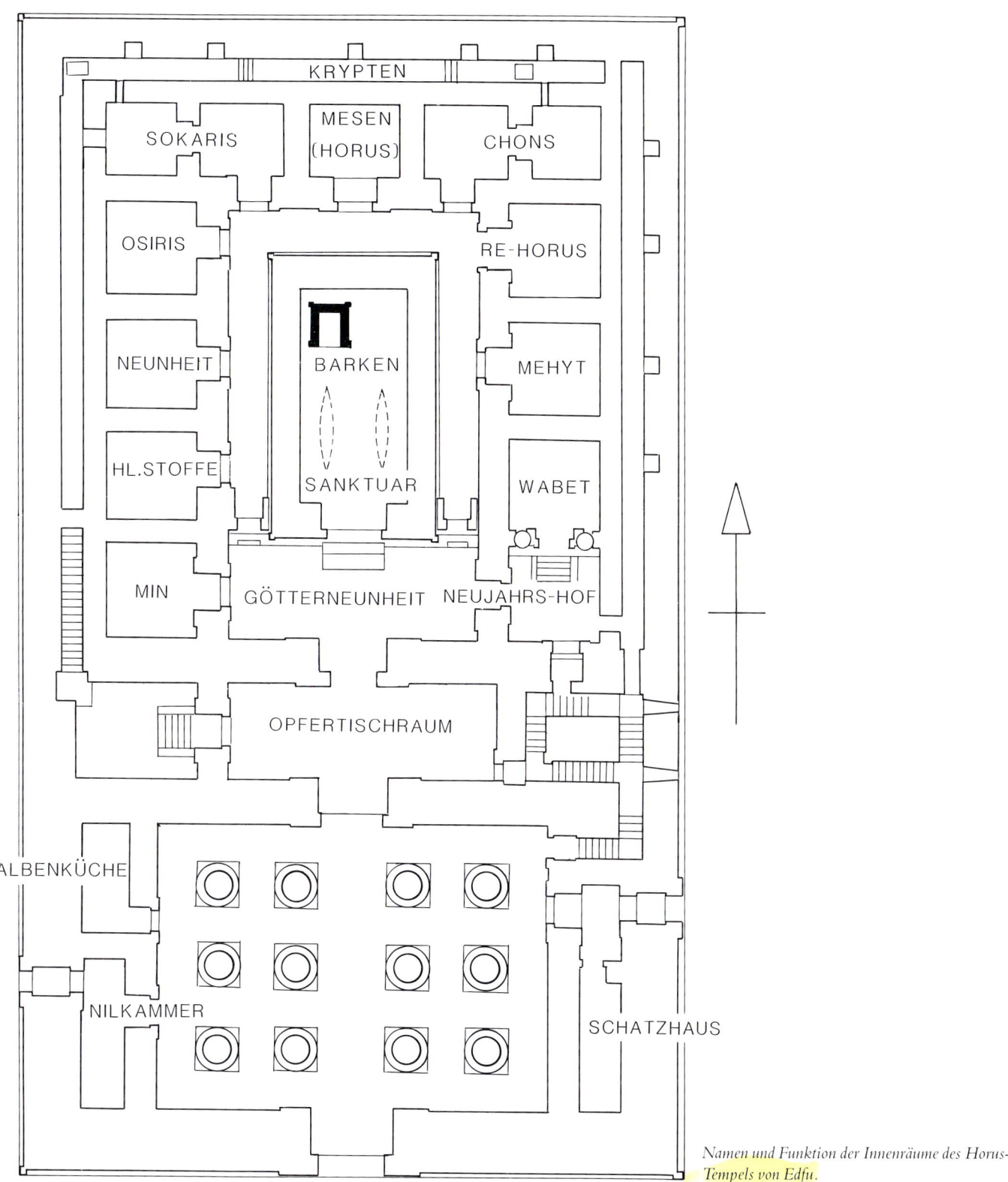

KRYPTEN

SOKARIS

MESEN (HORUS)

CHONS

OSIRIS

RE-HORUS

NEUNHEIT

BARKEN

MEHYT

HL.STOFFE

SANKTUAR

WABET

MIN

GÖTTERNEUNHEIT

NEUJAHRS-HOF

OPFERTISCHRAUM

SALBENKÜCHE

NILKAMMER

SCHATZHAUS

Namen und Funktion der Innenräume des Horus-Tempels von Edfu.

Auf den Säulensaal folgte hinter einer weiteren Pforte der eigentliche Wohnbereich des Gottes, beginnend mit einem kleineren Saal, der gelegentlich mit zwei bis vier Säulen ausgestattet war. Der Name des Raumes ist durch Inschriften späterer Zeit als *Usechet-hetep,* «Opfertischraum», überliefert. In der Mitte der Rückwand des Opfertischraumes öffnete sich das Hauptsanktuar, daneben und entlang den Seitenwänden die Kapellen von Göttern, die beim Hauptgott zu Gast waren. Hier standen die Altäre und Opfertische, die wir in den Wandreliefs dargestellt sehen. In diesem Raum wurde das alltägliche Opferritual zelebriert, an dem auch die Gastgötter teilhaben durften. Diese Gastgötter *(synnaoi theoi)* wurden oft als «Neunheit» verstanden. In den Tempeln von Heliopolis waren dies die neun Götter der Urzeit, die an der Weltschöpfung beteiligt waren. In anderen Heiligtümern stand die Neunheit der Gastgötter stellvertretend für die Gesamtheit der ägyptischen Götter. Zu unterscheiden sind die Gastgötter von der eigentlichen Götterfamilie des Ortes oder Tempels, die sich oft als Triade aus Gott, Göttin und Götterkind zusammensetzte und deren Kultstatuen demgemäß in den drei Hauptsanktuaren des Tempels untergebracht waren. Es konnte allerdings auch der Hauptgott eines Tempels in verschiedenen Erscheinungsformen und verschiedenen Kultbildern verehrt werden. Im Tempel von Dendera wurden – gemäß Wandinschriften – allein 162 derartige Götterfiguren aufbewahrt. Im Opfertischraum standen wahrscheinlich auch die zahlreichen von Königen und Privatleuten gestifteten Statuen, gleichsam als wären auch sie «Gastgötter».

In den Tempelbauten der Ptolemäerzeit waren die Funktionen der Opferdarbringung und der Versammlung der Gastgötter meist auf zwei hintereinanderliegende Räume verteilt, das heißt, auf den eigentlichen Opfertischraum folgte noch ein eigener *usechet-pesedjtiu,* ein «Saal der Neunheit», oder auch *Usechet cherit-ib,* ein «Saal der Mitte».

In der Mitte der Rückwand des Opfertischraumes öffnete sich das Tor zum Sanktuar des Herrn oder der Herrin des Tempels, der *Set weret,* der «hohen Stätte» oder des «hohen Thrones». Dieses Sanktuar war meist der Raum für die Aufstellung der Barke. Sie ruht dort auf einem Steinsockel, von dem sie zum Transport leicht heruntergehoben werden konnte. Oft war die Barke durch einen eigenen, freistehenden Schrein geschützt, sei es ein eingebautes Steingehäuse oder nur ein hölzerner, äußerst kunstvoll ausgestatteter Schrein. Das Kultbild selbst war nicht permanent in der kleinen Kapelle untergebracht, die auf der Barke befestigt war. Oft stand es hinter der Barke in einem eigenen, steinernen Naos in einer verschließbaren Nische in der Rückwand oder getrennt in einem eigenen Kultbildraum. Der Kultbildraum (ägyptisch *Mesenet*) war das Herz des gesamten Tempelhauses, von dem es heißt: «Es ist unzugänglicher, als was im Himmel ist, verhüllter als die Dinge der Unterwelt, verborgener als die Bewohner des Urwassers[11].»

Das Sanktuar und die umliegenden Räume besaßen gewöhnlich keine Fensterschlitze und blieben daher in Dunkel gehüllt (wie übrigens auch die Schlafzimmer der Wohnhäuser). Die Vorstellung, daß am Morgen die Tempeltüren geöffnet werden und die Sonnenstrahlen bis zu den Kultbildern vordringen, ist also korrekturbedürftig. Bevor man die inneren Türen öffnete, mußten sogar die vorderen Tempeltüren geschlossen werden. Im Chons-Tempel in Karnak empfing der Kultbildraum allerdings Licht aus den Fenstern seines Vorraumes, und im Hatschepsut-Tempel von Deir el-Bahari wurde durch ein Fenster in der Fassade des Barkenraumes dieser selbst und durch ein weiteres Fenster auch der dahinterliegende Statuenraum erhellt, besonders wenn am Morgen die Sonnenstrahlen von Osten her einfielen.

Stätten des Königskultes

Darstellung eines Tempelgartens aus dem Grab des Minnacht in Qurna (Nr. 87), um 1475 v. Chr., nach einer Farbrekonstruktion von Charles K. Wilkinson.

Der ägyptische Pharao ist nicht nur ein diesseitig weltlicher König in unserem Sinne, sondern besitzt darüber hinaus jenseitig göttliche Qualitäten, die sich bis zu einer völligen Identifikation mit dem höchsten Himmelsgott steigern können. Der König ist zum Beispiel die irdische Erscheinungsform des Himmels- und Königsgottes Horus beziehungsweise des Sonnengottes Reharachte. Manche Statuen zeigen demnach die menschliche Figur des Königs bereits teilweise in die eines Falken verwandelt. Nach seinem irdischen Tod nimmt der König die Eigenschaften des «toten» Gottes Osiris an. Diese göttlichen Aspekte und die Kraft zur ewigen Fortdauer der königlichen Existenz müssen rituell auf den König übertragen und regelmäßig erneuert werden, zum Beispiel durch die Verleihung des göttlichen Ka (s. S. 129) oder durch das Sed-Fest, eine Art wiederholter Krönung. Zur Durchführung solcher Handlungen errichtete der Ägypter verschiedene Kultbauten, die eindrucksvollsten unter ihnen die gewaltigen, aus Taltempel, Aufweg, Pyramidentempel und Pyramide bestehenden Pyramidenbezirke des Alten Reiches. Wenn sich auch eine Behandlung dieser Anlagen aus Raumgründen verbietet, dürfen doch solche Teile der Pyramidenbezirke nicht außer acht bleiben, die unserer Vorstellung von einem Tempel sehr nahe kommen, die eigentlichen Pyramidentempel.

Diese Anlagen gewinnen ab König Sahure in der 5. Dynastie die endgültige Gestalt, die bis zum Ende des Alten, ja noch bis zum Beginn des Mittleren Reiches beibehalten wurde (Beschreibung siehe S. 196). Sie sind keineswegs, wie man zunächst meinte, Bühnen zur Abhaltung der königlichen Bestattungsriten, sondern magisch wirksame Einrichtungen zur Sicherung der Unsterblichkeit und Macht des Königs als eines Menschen und göttlichen Herrschers. In ihnen wird durch das Totenopfer die körperliche Fortexistenz Pharaos gewährleistet, durch die Verehrung der Vorfahrenkönige deren Ka auf den König übertragen, durch das Bild- und Statuenprogramm der Tempel die Verewigung seiner Göttlichkeit beschworen, also auf magische Weise dem König ein ewiges Leben «von Millionen Jahren» erwirkt.

Während das Gottkönigtum mit dem Ende des Alten Reiches manche seiner Privilegien einbüßt, wächst entsprechend die Bedeutung der Götter. Freilich waren diese auch schon in den Pyramidentempeln des Alten Reiches zugegen, zum Beispiel um dem König am Sed-Fest ewige Herrschaft zu verleihen. Ewiges Leben und Macht des Königs im Jenseits eignen aber von nun an nicht mehr dem Königtum an sich, sondern müssen erst durch Kulthandlungen des Königs von – oft nur regionalen – Gottheiten errungen werden, die bisher keine besondere Machtfülle besaßen. Daraus resultiert eine Neuorientierung der Funktion der königlichen Jenseitsbezirke, zum erstenmal greifbar am Tempel des Königs Mentuhotep Nebhepetre von Deir el-Bahari (s. S. 140/41) und deutlicher in der 18. Dynastie. Der Tempel wird zu einem Heiligtum, in dem der Pharao Gastgötter bewirtet, um von ihnen als Gegengabe die ersehnten «Millionen von Jahren» zu erhalten. Dadurch wird gleichzeitig die Fortexistenz des Königskultes durch den «ewigen Kult» für die Götter abgesichert. Der nominell dem König geweihte Tempel trägt dementsprechend die Bezeichnung «Haus für Millionen Jahre». Im Zenrum liegt von nun an das Sanktuar des Königs als Inkarnation des jeweiligen Ortsgottes (Amun in Theben, Osiris in Abydos), umgeben von den Kapellen zahlreicher Gastgötter (zum Beispiel Reharachte und Hathor in Theben, Isis und Horus in Abydos). Sie wohnen entweder in eigenen Bildern oder erscheinen nur bei besonderen Anlässen konkret in ihrer Barke oder treten nur als Geistwesen durch eine «Scheintür», um sich mit dem Kultbild des Königs zu vereinigen. Durch diese Übertragung göttlicher Kräfte auf das Königsbild wurde die göttliche Fortexistenz des Königs im Tempel bewirkt. Architektonische Merkmale solcher Millionenjahrhäuser sind neben der geschilderten Kapellenanordnung die Scheintüren in den Sanktuaren und eine mit Türmen bewehrte Umfassungsmauer, die den Bezirk (in der Tradition der Jenseitsbezirke der 3. Dynastie) als königliches Eigentum definieren. Dieser Aspekt wird ferner durch eine von außen an die Südseite des Tempels angelehnte Nachbildung eines königlichen Palastes betont, eine Anlage, die mit allen architektonischen Einzelheiten eines Wohnbaus ausgestattet ist. Ein prächtig geschmücktes Erscheinungsfenster öffnet sich in der Trennwand zwischen Palast und Tempelhof. Durch dieses Fenster wird die kultische Verbindung zwischen dem aus dem Palast erscheinenden König und dem im Tempelhof erscheinenden Amun hergestellt. In echten Palästen wurden solche Fenster vom König zu Empfängen und zur Verteilung von Ehrengeschenken benutzt. Der Tempelpalast mag jedoch kaum als wirklicher Aufenthaltsort des Königs gedient haben. Er gehört vielmehr in die Kategorie der darstellenden Architektur.

In der Südhälfte der thebanischen Millionenjahrhäuser ist mehrfach ein Hathor-Heiligtum untergebracht, das sich bei Hatschepsut durch ein höhlenartiges Sanktuar und eine Säulenfront mit Hathor-Kapitellen auszeichnet. Dagegen liegt regelmäßig in der Nordhälfte des Tempels, auf Heliopolis im Norden des Landes bezogen, der «Re-Schatten» genannte Sonnenkulthof (S. 35–37).

Seit der frühen 12. Dynastie begegnet uns im Bereich des Königskultes der Typ des Statuenpfeilers (s. S. 25). Seit Hatschepsut schmücken ganze Reihen solcher Kolossalstatuen die Fassade oder Höfe der Millionenjahrhäuser.

Zwar liegt die Aufrechterhaltung des Kultes seiner Vorgänger im Interesse

Die Reste der Kultstelle des Pyramidentempels des Unas in Saqqara.

jeden Herrschers. Dennoch schlief der Kultbetrieb an Königstempeln schon nach wenigen Generationen ein. Sie wurden auch nicht durch nachfolgende Könige vergrößert und weisen keine über ihre Erbauung hinausgehende Baugeschichte auf[12].

Die Geschichte des Königskultes ist mit dem Neuen Reich keineswegs zu Ende. Aus den Reliefs der Tempel ptolemäischer Zeit erfahren wir, daß noch in den Göttertempeln dieser Epoche die Statuen verstorbener Ahnen sowie Bilder des jeweiligen Herrschers als *«theoi synnaoi»* verehrt und in Prozessionen herumgeführt wurden.

Sonnenheiligtümer des Alten Reiches und «Re-Schatten»

Der Kult der Sonne nahm in der ägyptischen Religion eine zentrale Stellung ein, und die Zahl ihrer Kultstätten war entsprechend groß. Dennoch ist unsere Kenntnis solcher Anlagen nur punktuell. Da wir die Form des frühen Sonnentempels von Heliopolis, des ältesten und wichtigsten Sonnenheiligtums von Ägypten, nicht kennen (s. S. 204–206), basiert unser Wissen auf drei Denkmälergruppen, den im Anschluß zu besprechenden Sonnenheiligtümern der 5. Dynastie, den «Re-Schatten» der Millionenjahrhäuser des Neuen Reiches und den Aton-Tempeln Echnatons in Karnak und Amarna.

Während noch bis unter Cheops in der 4. Dynastie der König selbst als Inkarnation des Sonnengottes betrachtet wird, tritt unter König Djedefre im Königsdogma eine Wandlung ein, nach der der König nur noch als «Sohn des Re» verstanden wird, wodurch nicht seine Göttlichkeit, wohl aber sein Rang unter den Göttern gemindert wird. Daß gerade seit König Userkaf am Beginn der 5. Dynastie jeder König in der Nähe seines Jenseitsbezirkes auch ein monumentales Sonnenheiligtum anlegt, könnte ein Kompensationsbedürfnis für diesen Rangverlust des Königs ausdrücken. Somit dürften die Sonnenheiligtümer wohl kaum dem Sonnengott allein Nutzen bringen, sondern vor allem dem nach seinem Tode mit seinem Vater wiedervereinigten «Sohn des Re». Auch diese Tempel sind Teil jenes

35

umfassenden Kult- und Bauprogrammes, in dessen Mittelpunkt der Pyramidenbezirk steht, eines Systems, das die Erhaltung der Allmacht des Königs über seinen Tod hinaus anstrebt. Auf welche Weise das Sonnenheiligtum und die dort vollzogenen Riten diesem Ziel dienstbar gemacht wurden, können wir mangels ausreichender Quellen nur erahnen. Vielleicht wurde hier, wie in den späteren Millionenjahrhäusern, eine mystische Vereinigung des Königs mit dem Sonnengott bewirkt und schließlich im Erscheinungsbild der Sonne der König selbst verehrt.

Von den schriftlich belegten acht Sonnentempeln sind uns durch Ausgrabungen nur zwei greifbar geworden. Doch läßt sich aus mancherlei Hinweisen entnehmen, daß sich alle Anlagen einander ähnlich waren. Oft wurden die Sonnenheiligtümer erst in Ziegeln errichtet und dann allmählich in Stein umgesetzt und dabei verändert oder sogar vergrößert. Formal stehen sie unter dem Einfluß der Pyramidenbezirke. Die weite Umwallung des Sonnenheiligtums ist wie ein Pyramidenbezirk durch einen Aufweg mit einem Taltempel verbunden. Im Hintergrund des Hofes erhebt sich, der Pyramide entsprechend, auf einem hohen Unterbau ein mächtiger mit Granit verkleideter Obelisk. An seinem östlichen Fuß liegt ein prachtvoller Alabasteraltar, der aus vier Teilen so zusammengesetzt ist, daß sich das Opferritual nach allen vier Himmelsrichtungen wenden kann. In Abu Gurob (S. 198) liegen an der Südseite des Obeliskensockels zwei Kapellen, von deren außerordentlichem Wandschmuck wichtige Reste erhalten sind. Die vordere Kapelle war mit der Darstellung des Sed-Festes (dreißigjähriges Regierungsjubiläum) dekoriert, die hintere mit einem Bildzyklus, der die Auswirkungen der Sonne auf die Natur im Laufe der Jahreszeiten zum Thema hatte. Von dieser Kapelle aus führte eine spiralförmig aufsteigende Rampe durch den Unterbau des Obelisken auf die Oberfläche des Obeliskensockels. Sicher wurden in dieser Höhe Sonnenrituale zelebriert, vielleicht beim Sonnenaufgang das unten vor dem Obelisken vollzogene Opfer mit Sonnenhymnen begleitet. Denn im Sonnenkult entfallen ja all jene in den übrigen Göttertempeln vollzogenen Kultbildriten und werden durch die Rezitation von Hymnen ersetzt. In Abu Gurob ist im Hofpflaster ein System von parallelen Entwässerungsrinnen ausgelegt, die in runde Auffangbecken münden. Die Einrichtung dürfte zur Reinigung nach dem Schlachtopfer gedient haben. Im Wadi südlich des Heiligtums wurden die Reste eines gewaltigen, 30 Meter langen, aus Ziegeln aufgemauerten Sonnenschiffes freigelegt. Es besaß Holzplanken und hölzerne Deckaufbauten, die teilweise vergoldet waren. Was für ein surrealer Anblick, dieses Monster durch das Sandmeer segeln zu sehen!

Merkwürdigerweise entfiel die Notwendigkeit solcher Einrichtungen schon wieder mit dem Ende der 5. Dynastie. Nach König Djedkare-Isesi wurden keine Sonnenheiligtümer mehr angelegt. Erst ab der frühen 18. Dynastie begegnen wir wieder einer Sonnenkultstätte, die eng mit dem Königskult verbunden ist, dem «Re-Schatten» oder «Sonnenspiegel» *(Schut-Re)*. Trotz des Namens hat man sich diese Einrichtungen jedoch nicht als schattenspendende Schutzdächer vorzustellen, im Gegenteil[13]. Denn mit «Schatten» ist vielmehr die vom Gott ausgehende Kraft gemeint, jene Göttlichkeit, die auf andere Wesen übertragen werden kann. Die Präsenz dieses «Gottesschattens» wird in Form eines geöffneten Straußenfederfächers angezeigt. Solche Kultstätten waren keine großen, selbständigen Heiligtümer, sondern bescheidene, einem Haupttempel untergeordnete und auch wirtschaftlich angeschlossene Anlagen. Im «Re-Schatten» werden täglich Opfer dargebracht, theoretisch vom König selbst, besonders auch von der Königin. Möglicherweise soll dadurch die göttliche Schöpferkraft und Fruchtbarkeit auf das Königspaar übertragen und dieses in seiner Rolle als Urgottheiten gesichert werden. Die wichtigsten Beispiele finden sich in den Millionenjahrhäusern im westlichen Theben (s. S. 132 ff.) und auf dem Dach des *Achmenu* von Karnak (s. S. 43/44, 116). Die größte Anlage dieser Art ist – wie zu erwarten – der «Re-Schatten» von Amarna, in dem der Altar zu einem kleinen Hochtempel ausgebaut ist (s. S. 181).

Nördlich neben dem großen Tempel von Abu Simbel war ebenfalls ein solches Sonnenheiligtum erhalten, dessen Einrichtung durch die typische Sonnensymbolik beherrscht wird: Pylonpaar, Obeliskenpaar mit Hochaltar und die Sonne verehrenden Pavianfiguren (heute im Ägyptischen Museum Kairo).

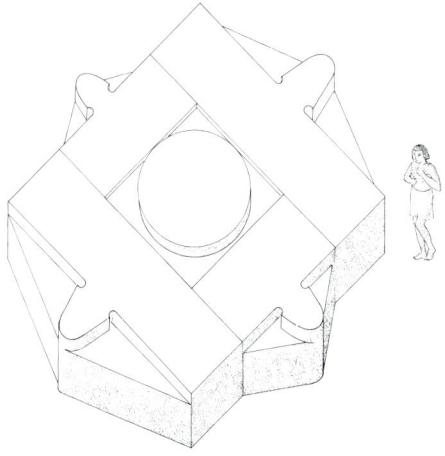

Barkenstationen und -heiligtümer

Barkenstationen sind Ruheplätze für die Götterbarke bei ihren Prozessionen im Tempelgebäude selbst oder außerhalb der Tempelumwallung. Grundsätzlich genügt ein Baldachin oder zeltförmiger Unterstand. Meist wurden diese Einrichtungen jedoch zu kleinen steinernen Heiligtümern ausgebaut. Sie treten in verschiedenen Formen auf.

Die erste Station am Weg der Götterbarke war wohl meist der Säulensaal des Tempels selbst, der ja den Namen «Saal des Erscheinens (des Kultbildes)» trägt. Besonders das erhöhte Mittelschiff mancher Säulensäle, wie zum Beispiel das berühmte Hypostyl von Karnak oder das in der Westhalle des Ptah-Tempels von

Der Alabasteraltar des Sonnenheiligtums des Königs Niuserre, Abu Gurob.

Darstellung der Barke Thutmosis' III. (?) in einer Barkenstation vor dem Tempel Thutmosis' III. im Grab des Amenmose (Nr. 19) in Qurna.

37

Memphis, kann als Säulenkiosk gelten, der in einen aus niedrigeren Säulenhallen bestehenden Saal eingestellt ist.

Nach ähnlichem Prinzip ist die zweite Station im Tempelhof gestaltet, wo ja auch gelegentlich ein Säulenkiosk stand, wie etwa der des Taharqa im ersten Hof von Karnak. Im Gegensatz zum Kiosk im Erscheinungssaal sind hier, in einer nach ägyptischer Vorstellung bereits potentiell feindlicheren Umwelt die Interkolumnien durch Schranken verschlossen, die einen direkten Einblick verhindern sollten.

Als dritte Station ist der Säulenkiosk zu verstehen, der – besonders in der Äthiopenzeit – vor dem Pylon errichtet wird und seine Rückwand an die Pylonfassade lehnt. Diese Kioske heißen ägyptisch *Hajit (H3yt)*. Es sind entweder echte Säulenkioske, deren Außensäulen durch halbhohe Schranken miteinander verbunden sind und nur axiale Durchgänge haben (zum Beispiel am Hibis-Tempel von Charga), oder sie bestehen aus parallelen Säulenreihen (meist vier), die an der Front und den Seiten völlig offenbleiben und somit lediglich ein Schattendach für Kulthandlungen tragen (mehrere Beispiele in Karnak und Luxor).

In größerer Entfernung vom Ausgangsheiligtum standen weitere Säulenkioske, etwa am Flußufer wie auf Philae. Häufig nimmt die außerhalb der Ausgangsstation gelegene Barkenstation die Gestalt eines kleinen Tempels an, vorwiegend eines Podiumtempels mit Pfeilerumgang («Peripteraltempel»). Die Barke wird über eine Rampe an der Front emporgetragen und dann in einem von einer Pfeilerstellung umgebenen Schrein auf einem Sockel abgestellt. Danach verläßt sie die Station wieder auf demselben Weg oder durch eine Tür in der Rückwand des Schreins.

Es ist wohl kein Zufall, daß wir nur wenige derartige Barkenstationen aus dem Mittleren und überhaupt keine aus dem Alten Reich kennen. Denn die großen Götterumzüge sind eine typische Erscheinung der Zeit ab der 18. Dynastie. Besonders schöne Beispiele solcher Stationen kennen wir aus Elephantine (Amenhotep III.) oder Karnak (Hatschepsut/Thutmosis III.). Andere Kioske sind uns aus Darstellungen bekannt.

Die aufwendigste Form solcher Stationen dürften die *Maru*-Stätten gewesen sein, die uns erstmals in der 18. Dynastie begegnen. Es waren offenbar von Gärten umgebene Barkenstationen, die in der Nähe eines Teiches oder Kanals errichtet wurden. Wir kennen solche Bauten bisher nur aus Texten und Darstellungen, wie zum Beispiel das *Maru* Amenhoteps III. für den thebanischen Amun. Die Lokalisierung dieser Anlage ist umstritten. Sie lag wohl am Prozessionsweg zwischen Luxor und Karnak. Nur in Tell el-Amarna sind *Maru* genannte Gebäudekomplexe des Königs Echnaton zutage gekommen, deren komplizierte Anlage sich allerdings unserem Verständnis noch weitgehend entzieht. Sie wurden schon hypothetisch als verkleinerte Darstellungen des Kosmos gedeutet, mit der Wiedergabe der Wasserläufe, die der Sonnengott während seiner Nachtfahrt zu durchqueren hat.

Kultbilder und Götterbarken wurden, wie ägyptische Wandbilder zeigen, auf ihren Auszügen aus dem Tempel auch auf gemauerten Tribünen am Nilufer oder an Kanälen ausgestellt. Diese Tribünen standen gelegentlich auch auf breiten Terrassen, wie sie zum Beispiel dem Chnum-Tempel von Elephantine oder dem Isis-Tempel von Dendur vorgelagert sind. Aus unerklärlichen Gründen ist die dem Fluß zugewandte Seite der Terrassenstützmauer gelegentlich konkav nach innen gekrümmt, als ob sie der Form eines dort anlegenden Schiffes folge.

Geburtshäuser (Mammisi)[14]

Geburtshäuser (Mammisi, ägyptisch Per-meset) sind zwar wie die Haupttempel im allgemeinen an die gesamte Göttertriade eines Ortes geweiht. Speziell richten sie sich aber an den weiblichen Partner der Götterfamilie und deren Kind. Sie stehen innerhalb der Tempelumwallung, meist an der zum Haupttempel führenden Prozessionsstraße.

Sie bestehen gewöhnlich aus einem dreiräumigen Sanktuar, das allseitig von einem Säulenumgang umgeben ist. Dieser trägt ein schützendes Dach, das über dem Sanktuar zu schweben scheint. Die Herkunft dieser Bauform in den aus Holz und Matten gefertigten Schutzdächern über «Wochenlauben» der Vorzeit ist nicht zu verkennen. Geburtshäuser sind zwar eine Erscheinung der ägyptischen Architektur der Spätzeit im allgemeinen Sinn, also der 30. Dynastie und der Ptolemäer- und Römerzeit, es gibt jedoch einige Anzeichen dafür, daß sie bereits Vorgängerbauten in der Ramessidenzeit besessen haben. Man darf sicher auch jene Bilderzyklen in den Tempeln der Hatschepsut in Deir el-Bahari und Amenhoteps III. in Luxor, in denen die «göttliche» Geburt des Königs dargestellt ist, als thematische Vorformen dieser Bauten ansehen. Denn auch in den Geburtshäusern kreisen die Reliefthemen um heilige Hochzeit, Geburt, Säugen des Götterkindes und dessen Inthronisation. Möglicherweise lassen sich die Ursprünge dieses Themas bis in die Bilderzyklen der Pyramidentempel der Könige des Alten Reiches zurückverfolgen. Aus diesen Tempelreliefs wird auch deutlich, daß mit dem Götterkind eigentlich der junge König gemeint ist, der sich auf diese Weise legitimiert. Ja man hat schon daran gedacht, daß die Königsfamilie selbst an der Aufführung der Mysterien beteiligt war.

Geburtshäuser waren zunächst rein äußerlich Barken- oder Prozessionsstationen, in die an bestimmten Festtagen die Götterprozession einzog, um hier die Geburt des jungen Gottes zu feiern. Aus Darstellungen und Texten in diesen Bauten läßt sich erschließen, daß es sich dabei um Mysterien handelte, die unter Teilnahme von Musikern und Sängern in Form eines heiligen Dramas aufgeführt wurden. Nächtliche Tänze, Trunkenheit und die Verkündung der Geburt bei aufgehender Sonne scheinen ein Teil des Spektakels gewesen zu sein. Hieraus dürfte sich auch die Form der Bauten erklären. Denn um den eigentlichen Kultbau herum legt sich regelmäßig ein mit Schrankenwänden verschlossener Säulenumgang. Damit konnte das Geheimnis der Mysterien besser geschützt werden. Möglicherweise entwickelte sich dann aus einem solchen Besuchstempel ein eigenständiges Heiligtum mit eigenem Sanktuar und eigenen Kultbildern, an denen schließlich – wie im Haupttempel – auch das tägliche Ritual vollzogen wurde und sich mit den Ritualen des Geburtsfestes vermischte.

Geburtshäuser wurden vorwiegend an besonders wichtige Heiligtümer, wie Philae, Kom Ombo, Edfu, Esna, Armant, Karnak und Dendera, aber auch an Tempel in Unterägypten wie zum Beispiel Bubastis angeschlossen.

DER TEMPEL ALS SINNBILD UND DARSTELLUNG[15]

Der ägyptische Tempel ist nur in unseren Augen eine Bühne für den Kultvollzug. Die Erbauer sahen ihre Heiligtümer auf einer anderen, mythischen Ebene. Es wurde bereits darüber gesprochen, daß der Tempel als Wohnstätte der Götter ein in das Diesseits herübergeholter Teil jener anderen Welt ist, in der die Götter wohnen und in dem andere Gesetze gelten. Dieser «Olymp» oder diese Sonderwelt ist nun interessanterweise als ein verkleinerter und abstrahierter oder kondensierter Kosmos gestaltet, der dem Vorbild des ägyptischen Weltbildes folgt. Diese kosmographische Eigenschaft eines Tempels, die «Welt» darzustellen, führt jedoch nicht zu einem modellhaften Nachbau des ägyptischen religiösen Weltgebäudes. Assoziationen wurden durch subtile Hinweise oder durch entsprechende architektonische Zitate und – wie bereits geschildert – durch die Thematik des Dekorationsprogrammes heraufgerufen.

Viele – vielleicht sogar alle – ägyptischen Tempel sind heilige Stätten des «Ersten Males», also Urinseln oder Urhügel, auf deren Grund der Urgott verborgen war, um dann am Weltanfang aus dem Urozean emporzutauchen. Dieses Bild entspricht der natürlichen Situation eines Tempels auf einer vor den Fluten der Überschwemmung geschützten Anhöhe. Jedoch wurden in der formativen Epoche ägyptischen Tempelbaus solche abstrahierten Inseln oder Hügel auch künstlich angeschüttet und in eine abstrakte Form eines Urhügels gebracht. Erhalten bleibt der Urhügelaspekt in übertragener Form in der erhöhten Lage der hinteren Tempelteile, besonders des Sanktuares, das jeweils auf einer auch noch so flachen Terrasse über alle vorderen Tempelräume erhöht steht. In manchen Heiligtümern, wie etwa den an den Berghang gelehnten Terrassentempeln von Deir el-Bahari oder Abydos, ist die Anhebung des Sanktuares über den vorderen Tempelteil lagebedingt besonders stark ausgeprägt. Auch Tempel im Flachland können durch ein podiumartiges, hohes Fundament entsprechend hervorgehoben werden.

Die letzte Ausformung des Bildes eines Urhügels finden wir im Naos. Da in seinem Innern das Kultbild des Gottes geborgen wird, nimmt er die abstrakte Form eines solchen Urhügels an. Er besteht aus schwarzem «Ur»gestein wie Granit oder Basalt und ist von einem pyramidenförmigen Dach bekrönt, das ebenfalls als eine Darstellung des Urhügels aufzufassen ist. Darunter, quasi im Innern des Urhügels, befindet sich dann die Aushöhlung, in der der Gott in seinem Kultbild wohnt. Diese Vorstellung schließt den Gedanken aus, daß der ägyptische Tempel als Gipfelheiligtum auf einem heiligen Berg steht, eine Vorstellung, wie sie uns so häufig in den benachbarten Kulturen des Mittelmeerraumes oder Mesopotamiens begegnet.

In der Dekoration des Tempels tritt der Aspekt der aus dem Ursumpf hervorragenden Erde in der schwarzen Farbe von Basaltpflastern (Pyramidentempel des Alten Reiches) hervor, in der schwarzen Bemalung des Sockelfeldes der Wanddekoration oder in der Darstellung eines Papyrusdickichtes entlang der Sockelstreifen vieler ptolemäischer Tempel. Kein Zufall ist es denn auch, wenn im untersten, meist etwas schmäleren Bildregister Nile und Fruchtbarkeitsgötter auftreten, die

quasi aus dem fruchtbaren Untergrund ihre Gaben hervorbringen. Das Motiv der
aus dem Grund aufsprießenden Pflanzen kehrt schließlich in der Form der Pflanzensäulen wieder, die in der Tempelarchitektur so häufig verwendet werden, etwa
geschlossene oder geöffnete, einfache oder gebündelte Papyrus- oder Lotussäulen
oder Palmsäulen, die einen Säulensaal in einen imaginären Blumenwald verwandeln oder ein *Mammisi* mit einem schützenden Papyrusdickicht umgeben. Die
Wahl der Säulenform war kaum dem Zufall überlassen. Die Palmsäule erinnert an
den heiligen Palmenhain von Buto, die Lotussäule mag an das Bild der «Lotusblüte
an der Nase des Re» anspielen und die Papyrussäule an die Wappenpflanze Unter-
ägyptens und die papyrusförmige Hieroglyphe *wadji,* «grünen»[16]. Vor dem Barkensanktuar von Karnak sind auf zwei symmetrisch stehenden Granitpfeilern die
Wappenpflanzen von Ober- und Unterägypten – Lilie und Papyrus – dargestellt.
Somit werden die beiden Landeshälften zu Stützen des «Himmels» über dem
König, wenn er hier als Vertreter Ägyptens vor die Götter tritt.

Es ist gelegentlich auch schon vermutet worden, daß die Konstruktionsweise
der Ziegelumfassungen einiger später Tempel den Urozean *Nun* darstellt, der das
Heiligtum mit seinen Wogen umrauscht[17]. Denn die Lagerfugen dieser großen
Umwallungen laufen nicht horizontal, sondern in Wellen auf- und abschwingend.
Allerdings war der Fugenverlauf solcher Mauern unsichtbar unter dem Verputz
versteckt, das Abbild des *Nun* also unsichtbar. Anders verhält es sich dagegen mit
den ebenfalls wellenförmig versetzten steinernen Umfassungsmauern von Kalabscha, Philae oder Dendera. Hier war der Fugenverlauf deutlich zu erkennen.

*Die Geburtshäuser vor dem Hathor-Tempel von
Dendera.*

41

Die enge symbolische und kultische Verbindung eines Tempels mit dem Urozean wurde ferner durch die Einrichtung der (fälschlich) sogenannten «Nilometer» realisiert, einer Treppe oder eines unterirdischen Ganges, der in einen Brunnenschacht einmündet, in dem das Grundwasser emporsteigt.

So wie der Boden des Tempels den Untergrund der Erde darstellt, so wird seine Decke zu einer Wiedergabe des Himmels. Ihre Grundfarbe ist daher blau und mit einer Unzahl von gelb bemalten, fünfstrahligen Sternen bedeckt. Auch schweben über den Hauptdurchgängen die Bilder von fliegenden Falken und Geiern, und gelegentlich breitet sogar die Himmelsgöttin Nut ihren Körper über die Decke aus.

In der Ausrichtung des Tempels und der Anlage seines Bildprogrammes beachteten die Erbauer die natürliche Orientierung des Baues und schmückten die nördliche Hälfte des Baues demgemäß mit den unterägyptischen Kennzeichen und die südliche Hälfte mit den entsprechenden oberägyptischen Pendants. So ist die Auswahl und Verteilung der Götter im Tempel – auch der untergeordneten Gottheiten – nicht zufällig. Die Anordnung der Mitglieder der lokalen Triaden oder Neunheiten, ja der Götter des ganzen Landes, ist immer genau bedacht, auch wenn wir oft nicht imstande sind, die Spielregeln zu erkennen. Grundsätzlich versucht man auch den König in ober- und unterägyptischem Ornat oder die Wappenpflanzen der beiden Landesteile auf die entsprechenden Hälften des Baues oder der Wände zu verteilen, also stets die Rote Krone und die Papyruspflanze nördlich und die Weiße Krone und Lilie südlich anzubringen. Eine möglichst genaue Orientierung wird auch für die Darstellung der Feinde Ägyptens beobachtet, also die Schwarzen im Süden, die Libyer im Westen und die Asiaten im Norden. Auch bei Darstellungen von Prozessionen und Kultfahrten wird stets die natürliche Reiserichtung beibehalten.

Erst durch solche Ordnungssysteme wird der Tempel der Ma'at gemäß «richtig» in die Weltordnung eingepaßt und tatsächlich zu einer Wiedergabe der Welt: seine Nordhälfte *ist* Unterägypten, seine Südhälfte Oberägypten, seine Osthälfte der Bereich des Morgens, der aufgehenden Sonne, und der Westen das Land des Sonnenunterganges. Aus verständlichen Gründen werden allerdings direkte Hinweise auf den Sonnenuntergang und das Reich des Osiris vermieden. Sie werden gewöhnlich durch Anspielungen auf die positivere, nach dem Sonnenuntergang zu erhoffende Wiedergeburt der Sonne getarnt. Sicher wurden auch die mächtigen Pylontürme mit einer kosmographischen Funktion belegt. Wir kennen zum Beispiel die Gleichsetzung des mit der Sonnensymbolik behafteten Pylonpaares mit den beiden Wüstenbergen am Horizont, zwischen denen die Sonne auf- oder untergeht, oder ihre Identifizierung mit Isis und Nephthys, die zwischen sich die Sonne emporheben[18]. Einen weiteren Hinweis auf einen Zusammenhang der Tempelarchitektur mit dem Lauf des Sonnenjahres gibt der Pylon des Tempels von Edfu. Die Dekoration des dahintergelegenen Hofes ist so raffiniert berechnet und angeordnet, daß der Schatten der Pylontürme zum richtigen Zeitpunkt die in der Dekoration angesprochenen Feste des Kalenderjahres freigibt[19]. Die astronomische Orientierung der Tempel spielte also bei der Vermessung der Tempelachse eine große Rolle. Man nimmt an, daß bei derartigen Verrichtungen der Stand bestimmter Sterne oder die Sonnenbahn am Tag der Tempelgründung die nötigen Bezugspunkte lieferten. Doch fehlt die Vorstellung, daß der Tempel – wie etwa der Hindu-Tempel – den Nabel der Welt darstellt und an eine bestimmte geographische Lage und Orientierung gebunden ist.

 Zwei interessante Beispiele für die Rolle der ägyptischen Tempelarchitektur bei

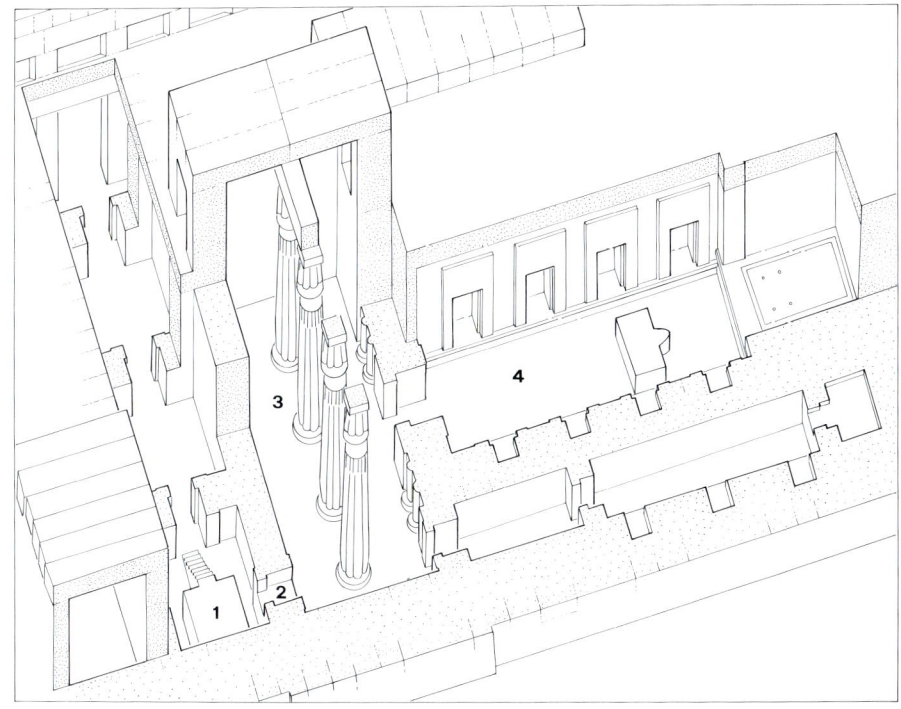

Rekonstruktion der Tempelräume um den «botanischen Garten» im Achmenu Thutmosis' III. von Karnak: 1: Das Mittelsanktuar; 2: Das Erscheinungsfenster; 3: Der «botanische Garten»; 4: Das 8 + 1-Göttersanktuar.

der Darstellung des Kosmos finden sich in Karnak. Das eine ist der in seiner Art einzigartige Kultbau des Königs Taharqa am heiligen See von Karnak[20]. Die zweistöckige Kultstätte ist der Sonnenbahn entsprechend ost-westlich orientiert. Sie diente – in gewisser Weise vergleichbar mit den Königsgräbern des Neuen Reiches im Königsgräbertal – der architektonischen Sichtbarmachung und kultischen Darstellung des Sonnenlaufes mit der Entwicklung des Sonnengottes in seinen vier Lebenszyklen, in denen er die Bereiche des Kosmos durchläuft: Chepre bei der Geburt am Sonnenaufgang, Re als reifer Mann am Tageshimmel, Atum als Greis beim Sonnenuntergang, um schließlich als Ba des Sonnengottes in die Unterwelt hinabzusteigen und dort in den Körper des Osiris einzutreten. Nach dieser Wiedervereinigung des Ba mit seinem Körper erfolgt das Mysterium der allmorgendlichen Wiedergeburt des Sonnengottes als Chepre. Leider ist der Bau so stark zerstört, daß sich nicht mehr alle Phasen in der Architektur verfolgen lassen. Bis zu einem gewissen Grade kann aber jeder ost-westlich orientierte Tempel als eine Darstellung der vom Sonnengott auf seiner Fahrt über den Himmel durchmessenen Räume verstanden werden[21].

Das zweite Beispiel für eine kosmographische Rolle des ägyptischen Tempels in Karnak ist der «botanische Garten» des *Achmenu* Thutmosis' III. (s. S. 37, 116). Dieser Bau ist dem König als einer Erscheinungsform des Amunre geweiht. In seinem Hauptsanktuar, in der Mitte der Ostwand, stand auf einem hohen Sockel in einem Kultbildschrein das lebende Bild des Königs. Dieses Sanktuar und sein Kultbild wurde durch ein zweites, verborgenes Heiligtum ergänzt, das sich durch ein Erscheinungsfenster hoch oben in der Wand auf das Hauptsanktuar öffnet, aber ohne jeglichen Zugang blieb. Es bestand aus einem Viersäulensaal, in dessen Nordwand ein Tor in einen vermutlich offenen Altarhof führte, mit einem monumentalen Hauptkultbildschrein in der Nordwand und 2 × 4 Nischen für die Gastgötter in den Seitenwänden. Man muß annehmen, daß hier die Bilder Amuns und der Acht Urgötter untergebracht waren. Von hier aus konnte der «Schatten» die-

Geier mit dem Symbol des göttlichen Schattens am sternenübersäten Himmel.

ser Götter durch das Erscheinungsfenster in das Hauptsanktuar überwechseln und sich mit dem Kultbild des Königs vereinigen. Nur die Wandsockel dieses interessanten Bauteiles sind erhalten. Sie sind mit Darstellungen von Pflanzen und Tieren bedeckt, die dem König bei seinen Feldzügen im palästinensisch-syrischen Raum begegneten. Sie sollen die Fruchtbarkeit und Fülle der von Amun und den Urgöttern erschaffenen Welt beschwören, die sich nicht mehr auf das Land am Nil beschränkt, sondern für die Zeit Thutmosis' III. den gesamten Kosmos miteinbezieht.

Literatur: Dieter Kurth, *Zu den Darstellungen Pepis I. im Hathortempel von Dendera,* in: *Tempel und Kult* (Ägyptologische Abhandlungen 46, Wiesbaden 1987) 1–23; idem, *Die Dekoration der Säulen im Pronaos des Tempels von Edfu* (Göttinger Orientforschungen IV 11, Wiesbaden 1983); Nathalie Beaux, *Le Cabinet de curiosités de Thoutmosis III* (Orientalia hovaniensia Analecta 36, Löwen 1990).

FORMBILDUNG[22]

Der Anblick eines ägyptischen Tempels vermittelt spontan den Eindruck eines Bauens nach bestimmten Regeln. Man glaubt zu spüren, daß jedes Element seinen durch Maß und Zahl festgelegten Ort hat, nichts dem Zufall überlassen ist. Die Existenz von solchen Regeln wird einmal durch jene Mythen bestätigt, die in den großen Tempeln der Ptolemäer- und Römerzeit in vollem Wortlaut überliefert sind oder wenigstens mit ihren Buchtiteln genannt sind, wie zum Beispiel «Das heilige Buch der Frühzeit der Götter», «Das Kommen des Re in seinen Palast», «Das heilige Buch der Tempel» und «Das heilige Buch der Vorschriften zum Bemalen einer Wand und Beachten der Körperform». Die Beschreibung zweier solcher Prototypen ist so präzise, daß wir in der Lage sind, maßgerechte Pläne eines urtümlichen Horus- und eines Sonnentempels zu konstruieren[23]. Von den Bauinschriften der Tempel des Neuen Reiches, besonders aber von den weitaus präziseren Beschreibungen der Ptolemäerzeit wissen wir zudem, daß die ägyptischen Architekten gewohnt waren, ihre Vorstellungen von realen Bauten in Worten zu formulieren, eine Art *«grammaire du temple»* zu schreiben. Zum Studium alter Schriften trat die Beschäftigung mit noch aufrecht stehenden, älteren Originalbauten, eine Art archäologisches Studium der Bauabmessungen, der Wanddekoration und Beschriftung.

Die gesamten Maßzusammenhänge eines Tempels sind auf Grundlage eines Quadratnetzes in Ellenabmessung, nach Möglichkeit in Zehner- oder Fünfereinheiten berechnet (eine Elle etwa 52,3 bis 52,5 cm). Diese Konstruktion ergibt sich aus der Methode, mit welcher die Architekten ihre Bauten konstruierten. Zum Beispiel wurde vor der Errichtung der Wände der gesamte Grundriß des Tempels mit Hilfe eines Rasterplanes auf die Oberfläche der Fundamentplatte gerissen und in dieses Raster der Mauerverlauf eingezeichnet. Die Höhengliederung der Bauten folgte dem gleichen Prinzip. Auch wissen wir, auf welche Weise die Neigungswinkel der Außenmauern zahlenmäßig formuliert wurden. Daß beim Entwurf eines Tempels gewisse Zahlenabfolgen und geheiligte Proportionen im Spiel waren, ist nicht mit Sicherheit nachweisbar, aber doch vorauszusetzen. Zum Beispiel läßt

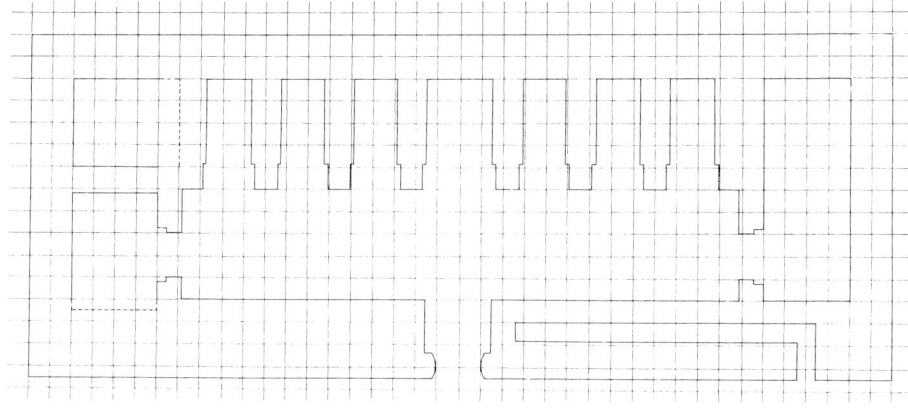

Der Plan des Qasr-es-Sagha-Tempels in einen Ellenraster konstruiert.

sich die Anwendung des pythagoreischen Dreiecksatzes ($a^2 + b^2 = c^2$ oder vereinfacht $3:4:5$) gelegentlich nachweisen, ohne daß ihm jedoch eine primäre, gestalterische Rolle zukam[24].

Sicher entsprach der «kristallinische» Charakter der ägyptischen Architektur, ihre großen rechteckigen Flächen, die äußerlich wenig strukturierten Baukörper, ihre Frontalität, der Aufbau auf einem Achsenkreuz und die strenge Parallelität und Symmetrie der ägyptischen Freude am Zählen, Berechnen und an mathematischer Klarheit und Ordnung. Der tektonische Charakter ägyptischer Baukunst spiegelt aber auch die natürliche Struktur des Landes wider, auf dessen Boden diese Art des Bauens entstanden ist, die klare Süd-Nord-Ausrichtung durch den Nilverlauf, die rechtwinklig dazu verlaufende Sonnenbahn und die kantigen Formen der Wüstenplateaus und Felsabbrüche.

Im Kontrast dazu steht eine zweite Komponente, die das eben geschilderte Prinzip der Geometrisierung auflockert und ergänzt, die Verwendung von Formen aus der Pflanzenwelt, vor allem für Säulen. Auch diese organischen Grundformen erscheinen stark abstrahiert, aber dennoch in einer Form, die das Vorbild noch deutlich erkennen läßt. Vom Pyramidentempel des Sahure bis zum Pronaos des Edfu-Tempels durchdringen sich im ägyptischen Bauen die beiden Grundkonzepte, das tektonische und das organische, in einem ausgewogenen Zusammenspiel.

Grundriß und Aufbau eines ägyptischen Tempels demonstrieren eine ganze Reihe weiterer Richtlinien, wenn nicht «Regeln», nach denen die ägyptischen Architekten vorgingen. So wendet der Tempel seine Front wenn möglich dem Nil zu, der als von Süd nach Nord fließend gedacht ist, auch wenn das nicht immer genau zutrifft (Ost-West-Schleifen kommen vor), so daß, wenn der Tempel auf dem Westufer steht, die Strahlen der aufgehenden Sonne das Innere seines Sanktuares erreichen könnten. Der Fußboden des Tempels steigt vom Hof zum Allerheiligsten in mehreren Stufen an. Mit der Erhöhung des Bodens vom Pronaos zum Allerheiligsten nimmt entsprechend die Höhe der Decken und Durchgänge ab. Die Kultbildkammer der Hauptgottheit des Tempels liegt in der Mittelachse am weitesten vom Eingang entfernt. Wenn möglich wird ihre Rückwand durch die Rückwand des Tempelhauses gebildet. Ist der Tempel gleichzeitig zwei oder mehreren gleichrangigen Göttern geweiht, so liegen ihre Kultbildkammern parallel nebeneinander, und jede besitzt ihren eigenen, an der Tempelfront beginnenden Zugang, der durch alle Tempelräume hindurchführt. Falls eine Götterbarke unterzubringen ist, wird sie in einem Barkenschrein aufgestellt, der unmittelbar *vor* dem Kultbildraum liegt. Dieser Barkenschrein ist mit der Kultbildkammer meist durch eine Tür verbunden. Die Außenwände sind geböscht, die Innenwände senkrecht. Außenwände ägyptischer Tempel werden mit versenktem Relief dekoriert, Innenwände überwiegend mit erhabenem Relief. Und schließlich werden die Reliefs mit ihren Inschriften, aber auch die undekorierten Bauteile nach einem bestimmten Farbkanon bemalt.

BILDPROGRAMM

Die Wände der ägyptischen Tempel, die Türrahmen, Decken, ja die Oberflächen der Säulen und Pfeiler tragen im Idealfalle Dekorationen und Inschriften. Das war nicht immer so. Frühe Bauten wie der Djoser-Bezirk von Saqqara sind – bedauerlich für die Ägyptologie – praktisch bildfrei. Erst in den Pyramidentempeln der 4. Dynastie entsteht allmählich ein Bildprogramm, das allerdings bis zu den Bauten des Mittleren Reiches noch recht einfach und wortkarg bleibt[25]. Ab dem Neuen Reich werden zur «Verewigung» zahlreiche heilige Schriften vollständig oder auszugsweise auf die Tempelwände übertragen (zum Beispiel das Ritual der Tempelgründung, die Sonnenlitanei und vor allem die großen Opferrituale). In den Bauten der Ptolemäer- und Römerzeit überzieht ein dicht gewobener Teppich praktisch die gesamte sichtbare Steinoberfläche eines ägyptischen Tempels bis zu den Unterseiten der Architrave und Hohlkehlen. Das Repertoire dieser Bilder und Texte reicht von formelhaft erstarrten Darstellungen des Königs vor der Gottheit bis zu wandfüllenden, lebendigen und detailreichen Bildabfolgen, in denen Rituale, Götterfeste, Zubringerdienste für das Tempelritual, ja sogar Kriegsszenen, Expeditionen und Jagden dargestellt werden. Auch in den Texten finden wir eine weite Bandbreite, die von Bauinschriften, Ritualtexten, Opferlisten, Festkalendern bis zu historischen Texten und Dekreten reicht. Diese Bilder und Texte stellen einen ungeheuren Informationsschatz zum Tempelbetrieb und für die gesamte ägyptische Kultur dar. Sie werden seit der Zeit der Napoleonischen Expedition von zahllosen epigraphischen Unternehmen aufgenommen und in monumentalen Publikationen dokumentiert. Doch sind bis jetzt längst nicht alle Darstellungen und Texte zugänglich gemacht.

Ursprünglich waren die Bilder und Texte nicht dazu bestimmt, gelesen zu werden. Denn durch das Mundöffnungsritual zu eigenem Leben erweckt, führten die Texte ein in sich geschlossenes Eigenleben. Sie garantierten durch ihr reines Dasein die Wirksamkeit der dargestellten Handlungen und gesprochenen Worte und leisteten damit einen wesentlichen Beitrag zur richtigen, das heißt der Ma'at gemäßen Wirkungsweise einer *Achet,* eines Götterhorizontes.

Das Programm der Texte und Bilder bewegt sich zwischen der «realen» Darstellung des Inhaltes eines Raumes und der hier vollzogenen Handlungen auf der einen Seite und theologisch-spekulativer Assoziationen auf der anderen Seite. Für uns bieten sie eine wertvolle Handhabe zur Deutung der Tempelräume. Am klarsten läßt sich die Verbindung zwischen Wandbild und Raumfunktion in den Sanktuaren und Statuenkammern erkennen, an deren Wänden regelmäßig das tägliche Kultbildritual wiedergegeben ist. Auch in manchen Nebenräumen, wie zum Beispiel in den Magazinen für die Salben, Kleider und Tempelschätze, sehen wir oft entsprechende Objekte oder ihre Anwendung dargestellt. Bereits in die zweite Kategorie fallen Bilder, die meist die Rückwand eines Raumes füllen, auf die der Blick eines imaginären Eintretenden zuerst fallen würde. Diese Blickpunktsbilder ordnen das Heiligtum in ein umfassenderes theologisches System ein. Sie sagen, wer der Herr des Heiligtums ist, welcher König den Bau gestiftet hat und für den Ritualvollzug verantwortlich ist. Über die Vorgänge im Raum aber schweigen sie.

Nektanebos II. beim Weißbrotopfer vor Amunre und Chons im Tempel von Charga.

Ramses II. geleitet eine Priesterprozession in das Stoffmagazin (Raum P) seines Tempels in Abydos.

Häufig wird ein kompliziertes Netz von theologischen Querverbindungen auch innerhalb des Tempels selbst gesponnen. Texte auf Säulen oder an der Rückseite von Standbildern nehmen auf gegenüberliegende Wandreliefs Bezug; Darstellungen von Göttern weisen auf entsprechende Kulte im Raum hinter der Wand.

Die Längswände eines Raumes sind dagegen für die «reale» Funktion eines Raumes aufschlußreicher. Regelmäßig ist derjenige Gott der Herr des Raumes, dessen Bild am hinteren Ende dieser Seitenwand erscheint. Davor breiten sich dann die Kultszenen aus. Fast nie sehen wir aber Priester am Werk; regelmäßig ist es der König selbst, der dem Gott gegenübersteht, der alleinige Mittler zwischen der Götter- und Menschenwelt. Meist sind die Rituale nicht *in extenso* dargestellt, sondern auf eine oder wenige Schlüsselszenen reduziert.

In der Nähe des Einganges trifft man regelmäßig die stehende Figur des Königs, der sein Szepter reinigend über den Eintretenden erhebt und spricht: «Rein sei alles, was hier eintritt.» Dieses Bild stellt also einen magischen Schutz gegen eine zufällige Verunreinigung des Heiligtums dar. Die Türwandung selbst trägt, weil sie von den offenen Türflügeln bedeckt wird, keine Darstellungen von Königen und Göttern. Statt dessen sind hier in Friesen Reihen von glückbringenden Zeichen aufgereiht. Auf der Front des Türrahmens wird nicht nur die im Raum dahinter wohnende Gottheit gezeigt, sondern in einer Textzeile über dem Sockelfeld auch der Name des Raumes oder der Tür angebracht, also etwa «Amun ist heilig an Denkmälern» oder «Maatkare (= Hatschepsut) vereinigt sich mit der Schönheit der Hathor, des Oberhauptes von Theben».

Der Abwehr der Gefahr durch Götterfeinde jeder Art dienten zweifellos die gewaltigen und den bildgläubigen Betrachter jener Zeit sicher erschreckenden Bilder des Königs, der im Kampf seine Feinde niederwirft und mit der Keule erschlägt. Solche apotropäischen Bilder entfalten sich in kriegerischen Zeiten, wie zum Beispiel unter Thutmosis III. («Asiaten»), Ramses II. (Hethiter) und Ramses III. (Seevölker), zu ganzen Bildzyklen, die die besonders gefährdeten Außenwände eines Tempels bedecken oder in Zeiten drohender Gefahr sogar – wie beschwörend – in das Innere der Höfe und Erscheinungssäle eindringen, wie zum Beispiel die Kriegsbilder Ramses' II. im ersten Hof und im Säulengang des Ramesseums. In solchen Darstellungen wendet sich die dargestellte Aktion des Königs nicht von außen nach innen, sondern von innen nach außen, der andrängenden Gefahr entgegen.

Die Ausrichtung der in den Reliefs dargestellten Handlungen folgt im allgemeinen einem einfachen Prinzip[26]. Ausgangspunkt bildet die an der Rückwand des Sanktuares dargestellte Gottheit. Oft ist dort aus Symmetriegründen die Götterfigur Rücken an Rücken stehend verdoppelt. Von hier aus gesehen, blicken alle Figuren verehrter Götter nach «außen», auch wenn diese Richtung über den Umweg der quer zur Achse laufenden Wände überwunden werden muß. Dagegen ist der verehrende König immer in der Richtung des Eintretenden nach «innen» schauend gezeigt. Der Ausgangspunkt für die Bewegungsrichtung des Königs ist demnach die Mittelachse der äußeren Tempelrückwand. Nicht selten aber tritt der Gott quasi durch die Rückwand oder durch eine dort angebrachte Scheintür oder Kapelle aus dem Sanktuar hervor. Dann ergeben sich an den Außenwänden Veränderungen in der Ausrichtung. Zumindest an der Rückwand bewegt sich der König von den beiden Seiten gegen das Zentrum, von dem aus der Gott wieder symmetrisch verdoppelt dem Kult entgegensieht.

Dekorationsprogramme lassen sich bereits bei den Pyramidentempeln des Alten Reiches erkennen. In den großen Tempeln des Neuen Reiches werden sie weiterentwickelt und systematisiert. Den Glanzpunkt solcher ausgeklügelter Systeme bilden die Bild- und Textprogramme der großen Ptolemäer-Tempel, an denen Generationen von Priestern gefeilt haben und an deren Entschlüsselung wiederum Generationen von Ägyptologen arbeiten. Denn oft haben die Priester dieser späten Zeit ihre Inschriften durch den Zusatz ungewöhnlicher und kryptographischer Zeichen verschlüsselt, die ihre Bedeutung nur dem Eingeweihten enthüllen.

Wesentlicher Bestandteil des Bildprogrammes eines Tempels sind schließlich seine Statuen. Viele Statuen in Tempeln sind keine direkten Kultempfänger, sondern stellen den Stifter aktiv, in einer Kulthandlung begriffen dar (einen Götterschrein, Götterfiguren oder Opfer präsentierend). Bei solchen Statuen tritt auch der nichtkönigliche Priester auf. In dreidimensionalen Handlungsgruppen konnten ganze Ritualvorgänge verlebendigt werden. Zum Beispiel kennen wir eine Figurengruppe, die mit lebensgroßen Figuren eine Art Krönung Ramses' III. durch Horus und Seth darstellt; ja wir haben Hinweise darauf, daß ganze Rituale in rundplastischen Handlungsgruppen verwirklicht werden konnten. Wie die Modellfiguren in ägyptischen Gräbern tragen solche Bilder zur Verlebendigung und Verewigung des Kultes bei. Manche folgen bestimmten Programmen. Zum Beispiel trugen die hundertfach in thebanischen Tempeln aufgestellten Sachmet-Statuen schmückende Beinamen der Göttin. Auf diese Weise bildet die Gesamtheit der Statuen «gelesen» eine ewig während steinerne Litanei zum Preis der Göttin[27]. Ebenso zu verstehen sind wohl auch die langen Reihen von Statuen gefesselt kniender Feinde in den Pyramidentempeln des Alten Reiches. Sie wiederholen in alle Ewigkeit das magisch bewirkte Faktum, daß alle Feinde des Königs unschädlich gemacht sind.

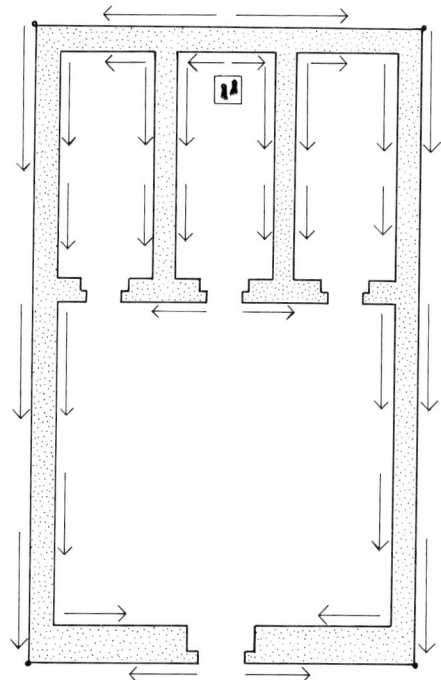

Die Aktionsrichtung der Darstellungen von Göttern im Wandrelief ägyptischer Tempel.

DIE TEMPELPRIESTER

Wenn auch alle Reliefdarstellungen einzig den König im Verkehr mit den Göttern zeigen, so lag doch in Wirklichkeit der Betrieb der ägyptischen Tempel in Händen einer Priesterschaft, über die wir dank zahlloser Inschriften, Papyri und Darstellungen recht gut informiert sind.

Die Priesterschaft eines Tempels war in fünf namentlich unterschiedene «Phylen» mit je zwei Untergruppen eingeteilt. Sie lösten sich nach einem bestimmten System im Dienst so ab, daß jede Phyle nur zwei von zwölf Monaten arbeitete. Bei der Annahme von Phylen von 40 Personen kann man zum Beispiel die Gesamtzahl der an einem Pyramidentempel durchschnittlicher Größe beschäftigten Personen (einschließlich der Oberpriester, Schreiber und Künstler) auf etwa 250–300 schätzen. Die Phylen wurden von sogenannten *Sehedj*-Priestern angeführt und setzten sich zusammen aus den eigentlichen «Gottesdienern» (*Hem-netzer,* gesprochen *Ham-natschar*), die den Kult ausführten, den *Uab*-Priestern für niedere Dienste und den *Chentiu-sche* für die manuellen Arbeiten wie zum Beispiel die Bestellung der tempeleigenen Felder.

Die Hauptaufgabe des Priesteramtes bestand in der Darbringung des täglichen (Speise-)Opfers am Morgen, Mittag und Abend (s. S. 55) und in der Durchführung der umfangreicheren Riten an den Festtagen des Pyramidentempels, wie zum Beispiel am Neumondstag, am Sokaris-Fest, am Hathor-Fest, am Fest der Götterinsignien, am Min-Fest und schließlich auch am Jubiläum der dreißigjährigen Regierung des Königs, dem Sed-Fest. An diesen Festen traten auch Tänzer oder Akrobaten und Sänger auf.

Die Zuweisung in ein Priesteramt war mit einer Vergütung in Naturalien oder in Feldern verbunden. Dies illustriert eine Besoldungsliste der Priester am Taltempel der Pyramide Sesostris' II. von Kahun (Papyrus Berlin 10005). Dieses Dokument gewährt gleichzeitig einen Einblick in die verwickelte Buchhaltung eines solchen Tempelbetriebes.

Verrechnung der an diesen Tempel gelieferten Einnahmen.

	Brote	Bier	
		st3-Krüge	*spnw*-Krüge
Betrag der täglichen Einnahmen	390	62	172
Zahlung vom Sobek-Tempel in Krokodilopolis	20	1	
Summe	410	63	172
Verbrauch nach dem Opfer dort [im Tempel Sesostris' II.]:			
Ausgezahlt an die Totenpriester	340	28	56½
Summe	340	28	56½

Rest	70	35	115½
Verbrauch dieses Restes:			
Der Bezirksvorstand und			
Leiter des Tempels (1)	16⅔	8⅓	27⅔
Der Phylenvorstand (1)	5	2½	8³⁄₁₀
Der oberste Ritualpriester (1)	10	5	16⅗
Der Buchhalter des Tempels (1)	2²⁄₉	1¹⁄₉	3³¹⁄₄₅
Der gewöhnliche Ritualpriester (1)	6⅔	3⅓	11¹⁄₁₅
Der Balsamierungspriester (1)	3⅓	1⅔	5⁸⁄₁₅
Der Aushilfspriester (1)	3⅓	1⅔	5⁸⁄₁₅
Libationspriester (3)	10	5	16⅗
Königliche Reinigungspriester (2)	6⅔	3⅓	11⅕
Der Polizist (1)	1⅔	⅚	2²³⁄₃₀
Türhüter (4)	2²⁄₉	1¹⁄₉	3³¹⁄₄₅
Türhüter an der Umfassungs-			
mauer (2)	1¹⁄₉	⁵⁄₉	1³⁸⁄₄₅
Der Tempelarbeiter (1)	⁵⁄₉	⁵⁄₁₈	⁸³⁄₉₀
Summe	70	35	115½

Die Mitglieder der Priesterschaft waren – zumindest im Alten Reich – durch königliche Dekrete vor Zwangsarbeiten geschützt und somit zu einer privilegierten Klasse erhoben. Für sie waren Dienstwohnungen in unmittelbarer Nähe der Tempel eingerichtet. Selbst Personen, die für die Instandhaltung des Tempels und die Besorgung der Felder zuständig waren, wohnten in einer staatlichen Siedlung nahe der Taltempel der Pyramiden am Fruchtlandrand. Es ist daher kaum verwunderlich, daß ein Priesteramt äußerst begehrt war.

Da der Dienst im Tempel im Alten und Mittleren Reich turnusmäßig ausgeführt wurde, übten die meisten Priester in der übrigen Zeit «hauptamtlich» einen weiteren Beruf aus. Man weiß auch, daß sich die Inhaber von Priestertiteln während des Alten Reiches durch andere Personen ihres Haushaltes oder Familienangehörige im Tempeldienst vertreten ließen. Denn oft verfügen solche Würdenträger über eine derartige Zahl von Priester- und Beamtentiteln, daß es ihnen weder zeitlich noch lokal möglich war, alle Funktionen gleichzeitig auszuüben. So rühmt sich in der 12. Dynastie Imhotep in seinem Grab in Lischt neben der hohen und sicher anspruchsvollen weltlichen Ämter eines «Fürsten und Grafen, unterägyptischen Schatzhausverwalters, Bauleiters und Feldervorstandes» auch, die geistlichen Ränge eines «Obersten der Geheimnisse des Gottesstabes, Obersten Ritualpriesters, Schreibers der Gottesworte, Größten der Schauenden, eines Priesters des Min» usw. eingenommen zu haben. Lediglich der *Cheri-heb* (gesprochen *Charej-hab*), der Priester, der das Ritual vollzog, war im Alten und Mittleren Reich «hauptamtlicher» Priester.

Bedeutendere Tempel wie die von Memphis und Heliopolis verfügten sicher über ein zahlreiches Personal. Sie nahmen auch darin eine Sonderstellung ein, daß an ihrer Spitze ein Hoherpriester stand, ein Amt, das nur den höchsten Beamten im Staat verliehen wurde. Ihre altertümlichen Titel «Größter der Handwerker» und «Größter der Schauenden» dürften noch auf die ursprüngliche Funktion dieser Positionen zurückgehen.

In Theben, das sich ab dem Neuen Reich zu einem bedeutenden religiösen Zentrum entwickelte, steht der Erste Gottesdiener *(Hem-netzer tepi)* an der Spitze, gefolgt vom Zweiten bis Vierten Gottesdiener. Außer den gewöhnlichen Vorlesepriestern gibt es jetzt auch einen «Ersten Vorlesepriester». Die Masse der Priesterschaft besteht aus den *Uab*-Priestern, bei denen es sich auch im Neuen Reich immer um «Laien» handelt. Sie rekrutieren sich aus jüngeren Beamten, die wie die hauptamtlichen Priester in einer Tempelschule ausgebildet wurden. Sie verrichteten während ihrer ersten Dienstjahre Tempeldienste und nahmen gleichzeitig an der Verwaltung der Tempel teil.

Während in früheren Zeiten die relativ einfachen Rituale zum Teil auch noch nebenamtlich ausgeführt werden konnten, war der Ritus inzwischen selbst an gewöhnlichen Tagen so umfangreich geworden, daß er die Zeit der Priester vollständig beanspruchte. Die mittleren und oberen Priesterränge erforderten nun eine gründliche Ausbildung an einer Tempelschule. Der Hohepriester von Memphis Meriptah rühmt sich, daß er «das Heilige des Himmels, der Erde und der Unterwelt von Heliopolis und Memphis kennt». Die Weitergabe dieses Wissens wurde dadurch erleichtert, daß sich vom Neuen Reich bis zur Spätzeit über viele Generationen hinweg ganze Priestergeschlechter herausbildeten, in denen sogar das Hohepriesteramt vom Vater auf den Sohn vererbt wurde.

Die typische Laufbahn eines höheren Priesters der Ramessidenzeit ist auf der Statue des thebanischen Priesters Bakenchons überliefert (Staatliche Sammlung Ägyptischer Kunst in München). Er besuchte vier Jahre die Schule der Schriften im Mut-Tempel von Karnak, war elf Jahre Lehrer, dann vier Jahre *Uab*-Priester des Amun, zwölf Jahre Gottesvater des Amun, fünfzehn Jahre 3. und zwölf Jahre 2. Prophet des Amun, bis er schließlich nach 58 Jahren zum Oberpriester des Amun ernannt wurde. Zu seinen Aufgaben gehörte auch die Leitung von Bauprojekten, die er im Auftrag des Königs durchführte. Er war außerdem «Vorsteher aller Propheten von Theben, Hüter des Geheimnisses von Himmel, Erde und Unterwelt, Großer der Schauenden des Re in Theben, *Sem*-Priester und Größter der Leiter der Handwerker des Ptah».

Hinter solchen Titelreihen verbergen sich die Personen, die schöpferisch an der Gestaltung der ägyptischen Religion teilhatten. Sie hatten tiefere Einsicht in die ägyptische Theologie, erarbeiteten die komplizierten theologischen Systeme der ägyptischen Götterwelt und entwarfen die Pläne und Dekorationsprogramme der Tempel und Königsgräber.

Daß das Priesteramt auch durch Untaten entehrt werden konnte, zeigen Reste von Gerichtsakten im *Papyrus Dodgson* über die Verwicklung von Priestern in den «Elephantine-Skandal». Es sind dies die Anschuldigungen gegen einen *Uab*-Priester, der in der Regierungszeit Ramses' IV. mit seinen Helfershelfern im Chnum-Tempel von Elephantine sein Unwesen trieb. Die Anklage reicht von kultischen Vergehen (wie Ausübung des Kultes ohne die vorgeschriebenen Reinigungen, Mißbrauch des Orakels zu eigennützigen Zwecken) über Diebstähle von Tempeleigentum bis zur Verführung von verheirateten Frauen[28].

Falls ein Priesteramt nicht vom Vater auf den Sohn überging, fand im Tempel eine Wahl statt. Die vom König bestätigte Einsetzung in ein Priesteramt war durch eine feierliche Einführung vor den Gott begleitet. Die Ausübung der Rituale war durch komplizierte Reinheitsvorschriften geregelt. Im Vordergrund standen die dreimal täglich zu vollziehenden Waschungen, Natronkauen und die Rasur, verbunden mit einem Gebot, keine Kopftücher oder Perücken zu tragen. Auch wurde sexuelle Abstinenz im Dienst gefordert. Vor dem Betreten des Tempelinneren wurde der Priester in einem besonderen Priesterbad oder Reinigungsraum rituell gereinigt.

Priester beim Sed-Fest des Königs Niuserre. Vom Sonnenheiligtum von Abu Gurob.

In der Kleidung unterschieden sich die Priester des Alten Reiches noch kaum von den Laien. Nur der Vorlesepriester gab sich durch eine breite Binde um Brust und Schulter zu erkennen; der Hohepriester von Heliopolis trug über Brust und Schulter ein merkwürdig altertümliches Schmuckgehänge, und der *Sem*-Priester beim Totenopfer ein Leopardenfell. Während sich dann in der Folgezeit die weltliche Mode wandelte und lange, auch den Oberkörper bedeckende Kleidungsstücke zunehmen, bleibt die Priestertracht eher traditionell. Der Priester des Neuen Reiches trägt einen einfachen (wenn auch langen) Schurz mit einer Schulterbinde um den freien Oberkörper. Um den kahlgeschorenen Schädel ist oft eine weiße Binde geschlungen. Die Priestergewänder der Ptolemäerzeit bestanden aus wadenlangen, reich verzierten Röcken und einer von der Schulter herabhängenden Binde.

Den unteren Priesterrängen entsprach das weibliche Personal der Tempel, der Mitglieder des «Harems des Gottes», wie er sich seit dem Ende des Alten Reiches an zahlreichen Tempeln herausbildete. Es handelt sich dabei nicht um «Haremssklavinnen», sondern um Damen aus den Beamten- und Priesterfamilien, die bei den Götterfesten als Sängerinnen und Sistrumspielerinnen auftraten, so daß die Aufnahme in den «Harem» eine besondere Auszeichnung war. Die Rolle der Frau war im Ritus jedoch nicht nur auf Musik und Gesang begrenzt. Im Dienst weiblicher Gottheiten, wie zum Beispiel der Hathor und Neith, aber auch bei manchen männlichen Gottheiten, waren neben Priestern auch Priesterinnen beschäftigt.

Auch die Königin assistiert kraft ihrer Stellung bei wichtigen Kulthandlungen des Königs. In verschiedenen Kulten, aber vor allem im Amun-Kult von Theben, stiegen dann die Gemahlinnen und Töchter der Könige als «Gottesgemahlin» zu höchsten Würden auf. Zum Beispiel erlangte Ahmes-Nefertari, die Gemahlin Ahmoses, den Rang eines Zweiten Amun-Priesters von Karnak. Bis in die ptolemäische Periode sehen wir immer wieder Frauen bis in die höchsten Priesterämter aufsteigen, vorwiegend natürlich im thebanischen Bereich. Denn hier entsteht ab der 21. Dynastie eine Sonderform des alten Ranges der Gottesgemahlin.

Maatkare, die Tochter Psusennes'I., wird als Gottesgemahlin des Amun inthronisiert und damit eine Institution geschaffen, die bis in die 26. Dynastie den

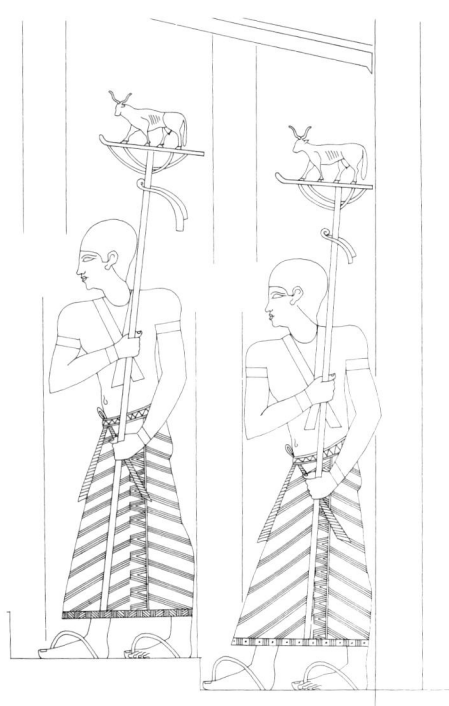

Priester bei der Dachprozession im Tempel von Dendera.

Kult und die Politik Thebens bestimmte. Jeweils eine Frau aus dem Herrscherhaus übernimmt die fiktive Rolle einer Gemahlin Amuns auf Erden. Da sie zum Zölibat verpflichtet ist und kinderlos bleibt, vererbt sie ihr Amt durch die Adoption einer «Tochter». Mit einem umfangreichen Hofstaat ausgestattet, übertrifft ihre Macht bald den immer noch weiterbestehenden ersten Amun-Priester. Sie wird sogar rangmäßig dem König gleichgestellt, so daß die Thebais von nun an fest in Händen der Gottesgemahlin ist.

Die bekanntesten Persönlichkeiten dieser Zeit sind Karomama (Tochter Osorkons I.), Schepenupet I. (Tochter Osorkons III.), Amenirdais I. (Tochter des Kaschta), Schepenupet II., Amenirdais II. (Tochter des Taharqa), Nitokris I. (Tochter Psammetichs I.), Anchnesneferibre (Tochter Psammetichs II.) und Nitokris II. (Tochter des Amasis). Die Gottesgemahlin wird meist mit einer langen Perücke und einer Geierhaube dargestellt, die von zwei hohen Federn überragt wird.

RITUALE UND GÖTTERFESTE

Bereits die Grundsteinlegung eines ägyptischen Tempels war ein mythologisierter Vorgang und Gegenstand eines uralten Rituals, das vom König und Seschat, der Göttin des Messens, selbst ausgeführt wurde. Mit dem «Spannen des Strickes» wurden Richtung und Umrisse des zu gründenden Baues bestimmt. Unter den vier Ecken wurden runde Schächte ausgehoben und mit Grundsteinbeigaben gefüllt. Sie bestanden meist aus Gefäßen mit Speiseopfern, übelabwehrenden blauen Perlen und Modellwerkzeugen. Dazu kommen auch Täfelchen mit dem Namen des Tempels, seines Besitzers und des Erbauers. Die Auffindung eines Grundsteindepots ist daher für den Archäologen oft eine unschätzbare Hilfe für die Datierung und Zuordnung eines Baues. Wahrscheinlich agierten bei diesem Handwerkerzeremoniell als Götter verkleidete Priester. Nach der Vollendung des Baues wurde dann die kultische Tempelreinigung vollzogen und mit der «Mundöffnung» die magische Verlebendigung des Baues und seine Verwandlung in eine *Achet,* einen Götterhorizont, bewirkt. Erst damit erlangte der Bau seinen funktionsfähigen Zustand als Wohnstätte der Götter und konnte an seinen «Herrn übergeben» werden. Wichtig ist dabei auch die Taufe des Tempels; denn jedes Heiligtum hat einen Namen, zum Beispiel «Das große Haus von Millionen Jahren: Amun ist der Allerheiligste an seiner trefflichen Stätte der Urzeit» für den Hatschepsut-Tempel von Deir el-Bahari oder «Tempel Ramses', der sich in der Amun-Domäne mit Theben vereinigt» für das Ramesseum.

Textbücher und Darstellungen der in den Tempeln vollzogenen Rituale sind in großer Zahl überliefert und erlauben uns für manche Tempel eine getreue Rekonstruktion der Abläufe. Das häufigste Ritual ist das täglich dreimal vollzogene Kultbildritual. Es hat offensichtlich seinen Ursprung in den Diensthandlungen der Dienerschaft im königlichen Haushalt und umfaßt die vollständige Versorgung des Kultbildes von seiner Reinigung und Bekleidung bis zur Versorgung mit Speise und Trank.

In seltenen Fällen werden diese Rituale vom zufällig anwesenden König selbst vollzogen, wie zum Beispiel von Pianchi bei seinem Besuch im *Benben*-Haus von Heliopolis:

«Der König wird gereinigt mit Weihrauch und Libationen; Girlanden für das *Benben*-Haus werden ihm übergeben und ihm *anchu*-Salben gebracht. Er ersteigt die Stufen zum großen Balkon, um Re in seinem *Benben*-Haus zu schauen. Der König steht allein. Er bricht (die Siegel des) Türriegels, öffnet die Doppeltüren und schaut seinen Vater, Re in seinem prachtvollen *Benben*-Haus, und die Morgenbarke des Re und die Abendbarke des Atum. Er schließt die Doppeltüren, legt den Ton auf, und er siegelt (sie) mit des Königs eigenem Siegel[29].»

Der ägyptische Kalender war so reich an Götterfesten, daß die Routine der täglichen Zeremonien sehr häufig durch besondere festliche Handlungen bereichert wurde. Festlisten sprechen zum Beispiel von 32 Festtagen pro Jahr in der 12. Dynastie, 54 unter Thutmosis III. und 60 unter Ramses III. Auch wurden im ganzen Land die letzten fünf Tage des Jahres und der Neujahrstag gefeiert. In Theben dauerte das Opet-Fest allein mehrere Wochen. In Panopolis wurden kultische Wettkämpfe abgehalten, in Abydos in mehrtägigen Mysterienspielen der gewaltsame Tod und die Auferstehung des Osiris szenisch dargestellt; in Memphis waren es das Sokar-Fest und der Auslauf des Apis-Stieres. Solche Götterfeste nahmen durch die Teilnahme von Musikanten, Akrobaten, Stockfechtern und Tänzerinnen schaustellerische Züge an und lockten gewaltige Massen von Verehrern und Schaulustigen an. Zu dem von Herodot geschilderten Bubastis-Fest reisten alljährlich Zehntausende von Menschen aus dem ganzen Delta zu Wasser und Land nach Bubastis. In Papremis führte der Auszug der Götterbilder zu regelrechten Schlachten zwischen fanatisierten Anhängern.

Bei derartigen Anlässen wurden auch die Kultbilder an das Tageslicht gebracht und auf ausgedehnten Prozessionen durch ihre Herrschaftsgebiete geführt. Sie wurden dazu aus dem immobilen Stein- oder Holznaos herausgehoben und in einen kleineren hölzernen Tragschrein oder in die Kajüte einer großen tragbaren Götterbarke plaziert. An langen Tragstangen konnte diese reich ausgestattete und daher schwere Barke von einer größeren Zahl von Priestern (bis zu 30 sind es bei der Amun-Prozession) angehoben und hinaus ins Freie getragen werden. Gelegentlich wurden die Götterschreine auch auf vierrädrigen Wagen ausgefahren. Die Barke mußte in bestimmten Abständen auf vorbereiteten Sockeln in den Barkenstationen (s. S. 37/38) abgestellt werden. Oft wurde die Götterreise auf dem Schiff durchgeführt. Das berühmteste Schiff dieser Art war die überaus prachtvolle 68 Meter lange *Userhet*-Barke von Karnak, auf der Amun seine Fahrten nach Luxor, zu den Millionenjahrhäusern auf dem Westufer oder auch zu benachbarten «verwandten» Göttern antrat. Die Göttin Hathor von Dendera segelte jährlich zu dem 150 Kilometer entfernten Edfu, um dem Horus einen Besuch abzustatten, und Isis von Philae reiste durch das Zwölfmeilenland, um dort ihre kleineren Tempel zu besuchen.

Während solcher Auszüge konnten die Götter vor aller Augen Wunder wirken, indem sie durch außerordentliche Reaktionen der Barken ihren Willen bekundeten. Auf diese Weise griffen sie sogar in die Politik des Landes ein, wie dies zum Beispiel bei der Ernennung der Hatschepsut und Thutmosis' III. zu Thronfolgern geschah.

DER TEMPEL ALS WIRTSCHAFTS- UND VERWALTUNGSZENTRUM

Die ägyptischen Tempel waren Einrichtungen, die aufgrund ihrer Stiftungsausstattung mit Landbesitz über ein gesichertes Einkommen verfügten und denen darüber hinaus durch gelegentliche königliche Stiftungen noch weitere Einnahmen zuflossen. Einmal konnten damit die Götter mit Opfern versorgt und der Fortbestand des Kultbetriebes garantiert werden. Da die Götter die Opfer aber nicht wirklich konsumierten, konnten die zum Teil umfangreichen Opfergaben (Fleisch, Brot, Kleider, Blumen) zur Versorgung der Priesterschaft weitergegeben werden. Denn die zweite Aufgabe dieser Zuwendungen war, die erforderliche Priesterschaft vom Zwang des Broterwerbs zu befreien.

Dies erklärt, warum ein Großteil des Tempelareals von riesigen Speicheranlagen und anderen wirtschaftlichen Einrichtungen eingenommen wurde. B. Kemp hat berechnet, daß die Kapazität der Speicher des Ramesseums ausgereicht hätte, um etwa 17 000–20 000 Menschen ein ganzes Jahr lang mit Getreide zu versorgen[30]. Diese Tempelspeicher bestanden aus langen, von Tonnen überwölbten Ziegelhallen, die in Gruppen parallel zueinander angeordnet waren und sich auf einen gemeinsamen Vorraum öffneten. Hier residierten die Verwalter, die mit ihren Schreibern über Ein- und Ausgang der Waren Buch führten.

Die Haupteinnahmen kamen von Feldern im Besitz des Tempels selbst, die der Tempel verpachten konnte. Sie lagen nicht unbedingt in der Nähe des Tempels, sondern konnten über das ganze Land verteilt sein. Die Tempel besaßen auch eigene Wein- und Gemüsegärten sowie Vieh. Sie hatten Vogel- und Fischfangrechte und betrieben sogar Goldminen in der Wüste. Ferner erhielten die Tempel auch beträchtliche Anteile von eingehenden Tributen der Fremdländer und von Kriegsgefangenen, die ab dem Neuen Reich wiederum auf den Gütern der Tempel als billige Arbeitskräfte eingesetzt werden konnten. Unter Ramses III. verteilte sich das Vermögen der drei wichtigsten Heiligtümer des Landes wie folgt:

Theben (Amun-Tempel)
2393 km² Felder   81 322 Menschen   421 362 Tiere

Heliopolis (Reharachte-Tempel)
441 km² Felder   12 963 Menschen   45 544 Tiere

Memphis (Ptah-Tempel)
28 km² Felder   3 079 Menschen   10 047 Tiere

Bereits der Grundbesitz des Amun von Theben hätte damit 15 % der gesamten Nutzfläche des Landes ausgemacht und zur Versorgung von 870 000 Menschen ausgereicht!

In der Ramessidenzeit gelangt allmählich der größte Teil des bebauten Geländes in Tempelbesitz. Von diesem Besitz wurden nicht nur die täglichen Opfer und der Lebensunterhalt des Tempelpersonals und deren Familien bestritten. Besonders «teuer» waren die zahlreichen und aufwendigen, in den Festlisten verzeichneten

Eine Grundsteinbeigabe für den Tempel des König Mentuhotep Nebhepetre in Deir el-Bahari.

Götterfeste. Aus derartigen Festlisten geht hervor, daß bei solchen Anlässen Tausende von Broten und Krügen Bier und andere Naturalien geopfert, das heißt verbraucht wurden. Am Neujahrsfest wurden im Sonnenheiligtum des Königs Niuserre zum Beispiel 100 600 Rationen an Brot, Bier und Opferkuchen ausgeteilt.

Sicher führte eine derartige Anhäufung von Reichtum in den Tempeln zur Schmälerung der Einkünfte anderer. Für die Wirtschaft des Landes insgesamt war aber diese, über lange Zeit hinweg garantierte und wahrscheinlich auch gut funktionierende Einrichtung von einer positiven, stabilisierenden Wirkung. Denn auch in Jahren der Not konnten die großen Tempelspeicher für einen Ausgleich sorgen. Auch boten diese zahlreichen und über das ganze Land verstreuten Einrichtungen, die ja durch besondere Privilegien – und nicht zuletzt durch gewaltige Festungsmauern – geschützt waren, in Zeiten der Wirren und Thronstreitigkeiten einem gewissen Teil der Bevölkerung Schutz gegen Übergriffe konkurrierender Mächte. In der Spätzeit versuchten darum Landeigner den hohen Staatssteuern dadurch zu entgehen, daß sie ihren Boden einem Tempel übereigneten, um sich von diesem wieder als Verwalter einsetzen zu lassen.

Literatur: Wolfgang Helck, *Wirtschaftsgeschichte des alten Ägypten im 3. und 2. Jt. v. Chr.*, HdO I.1.5, 1975; idem, *Materialien zur Wirtschaftsgeschichte des Neuen Reiches* (Abhandlungen der Akademie der Wissenschaften und der Literatur Mainz, Jahrgang 1960, Nr. 11, Wiesbaden 1961); Barry J. Kemp, *Ancient Egypt. Anatomy of a Civilization* (London und New York 1989) 191–197.

AUSBLICK

Die Lebensspanne der ägyptischen Tempel umfaßt den auf der Welt wohl einmalig langen Zeitraum von über drei Jahrtausenden; keine andere Kultur der Menschheit, selbst nicht die chinesische, kann mit derartig imposanten Zahlen aufwarten. Die relativ späte Entstehung ägyptischer Tempelarchitektur (nach 3000 v. Chr., s. S. 15–17) und geringe Kontakte mit den Kulturen des übrigen alten Orients mögen die Ursache dafür sein, daß deren religiöse Architektur vom ägyptischen Tempelbau nur wenig inspiriert wurde. Der Tempelbau Mesopotamiens, Kleinasiens und des syrisch-palästinensischen Raumes hatte sich bereits zu eigenständig entwickelt, um noch unter einen wesentlichen ägyptischen Einfluß zu geraten. Vor allem aber war das Wesen des ägyptischen Tempels – als diesseitige Götterburg und magisch wirksame Maschinerie zur Gewinnung von *Ma'at* – so einmalig, so stark im Ursprungsland verwurzelt, so funktionsbezogen und symbolgeladen, daß sich höchstens einzelne Baumotive als bloße Versatzstücke in die Architekturen anderer Völker einfügen ließen.

Solche Anklänge finden sich in bronzezeitlichen Heiligtümern des Überschneidungsraumes der palästinensischen und ägyptischen Kultur und im Anschluß daran im Salomonischen Tempel von Jerusalem (950 v. Chr.), in dessen Gestalt man ägyptische Vorbilder zu erkennen glaubt. Ägyptische Motive kehren später in der Palastarchitektur von Persepolis (ab 518 v. Chr.) wieder. Wenig anders verhält es sich mit den bronzezeitlichen Kulturen der Ägäis. Denn es besteht kein Zweifel, daß auch die minoischen Architekten der älteren Palastphase (ab 1930 v. Chr.) ägyptische Tempel und Paläste des Mittleren Reiches zumindest aus Berichten weitgereister Händler und Handwerker kannten. Doch waren auch auf Kreta die kultischen Anforderungen an die Architektur so eigenständig, daß es bestenfalls zur Übernahme einzelner architektonischer Motive kam. Die Bauvorstellungen der nachfolgenden griechischen Tempelarchitektur schließlich waren der ägyptischen so wesensfremd, daß die griechischen Architekten mit den ägyptischen Tempeln wenig anzufangen wußten und selbst in ihrer ägyptischen Kolonie Naukratis Tempel in griechischem Stil errichteten. Dagegen dürften die gewaltigen Tempelburgen des spätzeitlichen Nildeltas (Tanis, Bubastis usw.) die Erbauer der ionischen Tempel des 6. Jahrhunderts zur Kolossalarchitektur im allgemeinen angeregt haben; ägyptische Hypostyle dürften die Säulenhallen der ionischen Großtempel beeinflußt haben, und Einzelmotive wie die ägyptische Hohlkehle und das Volutenkapitell wurden sogar direkt übertragen. Eine Übernahme ägyptischer Bautechniken durch griechische Architekten schließlich steht außer Frage.

Im Gegensatz zu den nördlichen Nachbarländern Ägyptens steht im Süden die religiöse Architektur des oberen Niltals ganz unter ägyptischem Einfluß. Hier, 700 Kilometer oberhalb von Abu Simbel, errichteten vierzig Generationen meroitischer Könige Pyramiden und Tempel in ägyptischem oder einem unmittelbar daraus abgeleiteten Stil.

In der römischen Architektur beschränken sich ägyptische Einflüsse meist auf die Herbeischaffung originaler ägyptischer Obelisken als Wendemarken von Rennbahnen oder Zeiger gigantischer Sonnenuhren oder auf den Nachbau eines

Pyramidengrabes wie das des Cestius vor Rom. Eine Ausnahme bilden Bauten der Zeit des Kaisers Hadrian (der Ägypten selbst bereist hatte). Der «kanopische Ort» in des Kaisers Villa von Tivoli und die Funktion und Symbolik seines Pantheons in Rom sind Zeugen eines tieferreichenden Verständnisses ägyptischer Bausymbolik. Über das antike Rom haben schließlich so manche altägyptische Tempelzeremonien Eingang in den Ritus der katholischen Kirche gefunden (Weihrauchriten, Kultbildprozessionen, Enthüllung des Allerheiligsten, Gebrauch von Sistrum und Straußenfederfächern usw.), Kulthandlungen, die damit mehr als viertausend Jahre überdauert haben!

Im Gegensatz zu der in Italien bereits im 11.–12. Jahrhundert n. Chr. «wiederentdeckten» römischen Antike wurde die ägyptische Kultur und damit auch ihre Tempelarchitektur erst durch die Tätigkeit der Napoleonischen Expedition in Ägypten (1798–1799) und die Publikation ihrer Ergebnisse (1809–1828) der Vergessenheit entrissen. Die nachfolgenden Jahre brachten die Entzifferung der Hieroglyphenschrift (1822 durch Jean François Champollion) und den Einzug originaler altägyptischer Denkmäler in die Museen Europas. Trotz der dadurch bewirkten Ausbreitung ägyptischer Motive vom Kunstgewerbe bis hin zu Opernlibretti wurden nur wenige Gebäude im «ägyptischen Baustil» errichtet, bezeichnenderweise ausschließlich Friedhofsbauten, Gerichtsgebäude und Gefängnisse, assoziiert man doch – vielleicht nicht ganz zu Unrecht – mit der ägyptischen Architektur die Vorstellung von düsteren Geheimnissen und finsteren Grüften.

Auch wenn wir keinen wirklichen Zugang zum Verständnis der komplexen Natur ägyptischer Tempel mehr haben, bleiben sie für uns eindrucksvolle Zeugnisse für den außerordentlichen Entwicklungsstand einer besonderen menschlichen Kultur des 3. bis 1. Jahrtausends v. Chr.

Literatur: Jean Marcel Humbert, *L'égyptomanie dans l'art occidental* (ACR Edition 1989).

GLOSSAR (BAUFORMEN UND ORNAMENTE)

Hohlkehlen und Rundstäbe

Das Rundgesims an der oberen oder seitlichen Gebäudekante im Steinbau wird gewöhnlich aus einer frühen – allerdings nicht nachweisbaren – Ziegelbauweise hergeleitet, bei der zum Schutz der Kanten Schilfbündel vorgelegt werden. Eine spiralige Wicklung hielt die Bündel zusammen. Mit der horizontalen Schnürung war der Rundstab in das Mauerwerk eingebunden. Der Rundstab wird meist gelb (trockenes Schilf darstellend?), mit schwarzer Wicklung bemalt. Denkbar wäre auch eine Ableitung aus dem Mattenbau. Im späteren Ziegelbau werden derartige Rundstäbe und Hohlkehlen durch besondere Formziegel erzeugt, die also wiederum Rückübersetzungen des steinernen Vorbildes sind.

Aus dem Rundstab wächst die eigentliche Hohlkehle empor, die wohl auf eine Reihe von Palmwedeln zurückzuführen ist, die der Mauerkrone aufgepflanzt wurden. Die Unterseite der Hohlkehle ist daher mit einer Reihe von abstrahierten, meist rot-blau-grün bemalten Palmwedeln dekoriert. Zur Bedeutung des mit einer Hohlkehle bekrönten Baues s. S. 15/16.

Hohlkehlen tragen oft einen Uräen-Fries, also eine Aufreihung von sich aufbäumenden Uräus-Schlangen, die mit ihrem Gifthauch die Kräfte des Bösen vertreiben sollen. Dies erklärt, warum sich solche Uräen-Friese oft auf Dächern von Baldachinen oder auf den Schrankenwänden zwischen Säulen finden. Es sind dies besonders schutzbedürftige Schwachstellen der Architektur.

Obelisken

Herkunft und Bedeutung des Obelisken werden unterschiedlich interpretiert. Er kann einmal als eine abstrakte Wiedergabe des unregelmäßig geformten *bnbn*-Steins von Heliopolis gelten, eines uralten heiligen Steins. Er kann auch als eine Art konkretisierter Sonnenstrahl mit der Sonnensymbolik in Zusammenhang gebracht werden. Sein pyramidenförmiger Abschluß gleicht auch einem Urhügel, so daß der Obelisk als ein Mal des Uranfangs und damit ein Garantsymbol für die sich ewig wiederholende Schöpfung angesehen werden kann. Ein Obelisk steht entweder allein als Kultobjekt im Zentrum von Sonnenheiligtümern oder paarweise vor Tempeleingängen. Die Obelisken der Sonnenheiligtümer des Alten Reiches sind aus Blöcken aufgemauert und von massig gedrungener Gestalt. Die monolithen Obelisken Sesostris' I. im Sonnentempel von Heliopolis sind vermutlich die ersten Obelisken der uns aus dem Neuen Reich vertrauten hohen, schlanken Form. Obelisken bestehen grundsätzlich aus rotem Granit von Assuan. Ihre pyramidenförmige Spitze war mit vergoldetem Bronzeblech beschlagen. Die größten Obelisken erreichen eine Höhe von über 32 Metern und ein Gewicht von über 450 Tonnen. Antike Berichte über 100 Ellen hohe Obelisken (52,5 Meter) müssen wohl eher in das Reich der Fabel verwiesen werden.

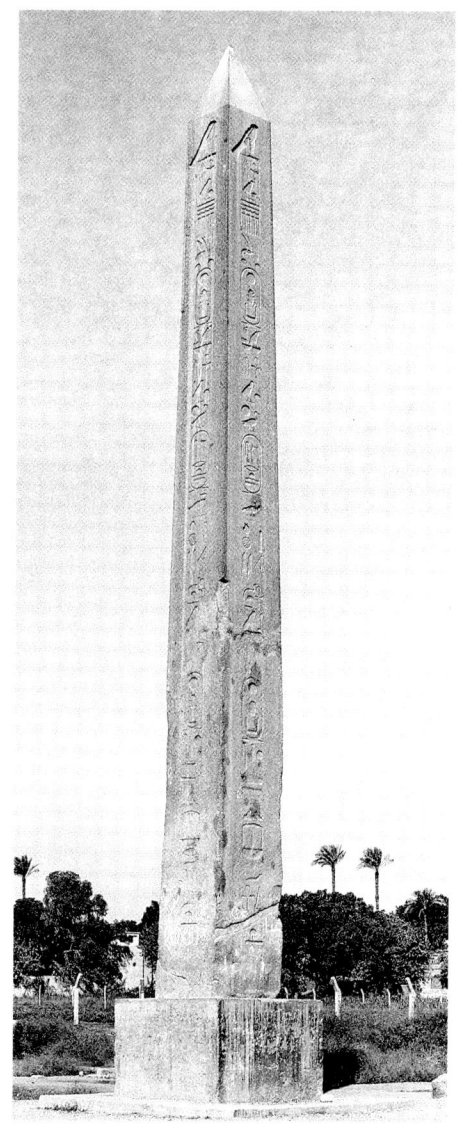

Der Obelisk Sesostris' I. von Heliopolis.

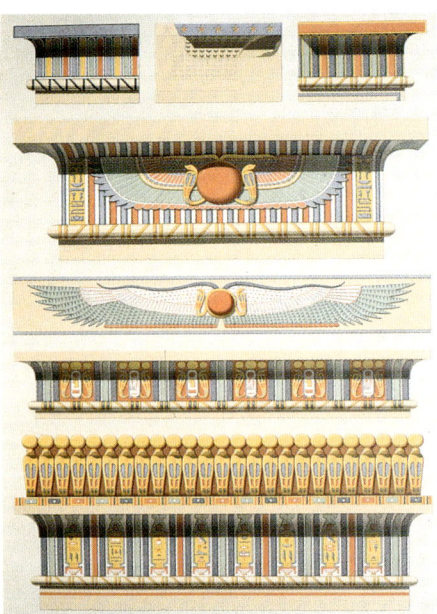

Beispiele für ägyptische Hohlkehlen.

Pfeiler

Pfeiler sind senkrechte Stützen von rechteckigem, quadratischem oder oktogonalem Querschnitt und deren Ableitungen. Wir kennen einfache, undekorierte Formen, zum Beispiel aus dem Taltempel des Chefren von Giza oder dem Osireion Sethos' I. von Abydos. Oktogonale Formen – auf einer Basis und mit Abakus – begegnen in der 11. Dynastie, zum Beispiel im Tempel des Mentuhotep von Deir el-Bahari. Gelegentlich werden Pfeiler auch mit einer Hohlkehle bekrönt (Tempel Amenhoteps II. zwischen Pylon 9 und 10 in Karnak) oder mit einem Hathor-Gesicht geschmückt. Besonders schön sind die beiden «Wappenpfeiler» aus Granit in Karnak mit aufgesetzter Lilie und Papyruspflanze.

Eine Sonderform bilden die Osiris-Pfeiler, Standbilder des Königs, die mit dem Rücken an Pfeiler oder Wandflächen gelehnt sind. Im Gegensatz zu den Karyatiden und Atlanten der griechischen Kunst stehen die Figuren mit dem Hintergrund nur im Blockverband, tragen selbst aber keine Last. Die ersten echten Osiris-Pfeiler treten unter Sesostris I. auf. In architektonischem Zusammenhang kennen wir diese Monumente vor allem von den Pfeilerfassaden der Millionenjahrhäuser der 18. und den Vorhöfen entsprechender Gebäude der 19. und 20. Dynastie. Man muß jedoch annehmen, daß die Figuren nicht den König in Osiris-Gestalt (fälschlich «Osiriden») meinen, sondern daß sie in ihrer seltsamen, einer gewickelten Mumie gleichenden Form eine körperlose Abstraktion des göttlichen Königtums darstellen.

Pylone[31]

Die Form des doppeltürmigen Pylons mit geneigten Außenflächen ist zwar eine typische Bauform des Neuen Reiches. Protoformen wurden jedoch bereits in den Torbauten der königlichen Ziegelpaläste der Frühzeit geschaffen, um einen Monumentalbau schon an seiner Front als Palast des vergöttlichten Königs beziehungsweise als Wohnsitz eines Gottes zu kennzeichnen. Erste gesicherte Beispiele der uns vertrauten Form stammen jedoch erst aus der 11. Dynastie. Die Pylone des Neuen Reiches werden durch ein neues Element bereichert und verändert. Sie werden zu Haltevorrichtungen für die sie weit überragenden Flaggenmasten. Die Maste waren gegen Feuchtigkeit mit dickem Bronzeblech beschuht und mit riesigen Klammern in der Pylonfassade verankert. Sie waren wohl aus mehreren Teilen zusammengesetzt. Der Pylondurchgang war mit schweren Holztüren verschlossen, die mit verzierten und wohl auch häufig vergoldeten Kupferbeschlägen versehen waren. Die weiß bemalte Fassade der Pylone war meist mit der Darstellung des Königs geschmückt, der von der Gottheit das Schlachtschwert erhält oder seine Feinde niederschlägt.

Enge, steile Treppen führten auf die Dachplattform, aber vor allem auf die Brücke über dem Tordurchgang, auf der, wie zum Beispiel im Tempel Ramses' III. in Medinet Habu, eine kleine Sonnenkultstätte eingerichtet sein konnte.

Zeltstangensäulen aus dem Achmenu Thutmosis' III. von Karnak.

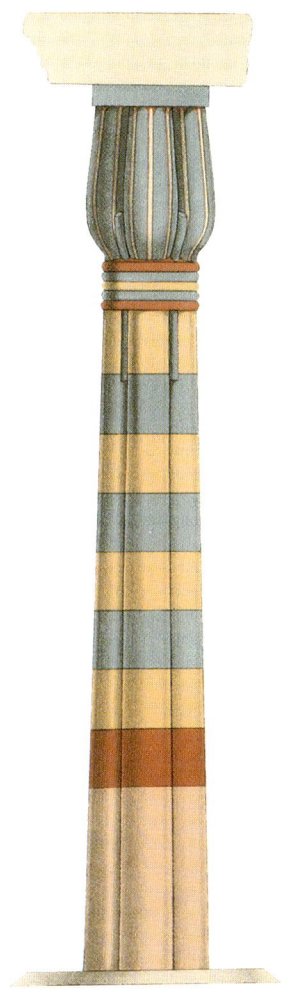

Säulen

Säulen sind in unseren Augen die typischsten und auch schönsten Bauteile der ägyptischen Tempel. Ihre Form wird – wie die Säulen der griechischen Architektur – aus Prototypen in Holz und anderem vergänglichem Material hergeleitet. Daher stehen ägyptische Steinsäulen regelmäßig auf einer Basis und tragen auch als Überleitung zum Architrav einen rechteckigen Abakus. Alle Säulen waren – entsprechend ihrer natürlichen Prototypen – bunt bemalt. Nur aus Abbildungen kennen wir das Repertoire von Typen der Holzsäulen von besonders großem Formenreichtum. Doch nicht alle diese Typen wurden in Stein übertragen. In Stein begegnen uns nur die folgenden Formen:

Ab der 3. Dynastie kennen wir die KANNELIERTE (irreführend «protodorische») SÄULE, die aus mehrfach abgekanteten Balken abzuleiten ist und dementsprechend mit 8, 16, 20 und 24 Kanten auftritt und einen Abakus trägt. Tatsächlich gibt es in Ägypten zahlreiche Beispiele mit echten Kanneluren, die ganz dem Schaft griechischer Säulen gleichen. Ein Zusammenhang mit den griechischen Vertretern des gleichen Baugedankens ist aber kaum anzunehmen, da die ägyptischen Beispiele aus einer Zeit längst vor der Entstehung der griechischen Baustile (im 7. Jahrhundert v. Chr.) aus dem Mittleren Reich stammen. Die ägyptischen kannelierten Säulen unterscheiden sich von den griechischen durch eine gedrungenere Form, haben

Links: Palmsäule im Grab des Djehutihotep von Bersche.
Mitte: Lotosbündelsäule mit geschlossenem Kapitell im Grab Nr. 17 des Gaufürsten Cheti von Beni Hasan.
Rechts: Papyrusbündelsäulen mit geschlossenem Kapitell im «botanischen Garten» des Achmenu Thutmosis' III. von Karnak.

keine Schwellung und tragen meist an ihrer Vorderseite statt einer Kannelur ein senkrechtes Schriftband. Gute spätere Beispiele finden sich im Hatschepsut-Tempel von Deir el-Bahari.

Die ZELTSTANGENSÄULE bildet Holzstützen in leichten Zelt- oder Mattenkonstruktionen nach und zeichnet sich durch einen Schaft aus, dessen Durchmesser – wie bei den bekannten Säulen des minoischen Palastes von Knossos (um 1600 v. Chr.) – von der Basis nach oben gleichmäßig zunimmt und über einen im oberen Fünftel umgelegten Grat kapitell-los in einer glockenförmig runden Kuppe endet. In der ägyptischen Tempelarchitektur werden sie – aus unbekannten Gründen – nur einmal, um 1480 v. Chr., im Säulensaal des *Achmenu* Thutmosis' III. in Karnak in Stein umgesetzt. Zeigt dieser Gedanke minoischen Einfluß? Die Form ist allerdings in Holz und in Darstellungen in Ägypten seit dem Alten Reich belegt.

Die PALMSÄULE stellt einen mit Palmwedeln dekorierten (hölzernen) Säulenschaft, nicht eine Palme dar[32]. Die Wedel sind am oberen Ende des Schaftes mit einer mehrfachen Wicklung von Stricken befestigt. Vorn, unter dem mittleren Wedel, hängt eine aus einem dreifachen Strick gebildete Schlaufe herunter. In Stein umgesetzte Frühformen kommen als Dekoration von Mauerzungen in der 3. Dynastie vor, freistehende Beispiele vor allem in den Pyramidentempeln von Sahure, Djedkare und Unas (5. Dynastie). In der 18. Dynastie erlangt diese Säulenform erneute Beliebtheit und wird auch noch bis in die ptolemäische Architektur mit neuen schmückenden Elementen ausgestattet. Schöne, aus dem Alten und Mittleren Reich wiederbenutzte Palmsäulen wurden auch in den Tempelruinen des Deltas und in den Moscheen Kairos gefunden.

Hathor-Kapitellsäule im Pronaos des Hathor-Tempels von Dendera.

Die SÄULE MIT GESCHLOSSENEM LOTUSKAPITELL stellt ein Bündel von vier oder sechs Lotusblütenstengeln (Nymphaea Lotus L.) dar, die am Hals zusammengeschnürt sind. Zwischen die großen Blüten werden kleinere gesteckt, deren Stengel am Schaft herabhängen. Der Schaft läuft – im Gegensatz zur Papyrusbündelsäule – unten gerade aus. Wir kennen nur Beispiele aus Privatgräbern des Alten, Mittleren und Neuen Reiches. Geöffnete Lotuskapitelle treten erst unter den Kompositkapitellen der ptolemäischen Zeit auf.

Die PAPYRUSSÄULE (Cyperus papyrus L.) MIT GESCHLOSSENEM KAPITELL ähnelt durch ihre Bündelung von sechs bis acht Pflanzenstengeln der Lotusbündelsäule. Von dieser unterscheidet sie sich jedoch durch einen merklich eingezogenen Fuß, der von spitzen Fußblättern umgeben ist. Nachgewiesen seit dem Alten Reich finden sich besonders schöne Beispiele im «botanischen Garten» Thutmosis' III. in Karnak oder in den Tempeln Amenhoteps III. von Luxor und Soleb.

Die PAPYRUSBÜNDELSÄULE MIT GESCHLOSSENEM KAPITELL und glatt abgedrehtem Schaft und Kapitell ist wohl eine der geläufigsten ägyptischen Säulen. Sie tritt in der späteren Ramessidenzeit mit gedrungenem, in unseren Augen plumpem Schaft auf. Die glatten Flächen werden dann zum Träger von Inschriften, Kartuschenreihen und sogar von Reliefszenen. Typische Beispiele stehen in den Seitenschiffen der großen Hypostyle von Karnak oder des Ramesseums oder im Chons-Tempel von Karnak.

Weiter Verbreitung erfreut sich seit dem Neuen Reich auch die einfache ABGEDREHTE PAPYRUSSÄULE mit geöffnetem, glockenförmigem Kapitell («campaniforme»). Gemeint ist kein gebündelter Schaft, sondern ein einzelner Stengel, kenntlich an einer leichten Andeutung des dreikantigen Querschnittes der Papyruspflanze. Dennoch ist das glockenförmige Kapitell mit Reihen geöffneter Papyrusdolden dekoriert. Der Säulentyp wird gerne für freistehende Kioske und Mittelschiffe von Säulenhallen verwendet. Am bekanntesten sind die 21 Meter hohen

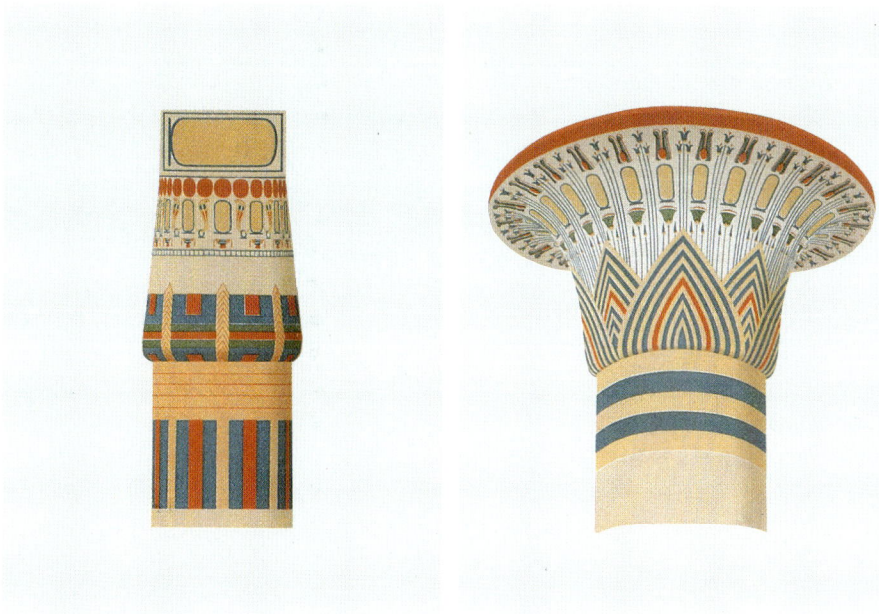

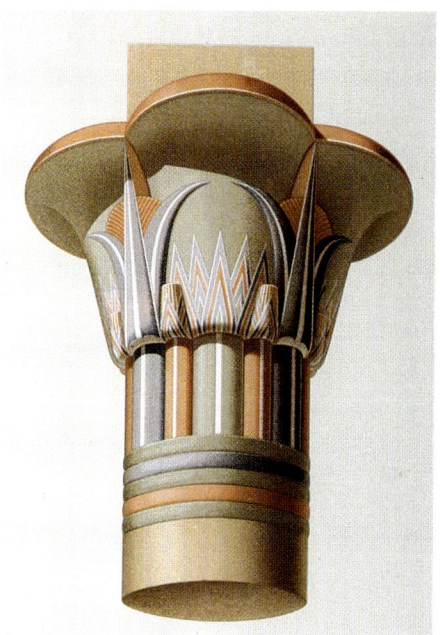

Mittelsäulen des Hypostyls von Karnak oder die Säulen der Luxor-Kolonnade.

Fast unüberschaubar groß ist der Formenreichtum der seit der Spätzeit auftretenden SÄULEN MIT KOMPOSITKAPITELLEN, die besonders in der Architektur der Ptolemäer- und Römerzeit Triumphe feiern. Die ältesten Vertreter in Stein finden sich im Hibis-Tempel von Charga (um 590 v. Chr.). Besonders schöne Beispiele aus späterer Zeit kennen wir aus den Tempeln von Philae, Kom Ombo und Esna. Meist bedient man sich eines glockenförmigen Kapitellkerns, der in verschiedenen Stockwerken mit Papyrusdolden, Weinranken, Palmwedeln oder Ähren ausgeschmückt wird. Gewöhnlich zählt man auch die in mehreren Etagen gegliederten Lotus- und Lilienkapitelle in diese Kategorie, obwohl sie nur aus einer einzigen Pflanzenart und als reine Bündelsäulen gebildet sind. Der untere Teil des Schaftes ist abgedreht, der gebündelte Teil kommt nur am Hals zum Vorschein. Man kann aus Darstellungen in Gräbern des Neuen Reiches in Theben und Amarna auf Vorformen in Holz schließen, die mit bunten Einlagen und farbenprächtigen Schärpen versehen waren.

HATHOR-KAPITELLSÄULEN sind steinerne Darstellungen des Kultsymbols der Hathor und anderer weiblicher Gottheiten. Sie bestehen aus einem runden Schaft oder einem Pfeiler, der von einem zweistöckigen Kapitell bekrönt ist. Die untere Hälfte des Kapitells wird aus zwei oder vier gegenständigen Hathor-Gesichtern gebildet. Die Göttin trägt – nach ihrem heiligen Tier – Kuhohren. Darüber erhebt sich ein weiterer Aufbau, die Darstellung des Musikinstrumentes der Hathor, des Sistrums. Die ältesten Exemplare stammen aus der 12. Dynastie (Bubastis); spätere Beispiele kennen wir aus dem Hathor-Heiligtum der Hatschepsut in Deir el-Bahari, aus dem kleinen Tempel von Abu Simbel, aus dem Kiosk Nektanebos' I. auf Philae, vom Pronaos des Hathor-Tempels von Dendera und im Delta aus Mendes und Behbeit el-Hagar.

Links: Papyrusbündelsäule mit geschlossenem Kapitell und abgedrehtem Schaft im Hypostyl von Karnak.
Mitte: Glockenförmiges Kapitell einer Papyrussäule im Hypostyl von Karnak.
Rechts und unten: Kompositkapitelle von der Kolonnade von Philae.

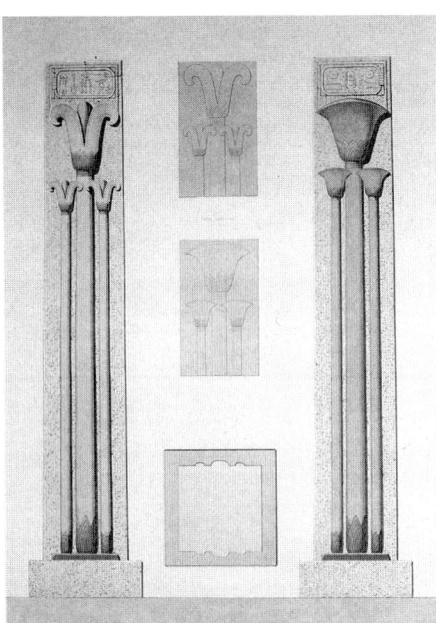

Die «Wappenpfeiler» im Tempel von Karnak, links die oberägyptische Lilie, rechts der unterägyptische Papyrus.

Sphingen

Die Zugänge ägyptischer Tempel werden häufig durch liegende Mischwesen oder Tiergestalten flankiert, die man im allgemeinen als «Sphingen» zusammenfaßt.

Sphingen repräsentieren teils urtümliche Erscheinungsformen des Königs, teils die dem entsprechenden Herrn des Tempels geheiligten Tiere, insgesamt wohl mächtige, abschreckende Wesen, die den Zugang zu einer heiligen Stätte bezeichnen und beschützen. Wir kennen folgende Verbindungen:

Der Löwe mit Königskopf, Kopftuch und gelegentlich zusätzlich mit Doppelkrone (Andro-Sphinx) ist die häufigste und eigentlich die einzige echte Form einer Sphinx. Zum Beispiel die große Sphinx von Giza, die große Granit-Sphinx im Louvre, die große Kalkstein-Sphinx in Mitrahina und die Sphinx-Allee zwischen Karnak und Luxor.

Ein Widderkopf auf Löwenleib (Krio-Sphinx), meist mit einer kleinen Königsfigur vor der Brust, ist stets mit dem Kult des Amun verbunden, dem der Widder geheiligt war, zum Beispiel an der Allee vor dem 1. Pylon und im 1. Hof von Karnak oder aus Soleb, jetzt in Berlin. Eine Abart ist die liegende Figur eines reinen Widders zum Beispiel vor dem Chonsu-Tempel von Karnak.

Ein Falkenkopf (Hierako-Sphinx) auf Löwenleib, also ein Falkenlöwe: sehr selten, wohl kein echter Greif, da die Flügel und Greifenklauen fehlen, und eher eine Horus-Falkenform des Königs meinen. Beispiele in Wadi es-Sebu'a.

Sphingen mit Schakals-, Krokodils- und Schlangenköpfen kommen vor, sind aber äußerst selten.

Zweiter Teil:
Beschreibung der einzelnen Tempel

NUBIEN

Nubien, der «Korridor Afrikas», spielte von der pharaonischen bis in die römische Zeit eine wichtige Rolle als Handelsroute zu den Ländern am oberen Nil und Ausgangsbasis zu den Goldminen der Ostwüste. Der Stromverlauf wurde daher vom Mittleren Reich bis in die Römerzeit durch die Herrscher Ägyptens von Assuan bis hinauf zum Zweiten Katarakt durch feste Handelsplätze und Burgen gesichert. Innerhalb, aber auch außerhalb solcher Plätze entstanden im Verlauf der zweitausendjährigen ägyptischen Herrschaft zahlreiche Tempelbauten. Eine bedeutende Serie von Tempeln wurde in der zweiten Hälfte der 18. Dynastie am oberen Nil jenseits des Zweiten Kataraktes errichtet. Ein weitaus größeres Bauprogramm wurde in der glorreichen Regierungszeit Ramses' II. ausgeführt. Seine zehn Tempel südlich Assuans folgen dem in dieser Zeit üblichen Grundrißschema und sind regelmäßig einer bestimmten Gruppe der ägyptischen «Reichsgötter» geweiht, unter denen der vergöttlichte König herausragt. Die einheimische Götterwelt erscheint dagegen nur am Rande.

Nach einer Unterbrechung von 500 Jahren erlebte Unternubien erst wieder in der ptolemäisch-augusteischen Zeit eine vergleichbare Blüte des Tempelbaus. Während der Schwerpunkt der pharaonischen Bauten im südlichen Unternubien und in Obernubien (Sudan) lag, sind die Tempel der ptolemäisch-römischen Zeit auf den Raum zwischen Assuan und El-Maharraqa (dem sogenannten *Dodekaschoinos, dem Zwölfmeilenland*) beschränkt. Denn das Ptolemäer- und Römerreich erstreckte sich nicht weiter südlich als El-Maharraqa, 113 Kilometer südlich von Assuan. Zweifellos sind diese Tempelbauten Zeugen jener Vormachtstellung der Göttin Isis von Philae und ihrer Priesterschaft, die ab der griechischen Zeit von Philae aus das politische und religiöse Leben Unternubiens beherrschte. Man nimmt daher an, daß alle diese Tempel eigentlich Isis-Tempel gewesen sind, auch wenn dies im Bildprogramm nicht immer deutlich zum Ausdruck kommt.

Dadurch, daß der Nil sehr oft dicht an den Felsabbrüchen der Wüste vorüberfließt, war der Baugrund für einen Tempelbezirk begrenzt. Große, von monumentalen Ziegelumwallungen geschützte Tempelbezirke sind daher in Unternubien selten. Heiligtümer wurden dagegen oft mit der Rückwand gegen die Felswand gelehnt oder die Innenräume sogar in den Felsen verlegt. Die Front des Tempelhauses wurde mit einem dem Nil zugewandten Pronaos oder Pylon abgeschlossen, von dem aus Stichmauern zur Felswand führten und damit einen heiligen Bezirk schufen.

Unternubien und seine Tempel übten bereits im vergangenen Jahrhundert eine besondere Faszination auf Archäologen wie Reisende aus. Die begeisterte Schilderung des Schweizer Reisenden Johann L. Burckhardt (1814–1817) und die prachtvollen Aufnahmen und Darstellungen von François Gau (1819), Giovanni Belzoni (1820), Frederick Catherwood (1824), Joseph Bonomi (1829), David Roberts (1838), Hector Horeau (1839), Richard Lepsius (1843) und vieler anderer sind Zeugen dieser damals noch unberührten Traumwelt. Der erste verheerende Eingriff erfolgte 1898–1902 durch die Errichtung des ersten Staudammes von Assuan und seine nachfolgenden Erhöhungen (1907–1912 und 1929–1934), wodurch Teile des

69

Landes und seine Tempel jeweils mehrere Monate unter Wasser gesetzt wurden. Die endgültige Zerstörung dieser einzigartigen Kulturlandschaft erfolgte ab 1960. In jenen von Skrupeln der Umwelterhaltung noch wenig berührten Jahren wurde Nubien der ägyptischen Bewässerungswirtschaft, vor allem aber den propagandistischen Interessen Gamal Abdel Nassers geopfert. Das Land wurde bis weit über den Zweiten Katarakt hinaus permanent überflutet. Einer internationalen, von der Unesco koordinierten Rettungskampagne ist es zu verdanken, daß in den folgenden fünfzehn Jahren zahlreiche Ausgrabungen unternommen und wenigstens die wichtigsten Baudenkmäler auf höher gelegene Ufer gerettet werden konnten. Fünf der bedrohten Bauten wurden ins Ausland verlegt und in Madrid, Turin, Leiden, Berlin und New York ganz oder teilweise wiedererrichtet. Die übrigen Bauten wurden im Sudan National Museum in Khartum (Semna-Ost, Kumma, Buhen, Akscha), in Neu-Amada (Amada, Derr), bei Wadi es-Sebu'a (Wadi es-Sebu'a, Dakka, Maharraqa) und am Khor Ingi, südlich von Assuan (Kalabscha, Qertassi und Bet el-Wali), wiedererrichtet. Diese Aktivitäten bewirkten immerhin, daß das ehemalige Unternubien als eine archäologisch gründlich untersuchte Landschaft gelten kann. Die weiter im Süden, oberhalb des Zweiten Kataraktes gelegenen archäologischen Stätten blieben trotz wichtiger archäologischer Unternehmungen, wie zum Beispiel der Harvard-Boston-Expedition, wenig bekannt und sind auch heute noch nicht ausreichend erforscht.

Literatur: François Ch. Gau, *Antiquités de la Nubie* (Stuttgart 1822); G. Maspero, *Rapports relatifs à la consolidation des temples. Les temples immergés* (Kairo 1911); ders., *Documents sur l'état des monuments. Les temples immergés;* A. Weigall, *A Report on the Antiquities of Lower Nubia* (Kairo 1907); Christiane Desroches-Noblecourt, *Temples de Nubie* (Paris 1961); Georg Gerster, *Goldland am Nil* (Zürich und Stuttgart 1964); S. Curto, *Nubien, Geschichte einer rätselhaften Kultur* (Novara 1966); W. A. Adams, *Nubia: Corridor to Africa* (London 1978); W. Hinkel, *Tempel ziehen um* (Leipzig 1966); ders., *Auszug aus Nubien* (Berlin 1977); J. Jacquet, *Observations sur l'évolution architecturale des temples rupestres*, in: Nubie (Kairo 1966) 69–91; Torgny Säve-Söderbergh, *Temples and Tombs of Ancient Nubia* (Unesco 1987); Irmgard Hein, *Die ramessidische Bautätigkeit in Nubien* (Göttinger Orientforschungen, Reihe IV: Ägypten 21, Wiesbaden 1991).

1 Gebel Barkal

Am Gebel Barkal, 650 Kilometer südlich von Assuan, errichteten die Pharaonen der 18. und 19. Dynastie die südlichsten Zeugen rein ägyptischer Tempelarchitektur. Denn die weiter südlich folgenden Tempel von Meroe aus dem 1. Jahrhundert n. Chr. können kaum noch der ägyptischen Architektur zugerechnet werden. Unter den hundert Meter hohen Abstürzen des Gebel Barkal, des «reinen Berges» der Nubier, entstand nach einem ersten Vorstoß unter Thutmosis III. im Laufe der Jahrhunderte eine wahre Tempelstadt des Amun und eine Art Nationalheiligtum der Nubier. H. Kees' Worten folgend: «Es bereitet sich hier jene Legende vor, aus der die Äthiopenkönige 800 Jahre später ihre Legitimation zur Eroberung Ägyptens als Willensträger des Amun nahmen[33].» Die Tempel von Gebel Barkal bildeten zusammen mit denen von Sanam, Kawa und Tabo das eigentliche Kernland des kuschitischen Amun-Kultes.

Das Zentrum bildete die große *Ipet-sut* des Amun von Napata, ein 150 Meter langer Sandsteinbau, dessen Anfänge bis in die 18. Dynastie zurückreichen (Tutanchamun/Haremhab) und der von Sethos I. und Ramses II. weiter ausgebaut wurde. Unter den Äthiopen Pianchi oder Taharqa erfolgten Umbauten, später mehrfache meroitische[34] Wiederherstellungen. Eine Widder-Sphinx-Allee leitete zum ersten 50 Meter breiten Pylon. Dahinter lag ein weiter allseitig von Säulenhallen umgebener Hof, in dessen Zentrum eine Barkenstation stand. Jenseits des ersten Hofes wiederholt sich dieselbe Kombination Pylon/Hof einer älteren Bauphase mit einem Barkenkiosk des Tanutamun im Zentrum. Es folgt ein dritter Pylon mit einer 2 × 5-Säulenhalle und dann der ursprüngliche Kernbau, der einen Pylon und eine Gruppe von verwinkelten Sanktuaren umfaßt mit einem Granitaltar Taharqas.

Westlich lagen mindestens sechs weitere, wesentlich kleinere Tempel. Der Tempelbezirk ist Fundort von wichtigen historischen Inschriften und von aus Soleb verschleppten Skulpturen. Er wurde 1916–1919 durch die Harvard-Boston-Expedition unter G. A. Reisner untersucht.

Dem Gebel Barkal gegenüber auf dem Westufer des Nils liegen die weitausgedehnten Ruinen der napatäischen Palaststadt Sanam. Hier errichtete Taharqa einen größeren Tempel für den lokalen «Amun, den Stier des Bogenlandes».

Literatur: G. A. Reisner, *The Barkal Temples,* in: JEA 4 (1917) 213–227; 5 (1918) 99–112; 6 (1920) 247–264; Dows Dunham, *The Barkal Temples* (Boston 1970).

2 Kawa

Innerhalb eines größeren ummauerten Bezirkes liegen die Reste von mindestens drei Amun-Tempeln. Der Hauptbau (Tempel T) stammt von Taharqa. Er besaß Pylon, Säulenvorhof, ein Hypostyl mit 4 × 4 Säulen, einen Opfertischsaal mit den umliegenden Räumen und dem Sanktuar. Quer zu seiner Prozessionsstraße wurde unter Tutanchamun über einem älteren Vorgängerbau der kleine Tempel A errichtet. Parallel dazu liegt ein kleiner meroitischer Tempel (Tempel B).

Literatur: M. F. Laming Macadam, *The Temples of Kawa,* Bd. I/II (London 1949–1955).

Der Amun-Tempel am Gebel Barkal.

3   Tabo auf der Insel Argo

Vor dem völlig zerstörten Amun-Tempel der 25. Dynastie (Taharqa) liegen zwei
umgestürzte meroitische Königsstatuen.

Literatur: H. Jacquet-Gordon u. a., *Pnubs and the Temple of Tabo on Argo Island,* in: JEA 55 (1969) 103–111.

4   Sesebi

Vor seiner Abkehr von den traditionellen Göttern in seinem 6. Regierungsjahr ließ
Amenhotep IV. in der Festungsstadt Sesebi drei parallel angelegte kleine Heiligtümer für die thebanische Triade Amunre, Mut und Chons errichten. Die Opfer-
tischräume sind auf ungewöhnliche Weise durch Korridore miteinander verbunden,
so daß die Barken/Kultbilder an einem gemeinsamen Opfer teilhaben konnten. Im
mittleren Tempel standen im vor dem Opfertischraum liegenden Saal vier Säulen
auf einem Mittelpodium, wodurch eine Art Baldachin für das Erscheinungsfest der
Barke hergestellt war. Im davor liegenden querrechteckigen Säulensaal standen
2 × 4 Palmsäulen. Alle drei Kultstätten öffnen sich auf einen gemeinsamen großen
Hof, wodurch die gesamte Anlage eine Ausdehung von 51 × 61 Metern erhielt.

Später errichtete Echnaton am gleichen Ort ein Sonnenheiligtum, das im
wesentlichen aus einem 11,7 Meter im Quadrat messenden Altarhof bestand, der
auf einer 2 Meter hohen Terrasse lag. Sethos I. scheint den Haupttempel übernom-
men und in ein Millionenjahrhaus umgestaltet zu haben.

Literatur: LD I Taf. 118/19; A. M. Blackman, *Preliminary Report on the Excavations at Sesebi,* in: JEA 23 (1937) 145–151.

5   Soleb

Der Tempel Amenhoteps III. von Soleb.

Der größte ägyptische Tempel südlich von Theben steht 500 Kilometer oberhalb
von Assuan. Als erster Europäer besuchte ihn am 15. März 1813 der Basler Reisende Johann Ludwig Burckhardt *(Scheich Ibrahim)*. Der Tempel wurde vom
berühmten Gelehrten Amenophis, Sohn des Hapu, als Teil jenes gigantischen Bauprogramms des Königs ausgeführt, das auch dessen Millionenjahrhaus auf dem
Westufer von Theben und den Tempel von Luxor einschloß und das zweifellos die
Vergöttlichung des Königs zum eigentlichen Ziel hatte. Der Tempel von Soleb
war ursprünglich wesentlich kleiner und wurde dann in etwa vier Etappen während der Regierungszeit Amenhoteps III. auf die endgültige Größe gebracht. Er ist
ein Beispiel für die uns konzeptlos erscheinende ägyptische Bauweise, die sich erst
im Verlauf eines langen Prozesses zu einer «endgültigen» Form hindurchringt.

Die Ruine des Amun-Tempels Amenhoteps IV.
von Sesebi.

   Heute stehen nur noch wenige Säulen und Mauerreste des Tempels aufrecht; der
Rest fiel Hochwassern des nahen Nils zum Opfer. Die Baugeschichte konnte
jedoch durch die Grabungen von 1957 bis 1963 weitgehend geklärt werden.
Besonders interessant ist, daß dabei zum erstenmal die Entwicklung der Umfassungsmauern verfolgt werden konnte. Ausgangspunkt des Bauprogramms war
ein bescheidenes Heiligtum in Gestalt eines Tempels mit Umgang, das zunächst
rückwärts und an den Seiten mit Nebenräumen versehen wurde. Dieser Bau war
von einer 105 × 120 Meter großen, nischengegliederten Umfassungsmauer umgeben (Phase 1). Danach wurde – dem alten Bau gegenüber etwas verbreitert – ein

Saal mit 24 Palmkapitellsäulen, ein Säulenhof und ein Pylon (I) vorgelegt. Ein hohes, von einer Hohlkehle abgeschlossenes Podium kennzeichnet den Tempel als eine Stätte des Ersten Males (Phase 2). Später wurde davor ein weiterer Hof mit einem neuen Pylon (II) errichtet und der ursprüngliche Pylon I durch die Säulenrückhalle des neuen Hofes ersetzt. Dieser neue Pylon II wurde in eine neue, mit vorspringenden Türmen bewehrte Umfassungsmauer von 140 × 175 Metern Seitenlänge eingebunden (Phase 3). In der nächsten Phase (4) wurde der neue Hof – wie im Luxor-Tempel – auch an den übrigen Seiten mit Hallen von gebündelten Papyrussäulen umgeben, vor Pylon II zwei Obelisken und sechs Kolossalstatuen errichtet und im Vorfeld des Tempels eine Allee von Widder-Sphingen angelegt, die hinunter zu einer Kaianlage führte. In der letzten Phase (5) wurde dem Pylon II ein monumentaler Kiosk mit vier 11,8 Meter hohen Palmsäulen vorgesetzt, der sich mit der Kolonnade des Luxor-Tempels vergleichen läßt. Auf der Sphinx-Allee wurde ein dritter Pylon (III) errichtet und an eine noch größere, jetzt 210 × 240 Meter messende Umfassungsmauer angeschlossen. Direkt vor und hinter dem neuen Pylon wurden je zwei Obelisken aufgestellt. Das Tempelhaus maß bis zum dritten Pylon etwa 170 Meter Länge, also beträchtlich mehr als der Luxor-Tempel Amenhoteps III.

Auf den Mauerresten des zweiten Hofes finden sich wichtige Reste einer Sed-Fest-Darstellung. Sie umzog offenbar ursprünglich (wie auch im Totentempel des Königs) die gesamten Wände des Hofes. Aus dem Soleb-Tempel stammen auch die bekannten Skulpturen liegender Löwen, von denen zwei durch den Äthiopenkönig Amanislo (= Amonasro) zum Gebel Barkal verschleppt wurden und von dort in das Britische Museum gelangten.

Literatur: LD I Taf. 116/17; Grabungsvorberichte 1957–1961 von M. Schiff-Giorgini und J. Janssen, in: Kush 6 (1858) 82–86; 7 (1959) 154–157, 166–169; 9 (1961) 182–209; 10 (1962) 150/51; Michaela Schiff Giorgini, *Soleb*, Bd. I (Florenz 1965).

6 Sedenga

Auf dem Westufer des Nils, unweit von Soleb, liegen die Reste eines unter Amenhotep III. zur Vergöttlichung der Königin Teje gestifteten Tempels. Die Königin wurde hier offenbar mit Hathor und Isis verschmolzen. Aus diesem Grund erhielt ihr Tempel Säulen mit Hathor-Kapitellen, von denen noch eine letzte aufrecht steht.

Literatur: Vorberichte zu den Grabungen von Soleb und Sedenga von M. Schiff-Giorgini, in: Kush 9 (1961) 182–209; 10 (1962) 152–169; 12 (1964) 87–95; 13 (1965) 112–130; 14 (1966) 244–261.

7 Gebel Doscha

Auf dem Westufer des Nils befand sich eine kleine Felskapelle Thutmosis' III., die aus Querhalle und Naos bestand.

8 Amara-West

In Amara, dem großen befestigten ramessidischen Verwaltungssitz (für den Vertreter des ägyptischen Vizekönigs für Obernubien), war ein nicht unbedeu-

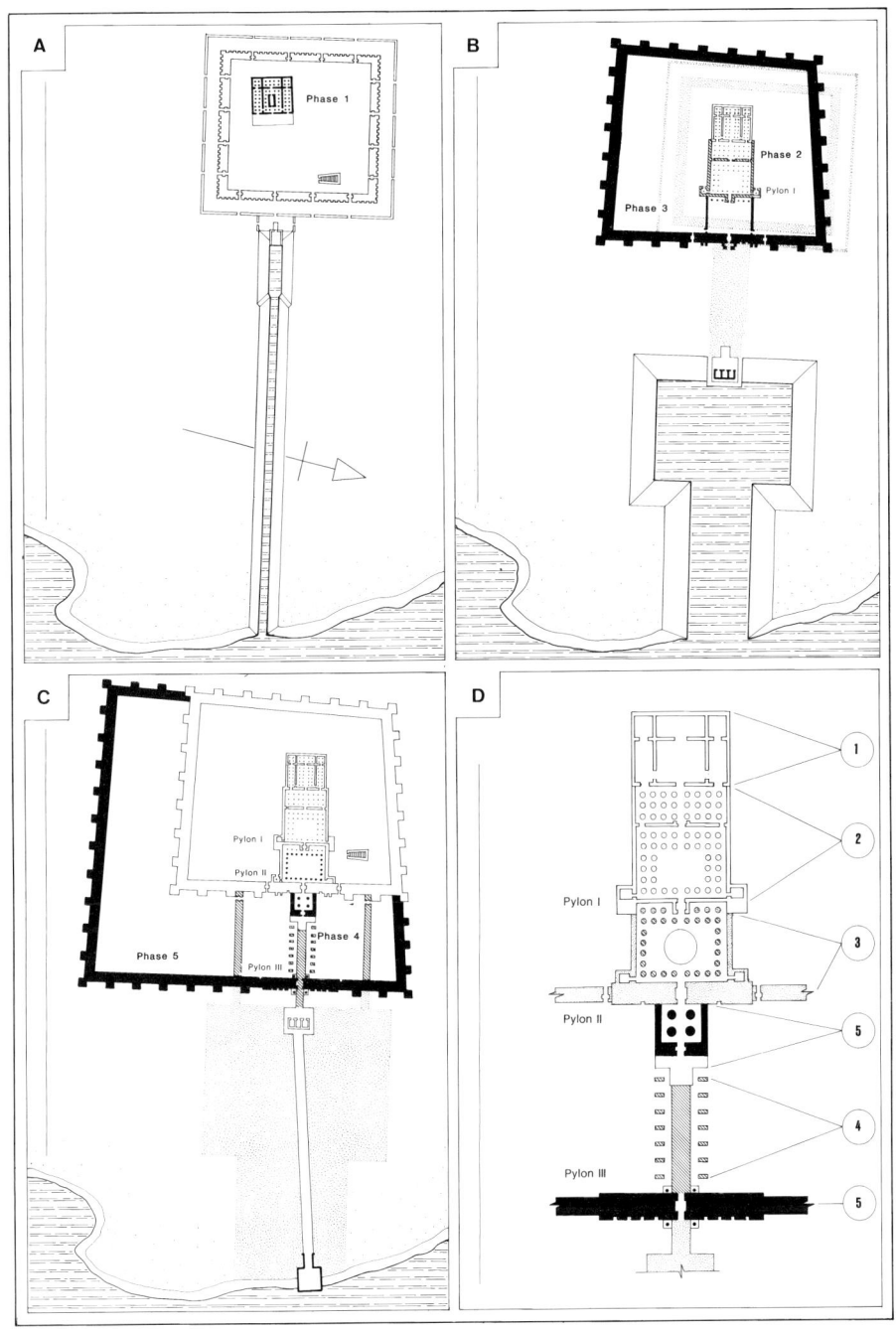

A	Phase 1
B	Phase 2
	Phase 3
	Pylon I
C	Pylon I
	Pylon II
	Phase 5
	Phase 4
	Pylon III
D	Pylon I
	Pylon II
	Pylon III

Die Bauphasen des Tempels Amenhoteps III. von Soleb.

tender steinerner Amun-Tempel Ramses' II. eingebaut, von dem sich noch beträchtliche Reste mit Inschriften und Dekorationen erhalten haben. Der Tempel – wohl an der Stelle eines älteren Vorgängers erbaut – bestand aus Pylon, Säulenvorhof, Hypostyl, Opfertischraum und drei Sanktuaren. In der Nähe wurden Tempelwerkstätten und der ramessidische Gouverneurspalast gefunden.

Literatur: H. W. Fairman, *Preliminary Report on the Excavations at Sesebi (Sudla) and Amarah West, Anglo-Egyptian Sudan, 1937/38*, in: JEA 24 (1938) 154–156; ibid., 25 (1939) 139–144; ibid. 34 (1948) 3–11.

9 Semna-West

Das Südende des Zweiten Katarakts war bereits im Mittleren Reich durch die Festung Semna gesichert, in der ein kleiner Dedun und Sesostris III. geweihter Tempel stand. Er wurde unter Thutmosis I. erneuert und von Thutmosis III. und Hatschepsut in Stein umgesetzt. Der Tempel, der durch nachträgliche Umbauten stark verändert und außen mit zwei Portiken umgeben wurde, ist ein schönes Beispiel für die Tempelbaukunst der Thutmosiden. Besonders interessant ist sein Bildprogramm, im Innern mit der Darstellung der Barke Sesostris' III. Der Tempel wurde – wie der von Kumma – in das Museum von Khartum verlegt.

Literatur: LD I 111–113; III 47–56; Text 190–200; Dows Dunham und Jozef M. A. Janssen, *Semna-Kumma, Second Cataract Forts*, Bd. I (Boston 1960).

10 Kumma, Semna-Ost

Gegenüber auf der Ostseite des Zweiten Kataraktes stand ebenfalls seit dem Mittleren Reich eine Sperrfestung mit einem Tempel. Er ist größer als der von Semna und stammt gleichfalls aus der Thutmosidenzeit. Er war dem Chnum, dem vergöttlichten Sesostris III., Dedun und Anukis geweiht und wurde ebenfalls durch Umbauten stark verändert. Er bestand aus Vorhof, einem Hypostyl mit zwei Säulen, Vorräumen und zwei parallel angeordneten Sanktuaren.

Literatur: LD I 111–113; III 57–59; Text 206–217; Dows Dunham, *Semna-Kumma, Second Cataract Forts*, Bd. I (Boston 1960).

11 Uronarti

In der Festung des Mittleren Reiches waren die Reste eines kleinen Dedun und Month geweihten Ziegeltempels Thutmosis' III. erhalten.

Literatur: Dows Dunham, *Uronarti, Shalfak, Mirgissa, Second Cataract Forts*, Bd. II (Boston 1967).

12 Mirgissa

In der Festung Mirgissa waren die Reste eines kleinen ($9,5 \times 10$ m) Ziegeltempels der 12. Dynastie erhalten. Vier Räume umgaben ein mit Sandstein verkleidetes Sanktuar. Bei den Grabungen 1963/64 wurde auch eine Hathor-Kapelle des Neuen Reiches gefunden.

Literatur: H. G. Lyons, *The Temple at Mirgisse*, in: JEA 3 (1916) 182/83; J. Vercoutter, *Excavations at Mirgissa*, in: Kush 12 (1964) 57–62.

13 Buhen

Innerhalb einer Festung des Mittleren Reiches waren die Reste zweier Tempel der 18. Dynastie erhalten. Der südliche, mit Säulenumgang, stammt aus der Zeit Hatschepsuts und Thutmosis' III. und war dem Horus von Buhen geweiht. Er ist –

neben Amada – ein schönes Beispiel für den Tempeltyp der Thutmosidenzeit mit Säulenumgang.

Weiter im Norden lagen die Reste eines gänzlich aus Ziegeln bestehenden Isis-Tempels Amenhoteps II. Nur die den Hof auf drei Seiten umgebenden Pfeilerhallen waren aus Stein. Dahinter folgten zwei querrechteckige Räume, die den Erscheinungs- und Opfertischsaal repräsentieren sowie ein Sanktuar mit zwei flankierenden Räumen. Die Tempel wurden vor dem Anstieg des Stausees mit britischer Hilfe in das Museum von Khartum verlegt.

Rekonstruktion der Fassade des südlichen Tempels von Buhen.

Literatur: D. Randall-Maciver und C. L. Wooley, *Buhen* (Philadelphia 1911) 84–94; Ricardo Caminos, *The New Kingdom Temples of Buhen* (London 1974); Walter B. Emery, H. S. Smith und A. Millard, *The Fortress of Buhen* (London 1979) 16/17, Taf. 35/36, 97–100.

14 Akscha, Serra-West

Tempel Ramses' II., bestehend aus Pylon, Vorhof, Hypostyl oder Opfertischsaal und drei parallelen Sanktuaren, in denen der König neben Amun und Re verehrt wurde. Der Tempel wurde verlegt und im Garten des Museums von Khartum wiederaufgebaut.

Literatur: J. Vercoutter und A. Rosenvasser, *Preliminary Report of the Excavations at Aksha,* in: Kush 10 (1962) 109–116; 11 (1963) 131–139; 12 (1964) 96–101.

15 Faras

In der weitausgedehnten Ruinenlandschaft von Faras, das vor allem durch seine Denkmäler aus christlicher Zeit bekannt geworden ist (bedeutende Fresken), wurden mindestens fünf Heiligtümer des Neuen Reiches festgestellt, so eine Felsenkapelle der Hathor von Ibschek aus der 18. Dynastie und ein kleiner, völlig zerstörter Tempel aus der Zeit des Tutanchamun. In meroitischen Mauern verbaut, fand man 565 wiederbenutzte Blöcke, viele von thutmosidischen und ramessidischen Tempeln, die vielleicht aus Buhen stammen.

Literatur: J. Karkowski, *The Problem of the Origin of the Thutmoside Blocks Found at Faras,* in: Études et Travaux 6 (1972) 83–92; idem, *A Note on the «Hathor Rock» at Faras,* in: Études et Travaux 8 (1975) 117–124.

16   Abahuda

Unter Haremhab wurde unmittelbar über dem Wasser in die steile Felswand des Gebel Adda (beim Dorf Abahuda südlich von Abu Simbel) ein kleiner Felsentempel geschnitten. Er war Amunre und Thot von Hermopolis geweiht und bestand aus einem von vier eleganten Säulen getragenen Mittelsaal mit einem Sanktuar in der Rückwand und zwei Seitenräumen. Die Wände trugen reiche Darstellungen, die in christlicher Zeit mit Fresken übermalt wurden. Die Kapelle wurde aus dem Felsen geschnitten und in der Nähe der Tempel von Abu Simbel wiedererrichtet.

17   Abu Simbel

Am 22. März 1813 besuchte als erster Europäer Johann Ludwig Burckhardt die beiden Felstempel Ramses' II. von Abu Simbel. Sie wurden 1817 von Belzoni freigelegt und bilden heute, mit Flugzeug oder Auto erreichbar, eine Hauptattraktion des ägyptischen Fremdenverkehrs.

Die beiden Tempel stellen den Höhepunkt des nubischen Tempelbauprogramms Ramses' II. dar und wurden wohl um 1260–1255 v. Chr. geweiht. Der größere Tempel ist den ägyptischen Reichsgöttern Amunre (im Süden), Horus von Mehu (im Norden) und dem vergöttlichten Ramses und Ptah geweiht, der kleinere gemeinsam der Hathor von Ibschek und der Königin Nefertari. Zweifellos standen der König als «Gott Ramses», die Königin als Erscheinungsform der Hathor von Ibschek im Mittelpunkt des Kultes. Beide Tempel sind in der Tradition ägyptischer Felsgräber und unterirdischer Steinbrüche hergestellt, der größere 60, der kleinere Tempel 21 Meter tief in den nubischen Sandstein gemeißelt. Sie stellen Meisterwerke der Felsbaukunst dar, in ihrer Bedeutung nur vergleichbar den indischen Felsentempeln von Ellora. Sie verfügen über alle notwendigen Innenräume, vom Erscheinungssaal bis hin zu den Nebenräumen und Magazinen. Die abgeschrägte Felsfront stellt eine Pylon- oder Tempelfassade dar. Die gewaltigen, 22 Meter hohen, aus einer tiefen Nische in der Felsfassade gemeißelten Figuren des Königs entsprechen den Kolossalbildern desselben Königs im Ramesseum oder in Pi-Ramesses, seiner Deltaresidenz (S. 211), und dürften ihre Wirkung auf die an die Macht der lebenden Bilder glaubenden Zeitgenossen nicht verfehlt haben. Die beiden Tempel von Abu Simbel demonstrieren dadurch die machtpolitische Präsenz der Pharaonen im oberen Niltal. Die vier «lebenden» Riesenstatuen tragen die Namen «Ramses, Sonne der Herrscher» und «Herrscher der beiden Länder» im Süden und «Der Geliebte des Amun» und «Der Geliebte des Atum» im Norden.

Bemerkenswert ist die starke Betonung des Sonnenkultes durch den Fries der Sonnenaffen am oberen Rand der Fassade, durch ein separates Sonnenheiligtum nördlich des Haupttempels und durch die im Jahr zweimal – am 20. Februar und 20. Oktober – eintretende völlige Ausleuchtung der vier Kultbilder durch die Strahlen der aufgehenden Sonne. Vor allem wird in der gewaltigen, frontal aus der Fassade des Tempels hervortretenden Figur des Sonnengottes auf magische Weise die Identität des Königs mit dem Sonnengott bewirkt. Denn die Attribute Sonnenscheibe (= Re), *wsr*-Zeichen (in rechter Hand), Ma'at-Figur (in linker Hand) können als *Wsr-m3't-R'* gelesen werden, welches der Thronname des Königs ist. Hiermit wird der König zu einer Inkarnation des Re, zur «Großen Seele des Reharachte».

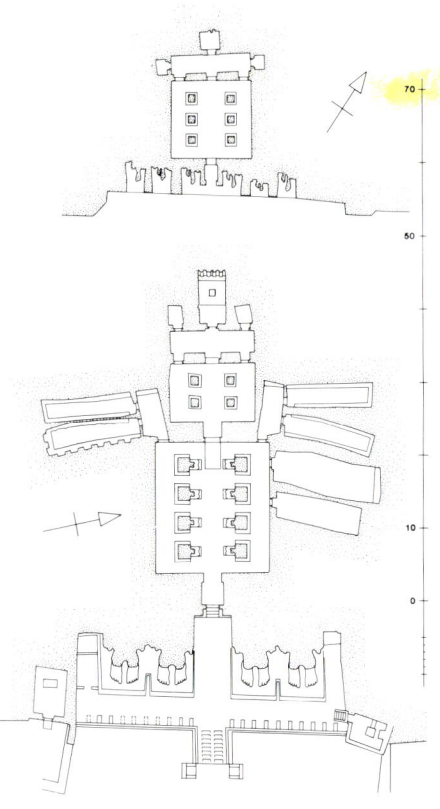

Plan der beiden Tempel von Abu Simbel.

Die Fassade des kleinen Tempels von Abu Simbel.

Der große Tempel hat noch seinen gesamten Reliefschmuck in farbiger Bemalung erhalten, am eindrucksvollsten in der hypostylen Halle mit ihren 2 × 4 Statuenpfeilern. An der Südwand ist der Triumph des Gottkönigs über Syrer, Libyer und Neger dargestellt, besonders schön der Angriff des Königs in seinem Streitwagen. Im Norden findet sich eine wichtige Version der Darstellung der Hethiterkriege, gipfelnd in der Schlacht von Kadesch (andere Versionen im Ramesseum und in Abydos).

Der größere Tempel wurde noch in der späteren Regierungszeit Ramses' II. durch ein Erdbeben stark beschädigt, so daß Stützmauern und Reparaturen im Innern des Pfeilersaales notwendig wurden. Wahrscheinlich ist damals auch der Oberteil des Kolosses links des Eingangs herabgestürzt. Er konnte von den antiken Technikern nicht mehr an seinen ursprünglichen Platz gehoben werden.

Im kleineren Tempel wird die Königin als Inkarnation der Hathor angesprochen, vergleichbar der Rolle der Königin Hatschepsut in ihrem Hathor-Heiligtum in Deir el-Bahari. Während im Bildprogramm des großen Tempels die «männlichen» Aspekte des Kampfes und der Herrschaft zum Ausdruck kommen, scheint im kleinen Tempel der weibliche Part im ägyptischen Weltbild zu dominieren: Szenen der Krönung und Beschützung der Königin durch Göttinnen der Liebe und Fruchtbarkeit.

1964–1968 wurden beide Tempel in einem bisher beispiellosen technischen Kraftakt vor den steigenden Fluten des Nasser-Sees gerettet und auf einer dahinter gelegenen Anhöhe wiedererrichtet. Die Kosten wurden von internationalen Spen-

Die Fassade des großen Tempels von Abu Simbel.

den bestritten, die Arbeit wurde in einem «joint venture» von ägyptischen, deutschen, französischen, italienischen und schwedischen Baufirmen durchgeführt. Die Bausubstanz wurde auf diese Weise gerettet, die magische Ausstrahlung der Tempel zerstört.

Literatur: Johann Ludwig Burckhardt, *Travels in Nubia* (London 1819), deutsch, siehe zuletzt *Reisen in Nubien* (Tübingen 1981) 107–114; Gau, *Antiquités*, Taf. 54–61; Christiane Desroches-Noblecourt und Ch. Kuentz, *Le petit temple d'Abou Simbel*, 2 Bde. (Kairo 1968); Vattenbyggnadskyrån, *The Salvage of the Abu Simbel Temples. Concluding Report* (Kairo 1971); S. Donadoni, H. El-Achiri und Ch. Leblanc, *Grand temple d'Abou Simbel* (Kairo 1975); E. Otto, *Abusimbel*, in: LÄ I 26/27.

18   Aniba

Gegenüber Qasr Ibrim lag seit dem Mittleren Reich die große Festung Mi'am, der ägyptische Verwaltungssitz für Unternubien. Unter den Thutmosiden wurde – wohl über einem älteren Vorgängerbau – in der Nordostecke der Umwallung ein dem Horus von Mi'am geweihter Tempel erbaut, von dem allerdings nur noch wenige Bauteile erhalten waren.

Literatur: Georg Steindorff, *Aniba*, Bd. II (Glückstadt 1937) 20–22.

19   Ellesija

Inneres des großen Tempels von Abu Simbel.

Nicht weit von der Festung Qasr Ibrim wurde unter Thutmosis III. eine Felsenkapelle in die steilen Felswände über dem Nil geschnitten. Sie bestand aus einem aus
dem Felsen gearbeiteten Vorplatz und der Kapelle mit einer Kultnische mit den
Statuen Thutmosis' III. zwischen Horus von Mi'am und Satet. Die Kapelle wurde
1966 Italien überlassen und im Museo Egizio in Turin wiedererrichtet.

20   Derr

Der einzige Felstempel Ramses' II. auf dem nubischen Ostufer war wie der etwas
frühere Tempel von Abu Simbel den Reichsgöttern Amunre, Ptah, Ramses II. und
vor allem Reharachte geweiht. Von den fehlenden Fassadenstatuen abgesehen,
ähnelt der nur 37 Meter lange Bau in Grundriß und Dekoration dem großen Tempel von Abu Simbel. Ein Teil des Pfeilersaales war freistehend errichtet.

Der stark beschädigte Tempel wurde nach 1964 von der ägyptischen Altertümerverwaltung aus dem Felsen geschnitten und teilweise nach Neu-Amada verlegt.

Literatur: Gau, *Antiquités*, Taf. 50–52; A. M. Blackman, *The Temple of Derr* (Kairo 1913); T. Säve-Söderbergh, in: LÄ I
1069/70.

Längsschnitt durch den Tempel Ramses' II. von Derr.

21 Amada

Wahrscheinlich an der Stelle eines Heiligtums Sesostris' III. stifteten Thutmosis III. und Amenhotep II. während ihrer Mitregentschaft einen kleinen Tempel (9,7 × 23,6 Meter) für Amunre und Reharachte. Er wurde von Thutmosis IV. fertiggestellt und umgebaut und gehört in die Kategorie der Tempel mit Säulenumgang. Von einem ursprünglich geplanten allseitigen Säulenumgang, wie er in Buhen noch erhalten ist, wurde jedoch nur der elegante Frontportikus mit sechs kannelierten Säulen vollendet und mit einem Vorhof verbunden. Dieser Hof wurde unter Thutmosis IV. in einen Pfeilersaal von 4 × 3 Pfeilern verwandelt. Das sorgfältig dekorierte Tempelinnere verfügt über Erscheinungs- und Opfertischraum mit zwei sich gegenüberliegenden Kultbildkammern. Die Front des Tempels wurde unter Sethos I. mit einem Pylon abgeschlossen, in den die Umfassungsmauer des Tempelbezirkes eingebunden war.

Der Tempel wurde 1964/65 auf Schienen auf eine höher gelegene Terrasse 2,6 km weiter westlich verschoben.

Literatur: Gau, *Antiquités,* Taf. 48/49; Henri Gauthier, *Le temple d'Amada* (Kairo 1913); Ludwig Borchardt, *Ägyptische Tempel mit Umgang* (Beiträge Bf 2, Kairo 1938) 41–44, Taf. 13; M. Aly und M. Dewachter, *Le temple d'Amada* (Kairo 1967); Ch. C. Van Siclen III, *The Building History of the Thutmoside Temple at Amada and the Jubilees of Thutmosis IV,* in: Varia Aegyptiaca 3 (1987) 53–66.

Längs- und Querschnitt durch den Tempel von Amada.

Die Pylonfront des Tempels Ramses' II. von Wadi es-Sebu'a.

22 Wadi es-Sebu'a

Amenhotep III. stiftete auf dem Westufer von Wadi es-Sebu'a dem nubischen Horus eine kleine Felskapelle. Später ließ Ramses II. in der Nähe für sich, Reharachte und vor allem Amunre einen Felsentempel mit einer Gesamtlänge von 109 Metern erbauen. Eine lange Prozessionsstraße geleitete von einer Kaianlage am einstigen Nilufer durch zwei Ziegelpylone zum 3. Sandsteinpylon und zum eigentlichen Felsheiligtum. Ein reiches Statuenprogramm entfaltete sich entlang dieses Weges:

Prozessionsstraße:	8 Paare Königs-Sphingen (die «Löwen»)
1. Pylon:	1 Paar Königs-Sphingen mit Doppelkrone + 2 Königsstatuen
1. Hof:	2 Paar Löwen-Sphingen mit Doppelkrone
2. Pylon:	1 Paar Löwen-Sphingen mit Doppelkrone
2. Hof:	2 Paar Falken-Sphingen
3. Pylon:	4 kolossale Königsstatuen
3. Hof:	5 Paar Königsstatuenpfeiler
Pfeilersaal:	3 Paar Königsstatuenpfeiler

Während der Pfeilersaal noch halb im Freien lag, wurde erst der Opfertischraum mit seinen drei Kultbildräumen ganz aus dem Felsen gehauen. Die Anlage und ihre Reliefdekoration sind allerdings von recht roher, provinzieller Ausführung.

Der Tempel war – durch Flugsand geschützt – noch gut erhalten. 1964 wurde er um vier Kilometer nach Westen verlegt.

Literatur: Gau, *Antiquités*, Taf. 42–47; Prisse d'Avennes, *Histoire de l'art égyptien*, Bd. I (Paris 1878) Taf. 48; Henri Gauthier, *Le temple de Ouadi es-Sebouâ* (Kairo 1912); R. Gundlach, *Sebua*, in: LÄ V 768/69.

Längsschnitt durch den Tempel Ramses' II. von Wadi es-Sebu'a.

83

Der römische Tempel von El-Maharraqa.

23 Hiera Sykaminos, El-Maharraqa

In ptolemäischer und römischer Zeit bildete der Ort Hiera Sykaminos die äußerste Reichsgrenze im Süden. Aus dieser Zeit stammt der unvollendet gebliebene, nur 13,56 × 15,69 Meter messende Isis- und Serapis-Tempel El-Maharraqa. Er scheint lediglich aus einem an drei Seiten von 4 × 6 Säulen umgebenen Hof bestanden zu haben, die an einer Längsseite mit Schrankenwänden geschlossen waren. Die Säulen trugen (unvollendete) Kompositkapitelle. Ein architektonisches Kuriosum ist in einer Hofecke eine Wendeltreppe auf das Dach. Da die Außenmauern des Hofes allseitig mit einer Hohlkehle abgeschlossen waren, kann das zu erwartende, eigentliche Tempelhaus nur als kleinerer Bau an der Rückseite des Hofes geplant gewesen sein.

Der Tempel wurde 1961 von der ägyptischen Altertümerverwaltung in die Nähe von Wadi es-Sebu'a verlegt.

Literatur: Gau, *Antiquités*, Taf. 40/41.

24 Dakka, Pselchis

Am antiken Ort Pselchis, an dem der römische General Petronius 23 v. Chr. die Truppen der Äthiopenkönigin Candace besiegte, stand ein bedeutendes Heiligtum. An der Stelle eines kleineren Tempels der 18. Dynastie wurde zur Zeit des Äthiopenkönigs Ergamenes ein einräumiger Schrein für Thot von Pnubs (Paotnuphis) errichtet. Ptolemäus VIII. Euergetes II. fügte ihm einen Vorraum und einen Pronaos mit zwei Säulen *in antis* an. Unter Augustus und Tiberius wurde die Anlage – ganz unüblich – nach hinten durch ein zweites Sanktuar erweitert und mit einer inneren und einer äußeren Umfassungsmauer mit einem großen Pylon umgeben. Das Sanktuar enthält noch einen unbeschrifteten Granitnaos. In römischer Zeit stifteten die in Philae und Assuan stationierten römischen Offiziere zahlreiche Votive in den Tempel des «Hermes Trismegistus». Gau zeichnete aufgrund von Mauerresten einen bedeutenden, den Tempel umschließenden Ziegelbezirk in der Art des Ramesseums oder von Medinet Habu.

*Längsschnitt und Ansicht des ptolemäisch/
römischen Tempels von Dakka.*

Bei der Verlegung des Tempels durch die ägyptische Altertümerverwaltung 1961 nach Wadi es-Sebu'a wurden verbaute Tempelblöcke mit Reliefs eines Vorgängerbaues der Hatschepsut und Thutmosis' III. entdeckt.

Literatur: Gau, *Antiquités*, Taf. 33–36; Günther Roeder, *Der Tempel von Dakke* (Kairo 1930); E. Bresciani, *Dakke*, in: LÄ I 988.

25 Gerf Hussein

In die Reihe der Felsentempel Ramses' II. gehörte der Tempel von Gerf Hussein, der vom Vizekönig von Kusch, Setau, errichtet und Ramses II., Ptah-Tatenen, der Hathor und vor allem dem memphitischen Ptah geweiht war. Die vordere Hälfte der insgesamt 65 Meter langen Anlage bestand aus einem freistehenden Pylon mit nachfolgendem Hof, der von einer interessanten Kombination von sechs Säulen und acht Statuenpfeilern umgeben war. Der 43 Meter tiefe Rückteil war aus dem Felsen gehauen und glich dem des großen Tempels von Abu Simbel mit einem Pfeilersaal mit 2 × 3 Statuenpfeilern und – als Unikum – je vier seitlichen Statuennischen mit Göttertriaden an den Längswänden. Dahinter lag der Opfertischsaal und der Barkenraum mit den vier aus dem Felsen gemeißelten Kultstatuen in der Rückwand.

Nur geringe Teile des Tempels wurden 1964 aus dem Felsen geschnitten und nach Elephantine verbracht, wo sie in einem nubischen Museum ausgestellt werden sollen. Der Rest des Tempels wurde dem Stausee überlassen.

Literatur: Gau, *Antiquités*, Taf. 22–28; J. Jacquet, H. El-Achiri, M. A. L. Tanbouli u. a., *Gerf Hussein*, 3 Bde. (Kairo 1974/75, 1978).

26 Dendur, Tutzis

Um 23–10 v. Chr. stiftet der römische Statthalter Petronius im Namen des Kaisers Augustus der Isis von Philae und für die beim Äthiopier-Einfall umgekommenen Lokalhelden Pede-ese und Pe-Hor im antiken Tutzis ein kleines Heiligtum.

An der Nilfront erhob sich ein breites, steinernes Podium, das an der Rückseite durch einen Pylon betreten werden konnte, von dem heute nur noch das eigentliche aus Sandstein errichtete Tor erhalten ist. Hinter dem Pylon, im Hintergrund

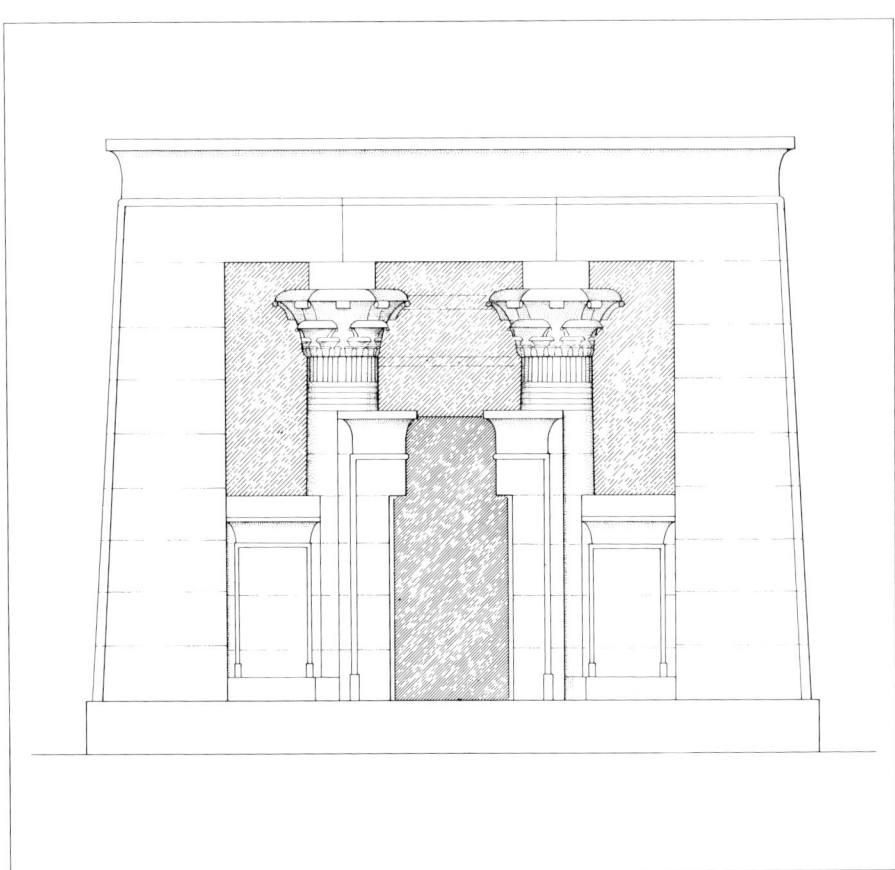

Rekonstruktion der Front des Tempels von Dendur.

eines kleinen Hofes, steht das Tempelhaus. Seine Front ist in der Art später Pronaostempel nur von niedrigen Schranken verschlossen und mit zwei fein gearbeiteten Säulen (Papyrus-Kompositkapitelle) geschmückt. Diesem Pronaos, einem Miniatur-Erscheinungssaal, folgt der Opfervorraum und schließlich das Sanktuar mit einer flachen Kultbildnische. Nur im Pronaos und an den Außenwänden wurde in der kurzen Bauzeit die Reliefdekoration vollendet. Der Bau repräsentiert mit Pronaos, Opfertischraum und Sanktuar verkleinert den gesamten Kosmos eines ägyptischen Tempels.

Der Tempel wurde 1962 vor den steigenden Wassern des Nasser-Stausees gerettet und vertritt seit 1980 unter dem Glasdach des Sackler Wings des Metropolitan Museum of Art New York ägyptische Tempelarchitektur auf dem amerikanischen Kontinent.

Literatur: Gau, *Antiquités*, Taf. 23–26; Prisse d'Avennes, *Histoire de l'art égyptien*, Bd. 1 (Paris 1878) Taf. 10; A. M. Blackman, *The Temple of Dendur* (Kairo 1911); Cyril Aldred, *The Temple of Dendur* (BMMA 36/1, 1978); Hassan el-Achiri, M. Aly, F.-A. Hamid und Ch. Leblanc, *Le temple de Dandour*, 2 Bde. (Kairo 1972, 1979).

27 Kalabscha, Talmis

Um 140–130 ließen Ptolemäus VIII. Euergetes II. und seine beiden Königinnen Kleopatra «die Schwester» und Kleopatra «die Gemahlin» bei der Stadt Talmis an Stelle eines Heiligtums der 18. Dynastie einen kleinen Tempel für den lokalen «Himmelsherrn, Sonnengott und Sohn des Zeus», Mandulis, errichten. Zu Man-

Der Pronaos des augusteischen Mandulis-Tempels von Kalabscha.

Quer- und Längsschnitt durch den Tempel von Kalabscha.

Blick durch die Hofkolonnade des Tempels von Kalabscha.

dulis gesellte sich Isis von Philae, deren Statue auf der alljährlichen Kultfahrt durch Nubien wahrscheinlich auch den Tempel von Talmis besuchte. Das kleine Heiligtum wurde im Verlauf des Tempelbauprogramms des Kaisers Augustus durch einen Neubau von beachtlicher Größe ersetzt und in den Fundamenten des Nachfolgebaues verwendet. Er bestand, wie die zeitgenössischen Bauten in Ägypten, aus einer großzügigen Kaianlage, einer 15 Meter hohen Ziegelumwallung mit steinernem Pylon, die ein Geburtshaus und den Haupttempel einschloß. Dieser verfügte über einen Säulenvorhof und ein freistehendes Tempelhaus mit einer vorn offenen Pronaosfassade, die einen Blick auf die kunstvollen Kapitelle der vier Frontsäulen gewährte. Die schlanken Proportionen der 3 × 4 Säulen und ihre weiten Abstände sind wohl als Anpassung an die Architektur der griechisch-römischen Kunst zu verstehen. Der Pronaos ist dem eigentlichen Tempelhaus angefügt. Dahinter folgen Gastgötter-, Opfertisch- und Kultbildraum. Der Tempel besitzt – wie die größeren Tempel von Kom Ombo, Edfu und Dendera – eine Dachkapelle sowie in den Wänden versteckte Krypten. Bedeutungsmäßig reicht der Kalabscha-Tempel nicht an die zeitgenössischen Tempel wie Philae, Kom Ombo, Edfu, Esna oder Dendera heran, zumal seine Inschriften und Dekorationen unvollendet geblieben sind. An Größe übertrifft er aber selbst Abu Simbel (Länge des Tempelhauses 77, gesamter Bezirk 66 × 92 Meter). Die Bauaufnahme zur Verlegung des Tempels von 1961 ergab genaueste Bauabmessungen und ein fachmännisch angelegtes Proportionssystem der Bauteile.

Der Tempel wurde durch Erdbeben und menschliche Eingriffe schwer beschädigt. Seine Ruine bot jedoch, umgeben von Palmen und Akazien, vor der Felskulisse der nubischen Berge einen prachtvollen Anblick. Die düstere Farbe des nubischen Sandsteins, die heute das Aussehen des Tempels prägt, war teilweise noch bis 1924 durch eine farbenprächtige Bemalung verdeckt, unter der besonders Lila, Ultramarinblau und Gold hervortraten. Der Tempel wurde 1961–1963 mit deutscher Hilfe (durch die Firma Hochtief AG Essen) auf eine Anhöhe auf dem Westufer des Nils südlich von Philae verlegt und restauriert. Die beim Abbau aufgefundenen Blöcke des Vorgängerbaues konnten auf der Südspitze von Elephantine zu einer kleinen Kapelle zusammengefügt werden. Ein in den Fundamenten verbauter, nahezu vollständig erhaltener ptolemäischer Torbau wurde der Bundesrepublik geschenkt und 1973 im Ägyptischen Museum Berlin-Charlottenburg wieder errichtet.

Literatur: Gau, *Antiquités*, Taf. 17–22; Henri Gauthier, *Le temple de Kalabcha* (Kairo 1911–1914); Hans Stock und Kurt Georg Siegler, *Der größte Tempel Nubiens und das Abenteuer seiner Rettung* (Wiesbaden 1965); Kurt Siegler, *Kalabsha. Architektur und Baugeschichte des Tempels* (Mainz 1970); G. R. H. Wright, *Kalabsha: The Preserving of the Temple* (Berlin 1970); Dieter Arnold, *Die Tempel von Kalabscha* (Kairo 1975); G. R. H. Wright, *The Ptolemaic Sanctuary of Kalabsha. Its reconstruction on Elephantine Island* (Mainz 1987).

Längsschnitt durch den Tempel Ramses' II. von Bet el-Wali.

28 Bet el-Wali

Der nördlichste Kultbau Ramses' II., in dessen frühen Regierungsjahren erbaut, ist der kleine, den Göttern Amunre, Reharachte, dem König, Chnum und Anukis geweihte Felsentempel Bet el-Wali in der Nähe von Kalabscha. Der Tempel besaß eine Pylonfront. Der einem Hof entsprechende, folgende Raum war jedoch bereits in den Felsen verlegt, mußte aber, da das Gestein nicht hoch genug anstand, mit einer Ziegeltonne überwölbt werden. In einem niedrigen Opfertischraum tragen zwei gedrungene, polygonale Pfeiler die Decke. Im Sanktuar waren drei Kultbil-

Ansicht des augusteischen Tempels von Dendur.

der aus dem Felsen gehauen. Die Eingangshalle war mit bedeutenden Bildern syri-
scher und afrikanischer Kriege geschmückt, deren bunt bemalte Gipsabgüsse
heute im Britischen Museum bewundert werden können. Nicht nur der feine
Reliefstil, der allen anderen nubischen Tempeln überlegen ist, sondern das gesamte
Tempelkonzept unterscheidet diesen frühen von den späteren, weiter im Süden
gelegenen Tempeln des Königs. Der Tempel wurde in der Nähe des neuen Stand-
ortes des Kalabscha-Tempels verlegt.

Literatur: Gau, *Antiquités,* Taf. 12–16; Prisse d'Avennes, *Histoire de l'art égyptien,* Bd. 1 (Paris 1878) Taf. 42; Herbert
Ricke, George R. Hughes und Edward F. Wente, *The Bet el-Wali Temple of Ramesses II* (Chicago 1967).

*Die ehemals überwölbte Eingangshalle des
Tempels Ramses' II. von Bet el-Wali.*

Der südliche Tempel von Taffa.

29   Taffa, Taphis

Vor einer romantischen Felskulisse breiteten sich in der Ebene von Taffa die Ruinen des antiken Taphis aus. Bis ins frühe 19. Jahrhundert waren hier zwei kleine Tempel aus augusteischer Zeit erhalten. Der kleinere, quadratische Nordtempel, unvollendet, besaß eine geöffnete Front mit zwei Säulen *in antis*. Diese und die vier Säulen im Innern trugen reiche Kompositkapitelle. Der Tempel wurde an die Niederlande abgetreten und 1978 im Rijksmuseum van Oudheden in Leiden wiedererrichtet.

Der südliche, größere Tempel wurde im vergangenen Jahrhundert zerstört und galt als verschollen. Seine Reste konnten erst während der Unesco-Kampagne unter den 5 Meter dicken Schlamm-Massen des ersten Stausees wieder aufgefunden werden. Er besaß ein quadratisches Sanktuar, das von einem Pronaos mit sechs Säulen und offener Front umfaßt wurde. Die Anlage war von einer Umfassungsmauer mit einem kleinen Pylon umgeben.

Literatur: Gau, *Antiquités*, Taf. 10/11; Hans D. Schneider, *Taffeh. Rond de wederopbouw van een Nubische tempel* (Gravenhage 1979).

30   Qertassi

Der Kiosk von Qertassi (ptolemäisch-frührömisch?).

In der Nähe der Sandsteinbrüche für die Tempel von Philae und eines großen, von einer Steinmauer umschlossenen römischen Kastells erhob sich auf einer felsigen Anhöhe des Westufers der kleine, aber besonders formschöne Kiosk von Qertassi. Seine 14 Säulen trugen Komposit- und Hathor-Kapitelle. Es handelt sich daher wohl um eine Barkenstation für die Göttin Isis von Philae. Vielleicht gehörte die Station auch zu einem 1813 noch gesehenen kleinen Tempel auf dem Ostufer. Da der kleine Bau unbeschriftet blieb, ist seine Datierung (ptolemäisch-frührömisch?) ungewiß.

Der Kiosk wurde neben dem Tempel von Kalabscha südlich des Sadd el-Ali wiedererrichtet.

Literatur: Gau, *Antiquités*, Taf. 7/8; Günther Roeder, *Debod bis Bab Kalabsche* (Kairo 1911/12) 146–179.

Der ptolemäische Tempel von Dabod im Parque de Rosales in Madrid.

31   Dabod

Der Meroitenkönig Azekheramun (1. Hälfte 3. Jh. v. Chr.) erbaute und dekorierte im antiken Parembole eine einräumige Amun-Kapelle. Sie wurde nach den gleichen Vorlagen erbaut und dekoriert wie die etwas spätere meroitische Kapelle, die dem Tempel von Dakka zugrunde liegt[35]. Der Bau wurde später unter Ptolemäus VI. Philometor, Ptolemäus VIII. Euergetes II. und Ptolemäus XII. Auletes nach allen Seiten zu einem kleinen Tempel von 12 × 15 Metern erweitert und der Isis von Philae umgewidmet. Die Dekoration stammt zum Teil aus der Zeit von Tiberius. Über einen langen Kai vom Nilufer erreichte man die steinerne Umfassungsmauer und drei steinerne Pylondurchgänge, hinter denen sich der eigentliche Schrein erhob. Der Pronaos des Tempels öffnete sich mit vier Säulen mit reichen Kompositkapitellen (1868 eingestürzt und verlorengegangen). Dahinter folgen das ursprüngliche Amun-Sanktuar, der Opfertischraum und das spätere Sanktuar sowie mehrere Seitenräume und die Dachtreppe. Im Sanktuar standen im 19. Jahrhundert noch zwei Granitnaoi Ptolemäus' VIII. Euergetes' II. (Physkon) und Ptolemäus' XII. (Auletes). Sie wurden zwischen 1821 und 1827 zerschlagen.

Der Tempel wurde 1960/61 zerlegt und 1972 im Zentrum von Madrid, im Parque de Rosales in der Nähe des königlichen Palastes, wiedererrichtet.

Literatur: Gau, *Antiquités*, Taf. 2–6; Günther Roeder, *Debod bis Kalabsche* (Kairo 1911/12) 1–100.

32 Die Tempelinsel Philae

Die «heilige Tempelinsel» der Isis von Philae (antik: Pi-lak) wurde von den Reisenden des 19. Jahrhunderts als ein Juwel des Alten Ägypten bewundert. Hier war, zusammengedrängt auf eine 140 × 460 Meter große Granitinsel, eine ganze Tempelstadt des ptolemäischen und römischen Ägypten nahezu unversehrt erhalten. Der dichte Bewuchs von Palmen und anderen tropischen Pflanzen, die Kulisse der Nachbarinsel und die wilden Felsen des gegenüberliegenden Ufers trugen zur exotisch-romantischen Atmosphäre des Ortes bei, die in zahllosen Gemälden und frühen Fotografien festgehalten wurde. Diese einzigartige Stätte wurde dennoch 1912 (?) dem Profitdenken des Fortschritts geopfert und ohne nennenswerte archäologische Aufnahme im Stausee von Assuan versenkt. Reisende der nachfolgenden Zeit kennen das alte Philae daher nur als aus dem Wasser herausragende Pylon- und Tempeldächer. Als schließlich 1960 der neue, erst oberhalb der Insel entstehende Stausee keineswegs eine Befreiung der Tempelinsel brachte, sondern die Existenz der Architektur selbst bedrohte, entschloß man sich zur Verlegung der wichtigsten Tempelteile auf die benachbarte, höher gelegene Insel Agilkia. Dort läßt seit 1980 die Rekonstruktion aus alten Blöcken die ursprüngliche Wirkung der Anlage wenigstens erahnen. Während vom Alten bis Neuen Reich Elephantine Ägyptens Tor zum Süden gebildet hatte, verschob sich ab der Ptolemäerzeit dieser Schwerpunkt nach Philae. Zweifellos stand diese Entwicklung im Zeichen des um diese Zeit aufblühenden Kultes der Göttin Isis. Der älteste heute aufrecht stehende Bauteil auf Philae stammt erst aus der Zeit Nektanebos' I. Der Abbau der Tempel und Grabungen in den Fundamenten erbrachten Hinweise auf ein Tor des Taharqa, 310 wiederbenutzte Blöcke eines kleinen Tempels des Amasis, unter dem Hypostyl die Umrisse eines kleinen, älteren Vorgängerbaues sowie die Reste eines kleinen Kiosks Psammetichs II. Doch erst Nektanebos I. scheint dann ein Gesamtkonzept entwickelt zu haben, mit einer Aufgangstreppe an der Südspitze und einer Barkenstation hoch über dem Nil: ein kleiner, eleganter 14-Säulen-Portikus mit interessanten Kombinationen von Komposit- und Sistrum-Kapitell-Säulen. Er wurde in der Zeit Ptolemäus' VIII. Euergetes' II. mit zwei Obelisken ausgestattet. Der eine wurde – neben dem Rosetta-Stein – durch die hieroglyphische wie griechische Schreibung der Königsnamen Ptolemäus und Kleopatra III. für die Entzifferung der Hieroglyphenschrift durch Champollion bekannt. Zum Plan Nektanebos' I. gehörten ferner eine Prozessionsstraße und ein großer Tempel mit Eingangspylon. Verwirklicht wurde davon nur noch das Tor im ersten Pylon.

Fortgeführt wurde das Bauprogramm erst unter den Ptolemäern, vorwiegend unter Ptolemäus II. Philadelphus und Ptolemäus III. Euergetes I., denen wir vor allem den Isis-Tempel mit seinen beiden mächtigen, 20 und 13 Meter hohen Pylonen, den Vorhof und den Pronaoshof hinter dem zweiten Pylon verdanken. Hier sind auf architektonisch interessante Weise Vorhof, Pronaos und Hypostyl in einer

Rekonstruktion des Kioskes Nektanebos' I. von Philae.

Ansicht der Tempelinsel Philae.

Raumeinheit kombiniert. Die Kompositkapitell-Säulen und die Decken prangten noch im vergangenen Jahrhundert im blau-grün-roten Farbenschmuck. In der Leichtigkeit und Eleganz der Proportionen glaubt man Einflüsse des Hellenismus zu verspüren.

Das Geburtshaus ist ein schönes, vollständig erhaltenes Beispiel eines *Mammisi*. Sein dreiräumiges Sanktuar ist allseitig von einem höheren Säulenumgang umgeben, der wie ein Baldachin das schützende Dach über dem Sanktuar trägt (Zeit Ptolemäus' VIII. Euergetes' II.).

In der Römerzeit wurde die Isis-Insel wegen der nun internationalen Beliebtheit des Isis-Kultes, aber wohl vor allem auch wegen Philaes Bedeutung an der Schwelle Nubiens mit weiteren Denkmälern bedacht. Unter Augustus wurden die beiden langen, die Prozessionsstraße flankierenden Säulenkolonnaden errichtet, vor allem aber der berühmte, meist Trajan zugeschriebene Kiosk am Ostufer der Insel, mit dem eine Ost-West-Prozessionsachse zum Haupttempel geschaffen werden sollte. Im Nordosten der Insel, dem Abaton gegenüber (der heiligen Insel mit dem Hauptgrab des Osiris), wurde noch unter Kaiser Hadrian ein monumentales Tor mit einem Treppenaufgang vom Nil errichtet. Die Tempel waren dicht umstanden von den Ziegelgebäuden für die Unterbringung des Kultpersonals und der aus allen Gegenden des Nahen Ostens anreisenden Pilger.

Im Heiligtum wurde ein durch Größe und Buntheit ausgezeichneter Falke als Abbild der Seele des Horus und des Re verehrt. Er soll aus Äthiopien eingeflogen sein. Strabo berichtet über ihn (Geographie 17. 1. 49):

«Hier wird auch ein Vogel in Ehren gehalten, den sie einen Falken nennen, wenngleich er mir nicht im geringsten wie die Falken in unserem Lande erschien und sowohl größer als auch ganz anders in der Buntheit des Gefieders war. Sie sagen, es sei ein äthiopischer Vogel und daß ein neuer aus Äthiopien gebracht wird, wenn immer oder bevor der vorhandene stirbt. Und tatsächlich war der Vogel, den man uns zeigte, todkrank.»

Zur Blütezeit des Isis-Kultes, die in ptolemäischer Zeit einsetzte, beherrschte die Priesterschaft von Philae aus das Zwölfmeilenland als eine Art Gottesstaat und verstand es, in einer Pufferzone zwischen dem meroitischen und ptolemäischen

Das Hypostyl des Isis-Tempels.

Reich eine gewisse Unabhängigkeit zu behaupten und beide Parteien zu Stiftungen zu veranlassen. Dank der privilegierten Stellung Philaes konnte sich der Isis-Kult noch lange nach der offiziellen Einführung des christlichen Kultes (391 n. Chr.) halten. Erst unter Kaiser Justinian wurden 536 die letzten Tempel geschlossen und ihre Statuen nach Konstantinopel übergeführt. Die letzte datierbare Hieroglyphen-inschrift (Ägyptens überhaupt) datiert aus dem Jahr 394, die letzte demotische Inschrift aus dem Jahr 452. Danach breitete sich eine christliche Siedlung über die Insel aus.

Literatur: *Description*, Bd. I, Taf. 1–29; Prisse d'Avennes, *Histoire de l'art égyptien*, Bd. 1 (Paris 1878) Taf. 24/25, 27, 47, 58–60; H. B. Lyons, *A Report on the Island and Temples of Philae* (Kairo 1908); E. Winter, *Philae*, in: *Textes et Langages* (Kairo 1972) 229–237; W. Macquitty, *Island of Isis. Philae Temple of the Nile* (London 1976); William Y. Adams, *Nubia Corridor to Africa* (London 1977) 336–338; A. Giammarusti e Roccati, *File. Storia e vita di un santuario egizio* (Novara 1980); G. Haeny, *A short architectural history of Philae,* in: BIFAO 85 (1985) 197–233; Eleni Vassilika, *Ptolemaic Philae* (Löwen 1989).

93

SÜDLICHES OBERÄGYPTEN

33 Elephantine

Die fremdartig dunklen Granitformationen von Assuan bezeichnen die natürliche Südgrenze Ägyptens. Dem heutigen Ort gegenüber, auf der Südspitze einer Insel, lag die Stätte der kleinen, aber bedeutenden Ansiedlung Elephantine *(Abu)*, deren Anfänge bis in das frühe Alte Reich zurückreichen und deren Name auf ihre Bedeutung als wichtiger Stapelplatz für Elfenbein und andere Güter aus dem Süden hinweist. Ein Gewirr von engen Gäßchen des von einer starken Ringmauer umgebenen Ortes legte sich um die Heiligtümer der Stadt. Haupttempel der Stadt war der große Tempel des Chnum, des Herrn des Fruchtbarkeit spendenden Überschwemmungswassers. Vom Tempel der Thutmosidenzeit sind nur noch einige Blöcke erhalten. Der letzte Bau stammt von Nektanebos II., von dem allerdings nur noch die Fundamentplatte und Reste eines Tores vorhanden sind. Ein vorn offener 2 × 6-Säulen-Pronaos wurde unter Philippus Arrhidäus angebaut und in römischer Zeit ein weiter Säulenvorhof mit einem 48 Meter breiten Pylon vorgelegt, womit der Tempel eine Länge von 123 Metern erreichte. Die archäologische Bedeutung dieses Vorhofes liegt darin, daß hier dank genauer Studien des Pflasters gezeigt werden konnte, wie ein ägyptischer Tempelhof während seiner Benutzung aussah: Er war mit etwa dreißig Statuen, Stelen, Obelisken und Altären angefüllt und würde auf uns den Eindruck eines Lapidariums eines Museums gemacht haben.

Daneben lag auf tieferem Niveau der etwas kleinere Tempel der Antilopengöttin Satet, aus dessen Resten die typische Entwicklung eines ägyptischen Heiligtums verfolgt werden konnte. Sie begann mit einem primitiven Höhlenheiligtum in der Zeit des frühen Alten Reiches. Es bestand aus einer Kultnische zwischen großen Granitfelsen mit einem davor gelegenen Ziegelsockel zum Abstellen des tragbaren Kultbildes. Im Boden beigesetzt wurden Hunderte von kleinen Fayencefiguren in Menschen- oder Tiergestalt und andere Objekte gefunden, die in das Heiligtum gestiftet worden waren. Dieser Kulthöhle folgte ein primitives Tempelchen der 6. Dynastie und ein fein dekorierter Kalksteinbau Sesostris' I. Teile von letzterem konnten inzwischen wieder zusammengesetzt werden. Darüber errichtete Hatschepsut einen Tempel mit Pfeilerumgang, der in den letzten Jahren aus noch erhaltenen Reliefblöcken fast vollständig wiedererrichtet werden konnte. Vom darüber folgenden ptolemäischen Tempel waren nur noch Fundamentreste erhalten, die immerhin erkennen lassen, daß der Bau an der Front mit dem üblichen, offenen Pronaos abschloß.

Weiter westlich im Stadtinneren lag das für die Geschichte der Entwicklung ägyptischer Kultstätten wichtige Hekaib-Heiligtum. Ursprünglich ein offener Kulthof mit zwei Statuenkapellen vom Gaufürsten Sarenput I. in der Zeit Sesostris' I. für den Kult eines Vorfahren namens Hekaib und für seinen eigenen Kult errichtet. Sarenput II. und seine Nachfolger in der 12. Dynastie fügten dann ihre eigenen Schreine an, so daß dieses Ka-Statuenhaus am Ende des Mittleren Reiches mindestens zehn Kultbildschreine und etwa sechzig Statuen umfaßte. Letztere stellen den bedeutendsten Komplex ägyptischer Tempelplastik des Mittleren Reiches dar, der bisher gefunden wurde.

Nur durch Darstellungen des frühen 19. Jahrhunderts ist eine wunderschöne Stationskapelle Amenhoteps III. überliefert. Auf hohem Podest erhob sich der Barkenschrein mit einem Pfeilerumgang. Trotz ihres phantastischen Erhaltungszu-

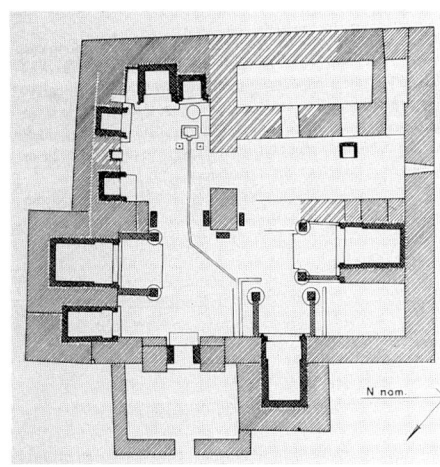

Der Plan des Hekaib-Heiligtums von Elephantine.

94

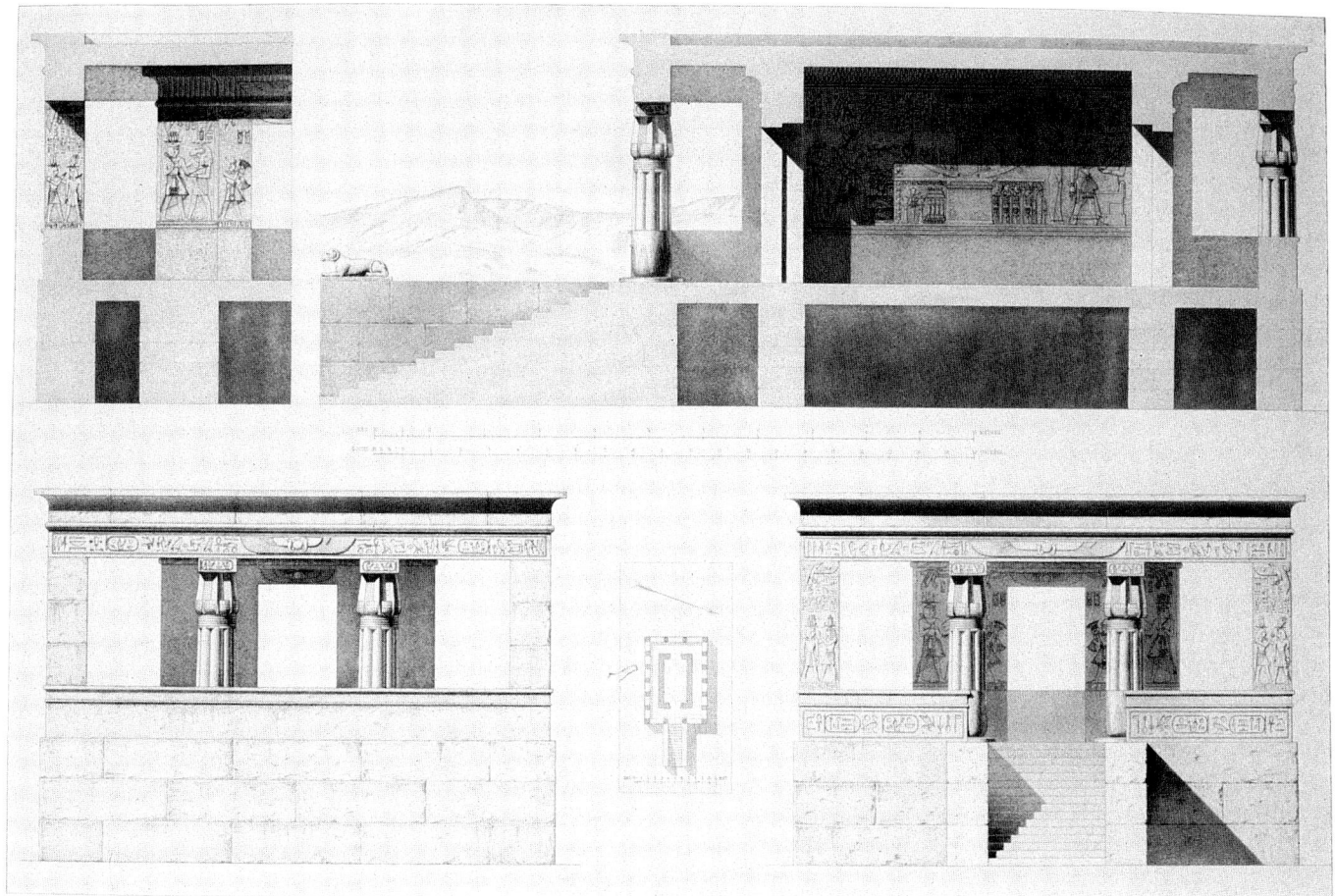

stands wurde diese Kapelle zusammen mit einer weiteren Ramses' II. nach 1837 durch den lokalen Statthalter als Baumaterial abgebrochen. Auf der Insel werden seit 1969 vom Deutschen Archäologischen Institut und dem Schweizerischen Institut für Ägyptische Bauforschung und Altertumskunde, Kairo, bedeutende Grabungs- und Restaurierungsarbeiten unternommen.

Ansichten und Schnitte durch die Stationskapelle Amenhoteps III. von Elephantine.

Literatur: *Description*, Bd. I, Taf. 34–38; Prisse d'Avennes, *Histoire de l'art égyptien* (Paris 1878) Taf. 11; Herbert Ricke, *Die Tempel Nektanebos' II. in Elephantine* (BeiträgeBf 6 Kairo 1960); Horst Jaritz, *Die Terrassen vor den Tempeln des Chnum und der Satet* (Mainz 1980); Peter Grossmann, *Kirche und spätantike Hausanlagen im Chnumtempelhof* (Mainz 1980); Ch. Labib Habachi, *The Sanctuary of Heqaib*, 2 Bde. (Mainz 1985); Günter Dreyer, *Der Tempel der Satet. Die Funde der Frühzeit und des Alten Reiches* (Mainz 1986); Friedrich Junge, *Funde und Bauteile* (Mainz 1987); Van Siclen III, *Remarks on the Tuthmoside Temple of Khnum at Elephantine,* in: Varia Aegyptiaca 6 (1990) 188–194; H. Jaritz u. a., *Stadt und Tempel von Elephantine,* in: MDAIK 46 (1990) 190–195.

34   Assuan

Die alte Stadt Assuan besaß mindestens zwei Tempel. Recht gut erhalten ist der kleine, unter Ptolemäus III. Euergetes I. und Ptolemäus IV. Philopator erbaute und dekorierte Isis-Tempel am Südrand der heutigen Stadt.

Innerhalb des südlichen Stadtgebietes liegen die Ruinen eines kleinen Tempels aus der Zeit des Kaisers Domitian (vollendet unter Nerva). Der Bau bestand aus einem Pronaos mit vier Frontsäulen und einem heute völlig zerstörten zweiräumigen Naos und war wahrscheinlich den Kataraktgöttern Chnum, Satet und Anukis geweiht.

Literatur: Edda Bresciani, *Il tempio tolemaico di Isi* (Pisa 1978); H. Jaritz, *Untersuchungen zum «Tempel des Domitian» in Assuan,* in: MDAIK 31 (1975) 237–257.

Das Tor des Chnum-Tempels Nektanebos' II. von Elephantine.

35   Kom Ombo

Auf einer die Ebene von Kom Ombo sowie den Nil überragenden Anhöhe lag das alte Ombos. Am Rand der Ruinen erhebt sich auch heute noch in höchst malerischer Lage über dem Nilufer der dem Krokodilsgott Sobek und dem falkenköpfigen Horus geweihte Doppeltempel. Er zählt zu den schönsten der großen sechs noch stehenden ptolemäerzeitlich-römischen Tempel Kalabscha, Philae, Kom Ombo, Edfu, Esna und Dendera. Er stammt aus der Ptolemäerzeit, als Ombos aufgrund der von hier zum Roten Meer führenden Wüstenroute erneute Bedeutung erlangte. Eine baugeschichtliche Aufnahme und Studie des Tempels steht noch aus. Eine Planskizze J.-Ph. Lauers zeigt jedoch deutlich, daß der Tempel nicht in einem Guß, sondern in mehreren Etappen errichtet wurde. Das Tem-

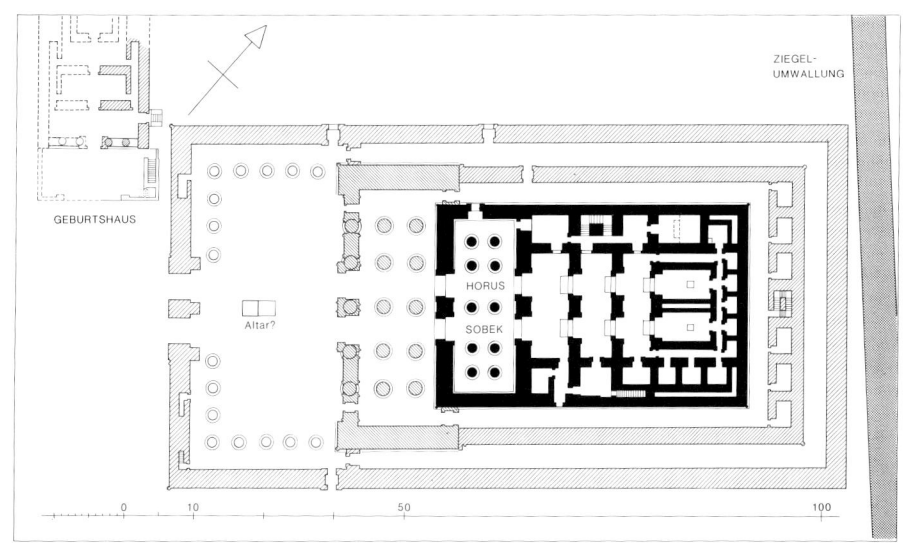

Plan mit den Bauphasen des Horus- und Sobek-Tempels von Kom Ombo.

pelhaus wurde wohl unter Ptolemäus VI. Philometor begonnen. Inschriften Ptolemäus' XII. Neos Dionysos auf Pronaos und Pylon geben einen Terminus *ante quem.* Die Dekoration wurde noch bis in das 2. und 3. Jahrhundert n. Chr. fortgesetzt.

Der Tempel besitzt – seiner Zweiteilung entsprechend – zwei parallele Sanktuare mit getrennten Zugangswegen, das heißt zwei Achsen. Eine äußere, steinerne Umfassungsmauer (50,9 × 96 Meter) umgab das Tempelhaus und seinen Säulenhof. Der nilseitige (alte) Eingang durch die Steinumfassung war kein eigentlicher Pylon, sondern ein Doppelportal. Hinter dem Hof erhebt sich das Tempelhaus, eingeleitet durch den besonders eindrucksvollen Pronaos von 3 × 5 zwölf Meter hohen Säulen. Ihre herrlichen Kompositkapitelle haben manchen Künstler des 19. Jahrhunderts zu einer Darstellung angeregt. In jener Zeit waren diese Bauelemente sogar noch weitgehend bemalt. Hier liegen die Durchgänge nicht *in,* sondern symmetrisch neben der Mittelachse. Es folgte ein 2 × 5-Säulensaal, drei Vorsäle (darunter sicher Opfertisch- und Gastgöttersaal) und die beiden von einem Korridor umgebenen Sanktuare mit schwarzen Granitsockeln für die Götterbarken. Ihre Rückwände sind durchbrochen, so daß eine unmittelbare Verbindung in die dahinter liegenden Kultbildkammern hergestellt ist. Der Neujahrsfesthof mit der *Uabet* befand sich – bedingt durch die Lage des Tempels auf dem Ostufer – im Gegensatz zu den Tempeln von Edfu und Dendera in der Nordhälfte des Tempels. In die Nord- und Ostecke des Tempelhauses waren Krypten eingebaut.

Direkt vor dem Tempel stand ein großes *Mammisi* Ptolemäus' VIII. Euergetes' II. (Physkon), von dem nur noch wenige Mauern erhalten geblieben sind, da der Rest zusammen mit der westlichen Umfassungsmauer im letzten Jahrhundert vom Nil weggerissen wurde. Die hohe Qualität der wenigen erhaltenen Reliefs macht den Verlust besonders schmerzlich. Der Tempel war nicht nur äußerst gut proportioniert, sondern auch bautechnisch und bildhauerisch hervorragend ausgeführt. Die Reliefs zeichnen sich durch ausnehmend schöne Linienführung und Modellierung der Figuren aus. Auch Dekorationselemente wie die Kapitelle, Hohlkehlen und Schlangenfriese über den Pronaosschranken zählen zu den bedeutendsten erhaltenen Werken ptolemäischer Bildhauerei. Für ältere Vorgängerbauten (12. Dynastie, Amenhotep I., Thutmosiden, Ramses II.) besitzen wir nur geringe Hinweise. Der Tempel wurde 1893 unter der Leitung von J. de Morgan freigelegt.

Literatur: *Description*, Bd. I, Taf. 39–46; J. de Morgan u. a., *Kom Ombos*, in: *Catalogue des monuments et inscriptions de l'Égypte antique*, 2 Bde. (Wien 1895); Alexandre Badawi, *Kom-Ombo, Sanctuaires* (ohne Ort und Datum); P. Lacau, *Notes sur les plans des temples d'Edfou et de Kôm-Ombo*, in: ASAE 52 (1952) 221–228; A. Gutbub, *Kom Ombo, Les textes et leur étude*, in: *Textes et langages de l'Égypte pharaonique*, Bd. 3 (*Hommage à J.-F. Champollion*, Kairo 1972) 239–247; idem, *Textes fondamentaux de la théologie de Kôm Ombo* (Kairo 1972, 1973).

36 Silsila-West

Relativ großer und wohlerhaltener Felstempel des Königs Haremhab mit breiter Vierpfeilerfront, quergelagerter Halle und einem zentralen Sanktuar mit den Kultbildern von Amun, Mut und Chons, Sobek, Toeris, Thot und Haremhab. Wichtige Reliefs und Texte von Haremhab und seinen ramessidischen Nachfahren sowie von hohen Beamten.

37 Edfu

Dank des wunderbaren Erhaltungszustands des Horus-Tempels von Edfu kann der heutige Besucher eine gute Vorstellung vom Raumeindruck eines großen ägyptischen Tempels der Ptolemäerzeit gewinnen. Allerdings muß er sich die märchenhafte Wirkung der ursprünglich bunten Bemalung und Vergoldung der Wände, von der kaum noch Spuren vorhanden sind, hinzudenken. An der Stelle des heutigen Baues standen zweifellos schon mehrere ältere Vorgängerbauten, von denen wir durch einige im Vorhof gefundene Blöcke wissen. Vom ältesten, den der Mythos in die Zeit der Entstehung der Welt zurückdatiert, kennen wir sogar eine maßstabsgerechte Beschreibung (s. S. 45). Östlich neben dem Hof stehen noch die Überreste eines Tempels Ramses' III., ein kleiner Pylon, der den alten Tempelzugang von der Landestelle unten am Nil, den «Gottesweg der Hathor», markiert.

Die Bauzeit des heutigen Tempels zog sich praktisch durch die gesamte Ptolemäerzeit. Der aus Säulensaal, zwei Querräumen, einem Barkensanktuar und einem Kranz von Kapellen bestehende Kernbau ist ein in sich geschlossener Tempel. Er wurde am 23. August 237 v. Chr. begonnen und am 10. September 142 v. Chr. in Anwesenheit Ptolemäus' VIII. Euergetes' II. (Physkon) und von Kleopatra II. geweiht. Schon 140–124 v. Chr. wurde ihm der Pronaos vorgelegt und 116–71 v. Chr. der Säulenhof und Pylon angefügt. Der Verlauf der äußeren Ziegelumfassungsmauer ist nur in der Südwestecke geklärt. Wir wissen aber, daß sie nilwärts einen heiligen See, Vorratsspeicher, Stallungen, Küchen usw. einschloß. Hier lagen auch die Priester- und Verwaltungsgebäude und der Hain, in dem der heilige Horus-Falke gehalten wurde. Vor dem Haupttempel steht in der Südwestecke das ptolemäische *Mammisi* (geweiht an die Göttertriade Horus-Hathor-Harsomtus) und ihm gegenüber, nicht mehr erhalten, ein Tempel des heiligen Falken.

Vor dem Pylon mit den 2 × 2 Flaggenmasten standen ehemals noch zwei Obelisken. Der 36 Meter hohe Pylon besitzt ein interessantes System von Treppen und Kammern, die durch Lichtschlitze in der Fassade erhellt werden. Die Zedernholz-Türflügel waren gar 14 Meter hoch (3 Meter höher als die Türflügel des Pantheons!) und 30 cm stark und müssen ein gewaltiges Gewicht besessen haben. In alter

Der Pronaos des Horus- und Sobek-Tempels von Kom Ombo.

Tradition schmücken gewaltige Reliefs des siegreichen Königs die Fassade der Türme.

In dem folgenden weiten Hof mit seinen reichverzierten Kompositkapitellsäulen wurden unter manchen anderen Festen die Ankunft und die Abfahrt der Göttin Hathor, «der Goldenen, der Herrin von Dendera», gefeiert, die in ihrer Götterbarke hierher reiste, um ihre Hochzeit mit Horus von Edfu zu feiern. An der Rückseite des Hofes erhebt sich die 12,5 Meter hohe und 34 Meter breite Fassade des Pronaos mit sechs Säulen *in antis*. In seine Schrankenwand ist links eine Kapelle eingefügt zum Vollzug der Riten des «Morgenhauses» (ägyptisch *Per-duat*), mit denen der Königspriester beim Festritual gereinigt wird. Rechts gegenüber liegt ein kleiner Bibliotheksraum (ägyptisch *Per-medjat*) für die 32 beim Festritual benö-

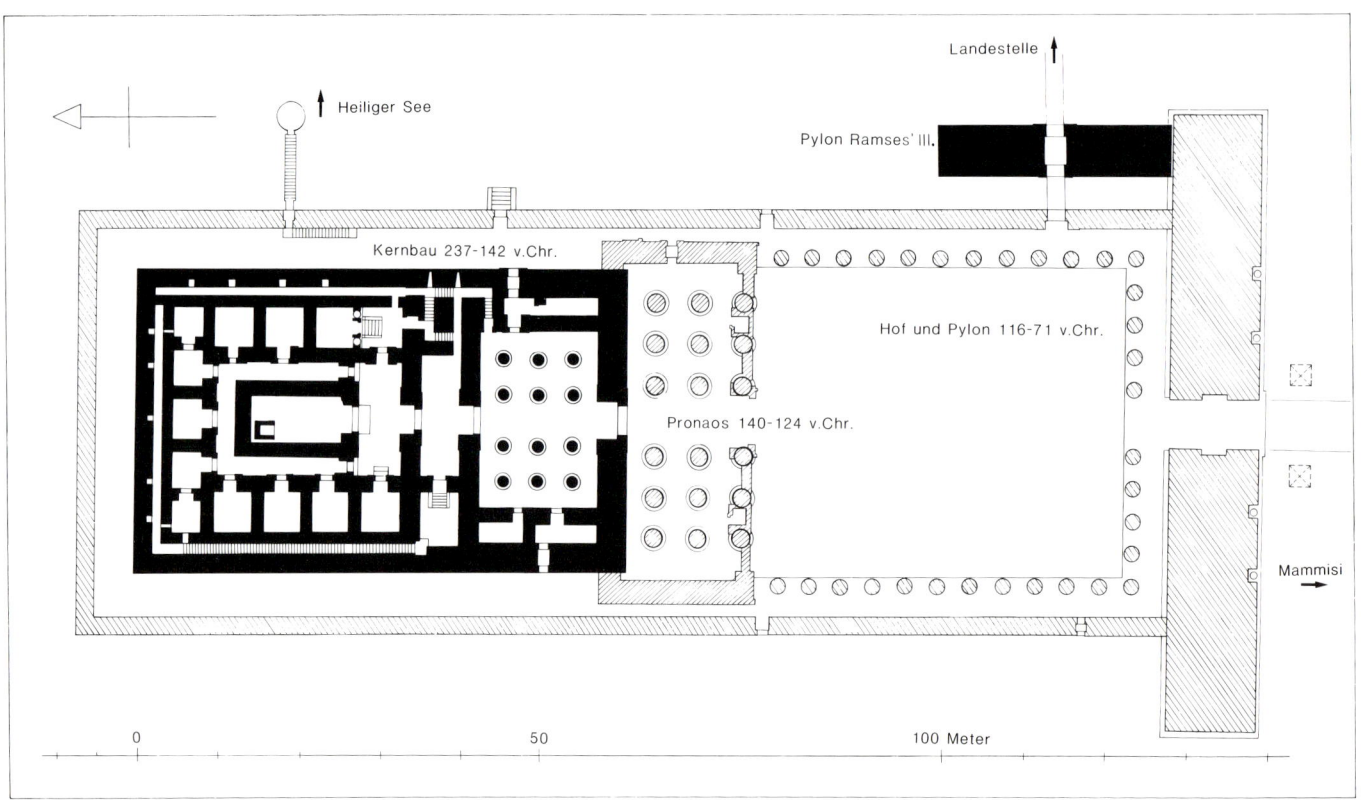

Heiliger See

Landestelle

Pylon Ramses' III.

Kernbau 237-142 v.Chr.

Hof und Pylon 116-71 v.Chr.

Pronaos 140-124 v.Chr.

Mammisi

0 50 100 Meter

Plan mit den Bauphasen des Horus-Tempels von Edfu.

tigten Handschriften. Diese Papyri waren in Holztruhen und Wandnischen aufbewahrt. Von den einst hier gelagerten Schätzen ist natürlich nichts erhalten. Doch überliefern uns wenigstens die Wandinschriften die Titel der Bücher. Zur Seite des folgenden Säulensaales liegen das Laboratorium zur Herstellung von Salben und im Osten gegenüber die Schatzkammer. Dahinter folgt traditionsgemäß der Opfertischsaal und getrennt dahinter der Saal der Götterneunheit. In seiner Ostwand führt eine Tür in den Neujahrsfesthof und das reine *Uabet,* einen erhöhten und an der Front mit Schranken und schönen Kompositsäulen geschlossenen Raum. Es ist die Stätte, an der am Abend vor Neujahr das Kultbild des Horus gekrönt und auf die Zeremonien am Neujahrstag vorbereitet wurde, wobei im davorgelegenen Hof ein großes Festopfer aufgebaut und geweiht wurde. Von hier

Die Pronaosfassade des Horus-Tempels von Edfu.

Gesamtansicht des Horus-Tempels von Edfu.

aus wurden die Kultbilder – wie die Darstellungen an den Wänden zeigen – in einer vom König und der Königin angeführten Prozession in Tragschreinen das Treppenhaus hinauf auf das Tempeldach und zur Dachkapelle getragen, die verloren ist, aber etwa wie die besser erhaltene Kapelle in Dendera ausgesehen haben muß. Die Prozession kehrte dann über die Westtreppe in den Tempel zurück. Im isoliert stehenden Hauptsanktuar, der *Set-weret,* steht noch der aus einem Vorgängerbau Nektanebos' II. stammende, 4,2 Meter hohe Naos aus schwarzem Granit. In ihm ruhte das bei Prozessionen getragene Kultbild. Davor standen auf Sockeln die Barken des Horus und der Hathor. Das eigentliche Kultbild in Gestalt eines hockenden Falken mit einem Flagellum wurde jedoch im hintersten Mittelraum aufbewahrt, dem *Mesen.*

Das Barkensanktuar ist – von der *Uabet* abgesehen – von insgesamt neun Kapellen oder zweiräumigen Anlagen umgeben, in denen die Kulte verschiedener Gastgötter vollzogen wurden. Außerdem verstecken sich in diesem Bereich im dicken Mauerwerk der Umfassungsmauer noch weitausgedehnte Krypten.

Dank einer vollständigen und relativ gut erhaltenen Beschriftung aller Wandflächen sind wir über die Funktion eines jeden Raumes und den Ablauf der dort gefeierten Riten genauestens informiert. Aus ihnen geht zum Beispiel hervor, daß im Jahr 142 v. Chr. die «Krönung des Falken» am 25. Januar, der «Sieg des Horus» am 17. März, die heilige Hochzeit von Horus und Hathor am 8. August und das Neue Jahr am 22. September begangen wurden. Somit wurde hier, am Ende der ägyptischen Kultur, noch einmal das Wissen der Priester von Edfu zusammengefaßt und

Blick durch die Mittelachse des Horus-Tempels von Edfu.

in Stein überliefert. Die Texte sind in einer besonderen Hieroglyphenschrift ver-schlüsselt, die statt der üblichen rund 600 mehrere Tausend Schriftzeichen verwen-det. Seit der Freilegung des Tempels, der noch bis 1860 unter dem Ort Edfu begra-ben lag, wurden die Texte ab 1876 von den französischen Ägyptologen M. de Rochmonteix und anschließend von Emile Chassinat kopiert und veröffentlicht. Inzwischen liegen 14 großformatige Bände mit insgesamt 3000 Seiten Text vor. Die Bearbeitung dieser Texte nimmt eine zentrale Stellung in der Ägyptologie ein.

Literatur: *Description,* Bd. I, Taf. 48–65; M. de Rochemonteix und Emile Chassinat, *Le temple d'Edfou,* 14 Bde. (Kairo 1897–1934), Band I–II revidiert: Sylvie Cauville und D. Devauchelle, *Le temple d'Edfou,* Bd. I/II (Kairo 1984–1990); Blackman und Fairman, JEA 32 (1946) 75–91; M. Alliot, *Le culte d'Horus à Edfou au temps des Ptolémées* (Kairo 1949 und 1954); P. Lacau, *Notes sur les plans des temples d'Edfou et de Kôm-Ombo,* in: ASAE 52 (1952) 215–221; H. W. Fairman, *The Triumph of Horus. An Ancient Egyptian Sacred Drama* (London und Berkeley 1974); Sylvie Cauville, *Edfou. Les guides archéologiques de l'Institut français d'archéologie orientale du Caire* (Kairo 1984); S. Cauville und D. Devauchelle, *Les mesures réelles du temple d'Edfou,* in: BIFAO 84 (1984) 23–34; Sylvie Cauville, *Essai sur la théologie du temple d'Horus à Edfou* (Kairo 1987).

38   Kanais

Im ehemals einsamen, zu den Goldminen führenden Wadi Mia, 55 km östlich von Edfu, ließ Sethos I. eine Brunnenstation mit einem kleinen Felsentempel anlegen, der dem König, Horus, Isis, Amun, Osiris, Ptah und Reharachte geweiht war. Aus dem Felsen gehauen ist ein Vierpfeilersaal, vor der Fassade war ein Portikus errichtet. Die recht bedeutenden Inschriften (u. a. Expeditionsberichte) und Darstellungen waren bis vor kurzem noch gut erhalten.

Literatur: Siegfried Schott, *Kanais. Der Tempel Sethos' I. im Wadi Mia* (Nachrichten der Akademie der Wissenschaften Göttingen 1961) 123–189.

39   Hierakonpolis, Kom el-Ahmar

Als vorgeschichtliche Hauptstadt Oberägyptens und Sitz des Falkengottes Horus *Necheni* genoß Hierakonpolis *(Nechen)* mit der am Ostufer gegenüberliegenden Stadt *Necheb* (El-Kab) zwar ein hohes Ansehen, verlor aber an Bedeutung, als sich die Schwerpunkte der ägyptischen Kultur nordwärts verlagerten. Leider sind die archäologisch besonders bedeutenden Reste des Tempelbezirks des Kom el-Ahmar ungeschulten Ausgräbern der Frühzeit der Ägyptologie zum Opfer gefallen (J. E. Quibell und F. W. Green, 1897–1899), die zwar eine große Menge wichtigster Funde aus Tempeldepots und späteren Verbauungen bargen, wie zum Beispiel die Narmer-Palette oder den Keulenkopf des Königs Skorpion, die aber den komplizierten stratigraphischen Zusammenhängen nicht gewachsen waren.

Auf einem Sandhügel stand wahrscheinlich das Urheiligtum des Horus-Falken, von dem noch einige verworfene Granitblöcke mit dem ältesten ägyptischen Tempelrelief aus der Zeit des Königs Chasechemui gefunden wurden. Er wurde abgelöst von einem Ziegeltempel aus dem frühen Alten Reich. In seinem Boden vergraben, wurden bedeutende Reste der Ausstattung des Tempels gefunden wie das Sitzbild des Königs Chasechemui, eine Bronzefigurengruppe Pepis I. und das vollständige Kultbild des hockenden Horus-Falken aus Holz mit einem (heute allein noch erhaltenen) 450 Gramm schweren Kopf aus Gold. Der Sandhügel, auf dem sich der Tempel erhob, war von einer ovalen, schräg ansteigenden Sandsteinsetzung von etwa 46 Metern Durchmesser umgeben. Diese Konstruktion dürfte wohl ein künstlicher Urhügel gewesen sein. Neuere Grabungen datieren die Steinsetzung allerdings – nicht wie man erwarten würde – in die Frühzeit, sondern in das Neue Reich. Aus dieser Zeit stammt denn auch die 90 × 145 Meter große rechteckige Umfassungsmauer.

Literatur: William M. Flinders Petrie, *Hierakonpolis I* (London 1898); F. W. Green und J. E. Quibell, *Hierakonpolis II* (London 1899); Walter A. Fairservis, *The Hieraconpolis Project I Excavations of the Temple Area on the Kom el Gemuwia* (Poughkeepsie, N. Y. 1983).

40   El-Kab

Die seit prähistorischen Zeiten hochbedeutende Stadt *Necheb,* der Sitz der Geiergöttin Nechbet, besaß inner- und außerhalb ihrer Mauern eine größere Zahl von Heiligtümern. Als Kronengöttin an der Stirn des Königs war Nechbet «Herrin des oberägyptischen Gottespalastes» und spielte in der ägyptischen Frühzeit eine bedeutende Rolle. Von diesem Heiligtum sind leider keine Reste gefunden.

Inmitten der auch heute noch aufrecht stehenden gewaltigen Ziegelumwallung der Stadt lag der von einer Ziegelmauer eingefaßte, 304 × 376 Meter große Bezirk der Nechbet. Ein relativ kleiner Tempel blickt – unüblicherweise – nach Süden und besaß eine von einer Kaianlage am Nil heraufführende 600 Meter lange Prozessionsstraße. Der Haupttempel ist zwar völlig zerstört. Durch die Auffindung spä-

Rekonstruktion des Nechbet-Tempels von El-Kab.

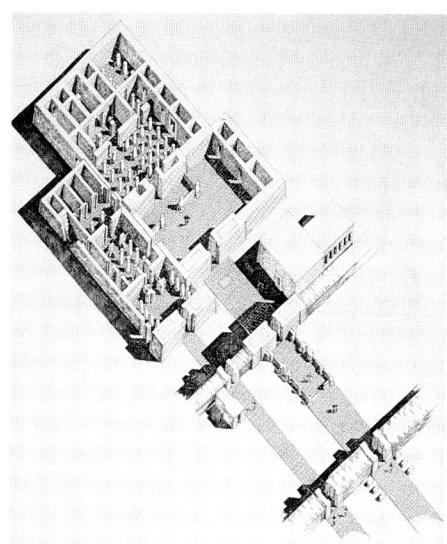

Die Pronaosfassade des Chnum-Tempels von Esna.

ter wiederbenutzter älterer Blöcke läßt sich jedoch die Entwicklung des Heiligtums von der 2. Dynastie (König Chasechemui) bis in die Römerzeit verfolgen.

Der letzte, bedeutendere Bau stammte aus der 30. Dynastie und besaß vier Pylone, einen 4 × 6-Säulensaal aus der Zeit des Hakoris, einen Opfertischsaal und ein Sanktuar Darius' I. mit mehreren Krypten und Nebenräumen. Das eigentliche Tempelhaus war 54 Meter lang. Im Hof zwischen dem 1. und 2. Pylon lag seitlich ein Stationstempel aus Ziegeln, im folgenden Hof ein kleines *Mammisi* mit Pfeilerumgang. Entlang der Westseite des Tempels stand, an den Hauptbau angelehnt, ein 45 Meter langer Thot-Tempel.

Die Sanktuare des Thot-Tempels und sechs Säulen des Hypostyls des Nechbet-Tempels standen 1798 noch bis zu den Architraven aufrecht und wurden seitdem mit dem Rest der Tempel bis in die Fundamente abgetragen.

Die Reste von zwei Barkenstationen mit Pfeilerumgang liegen 610 Meter nördlich und 56 Meter östlich der Stadtmauer. Erstere wurde von Thutmosis III., letztere von Nektanebos I. oder II. erbaut.

An der Ausmündung des zu den Goldminen der Ostwüste führenden Wadi Hellal liegen mehrere kleine Tempel, die zweifellos mit dem Verkehr in die Goldminen in Verbindung standen.

Ein unvollendeter ptolemäischer Terrassentempel am Wüstenabbruch war der Göttin Schesmetet (Smithis) geweiht. Ein breiter Treppenaufgang und ein Säulenvorhof waren freistehend errichtet, das Sanktuar in den Felsen gebrochen. Die Anlage stammt von Ptolemäus VIII. Euergetes II. (Physkon) und Ptolemäus IX. Soter II. 70 Meter südöstlich davon liegen die Reste eines kleinen Heiligtums, durch den Vizekönig von Nubien Setau dem Kult von Reharachte, Hathor, Amun, Nechbet und Ramses II. geweiht.

Von Thutmosis IV. und Amenhotep III. wurde auf einem Felsplateau weiter östlich ein weiteres kleines Heiligtum für Hathor «die Herrin des Eingangs des Wüstentales» errichtet. Der heute noch wohlerhaltene Bau besitzt besonders schönen Reliefschmuck und vier bemerkenswerte sechzehneckige Pfeiler mit Hathor-Kapitellen.

Literatur: *Description*, Bd. I, Taf. 66, 71; *Fouilles de El Kab. Documents* (Brüssel 1940); Philippe Derchain, *Les monuments religieux à l'entrée de l'ouady Hellal, Elkab*, Bd. I (Brüssel 1971); F. Depuydt, S. Hendrickx und D. Huyge, *Topographie d'Elkab. 1: Archaeological-topographical surveying of Elkab and surroundings. – 2: Inventaire des sites archéologiques* (Brüssel 1989).

41 Esna, Latopolis

Esna, das antike Latopolis, liegt an der Ausmündung einer Karawanenstraße nach Nubien. Sein Haupttempel zeigt sich noch heute in einer Situation, in der sich im letzten Jahrhundert auch die Tempel von Dendera und Edfu befanden, das heißt bis zum Dach in Schutt begraben. Lediglich seine Fassade, der berühmte Pronaos, wurde bereits 1842 auf Anordnung Mohammed Alis freigelegt und zugänglich gemacht. Der Tempel war dem widderköpfigen Schöpfergott Chnum, der «Seele des Schu» und Göttinnen wie Neith, Satet, Mehnhit und Nebtuu geweiht. Die Kultstätte geht sicher in älteste Zeiten zurück. Von einem Heiligtum der 18. Dynastie wurden einige Blöcke gefunden. Von einer Kaianlage am nahen Fluß mit Kartuschen Marc Aurels führte eine heute verschwundene Prozessionsstraße zum Tempel herauf.

Der heute sichtbare Pronaos wurde unter den römischen Kaisern, beginnend mit Claudius (41–54 n. Chr.) und endend mit Decius (249–251 n. Chr.), errichtet und mit einem umfangreichen Dekorationsprogramm ausgestattet. Er ist seiner späten Entstehungszeit entsprechend «degeneriert», enthält aber religionsgeschichtlich bedeutende Szenen, darunter zum Beispiel wichtige Exemplare des Tempelgründungsrituals. Die Fassade des Pronaos erreicht die imposante Breite von 40 und eine Höhe von 17 Metern. Vier Reihen von sechs 12 Meter hohen, mit reichen Kompositkapitellen geschmückte Säulen tragen die Decke des Pronaos. Die Decke ist mit astronomischen Darstellungen bedeckt. Die Säulenschäfte sind –

Rekonstruktion des Isis-Tempels von Contralatopolis.

Rekonstruktion des kleinen Tempels von Esna-Nord.

ungewöhnlicherweise – mit Texten beschrieben, die einen Einblick in den Ablauf des Festkalenders von Esna gewähren. Die Rückwand des Pronaos wird von der Fassade des älteren Tempels gebildet, beschriftet mit den Kartuschen Ptolemäus' VI. Philometors und Ptolemäus' VIII. Euergetes' II. Wie weit und in welchem Zustand die noch im Schuttberg dahinter steckenden Baureste erhalten sind, bleibt vorerst noch ein Geheimnis. Zu befürchten ist allerdings, daß die Abwässer des darüber gelegenen Stadtteils entsprechende Schäden angerichtet haben. Die Wandreliefs und die äußerst schwer zu entziffernden Texte (zum Teil kryptographisch) waren Gegenstand eines Forschungsunternehmens des Französischen Instituts in Kairo unter Serge Sauneron.

Das Heiligtum stand in kultischer Beziehung zu kleineren Nachbarheiligtümern. Auf dem Ostufer des Nils, Esna gegenüber bei El-Hilla, im antiken Contralatopolis, stand ein kleiner Isis-Tempel aus der Ptolemäerzeit. Er wurde unter Ptolemäus IX. Soter II. und Kleopatra Cocce dekoriert und unter Marc Aurel und Commodus mit einem 7,6 × 6,3 Meter großen Pronaos ausgestattet. Erhalten war noch das Steintor eines Pylons, ein 2 × 4-Säulenpronaos mit Inschriften von Ptolemäus III. Euergetes I. bis hin zu Marc Aurel und einem Zodiak an der Decke und das Tempelhaus mit einem zentralen Längsraum (wohl Säulensaal) mit Seitenräumen und der Opfertischraum. Das dahinter folgende Sanktuar war bereits damals verloren. An der Außenwand war der Sieg Ptolemäus' III. über die Armenier, Perser, Thraker und Makedonier dargestellt. Der kleine Tempel wurde von der Napoleonischen Expedition als noch aufrecht stehend gezeichnet und fiel erst 1828 dem Bau eines Regierungsgebäudes zum Opfer.

Ein weiteres Heiligtum lag 3,7 Kilometer nordwestlich von Esna. Die Napoleonische Expedition beschreibt auch diesen, Ed-Deir genannten Tempel als teilweise noch aufrecht stehend. Er erlitt das gleiche Schicksal wie sein Gegenüber und wurde vor 1843 von den Türken für eine Fabrikanlage in Esna abgebrochen.

Das Innere des Pronaos von Esna.

Literatur: *Description*, Bd. I, Taf. 72–83; Esna-Nord: ibid. Taf. 84–88; Contralatopolis: ibid. Taf. 89/90; Serge Sauneron, *Le temple d'Esna*, 7 Bde. erschienen (Kairo 1959–1982); idem, *Le temple d'Esna*, in: *Textes et langages*, Bd. III (Kairo 1972) 249–257.

42 Et-Tod, Tuphium

Im alten *Djerti,* einem der vier Kultorte des Gottes Monthu[36], wurde ein monumentaler Granitpfeiler mit der Kartusche des Königs Userkaf entdeckt. Er bleibt ein letzter und einzigartiger Hinweis auf eine uns sonst völlig unbekannte Tempelbautätigkeit aus dem Alten Reich in Oberägypten. Weitere Blöcke mit Namen der Könige Mentuhotep Nebhepetre und Mentuhotep Seanchkare erlauben die Rekonstruktion von kleineren Tempeln der 11. Dynastie. Diese wurden durch einen steinernen Neubau Sesostris' I. ersetzt, von dem jedoch auch nur noch die 19 × 26 Meter große Fundamentplatte erhalten ist, auf der heute noch eine Wand des alten Baues mit einer historischen Inschrift Sesostris' I. aufrecht steht. In das Fundament eingesenkt wurde 1936 der «Schatz von Et-Tod» entdeckt, vier Bronzetruhen aus der Zeit Amenemhets II. mit Wertgegenständen, die zum Teil aus nordöstlichen Nachbarländern importiert waren.

Der Tempel des Mittleren Reiches wurde schließlich unter Ptolemäus VIII. Euergetes II. unter Einbeziehung der alten Fassadenmauer durch den Anbau eines Hypostyls und eines Pronaos nach vorn erweitert. An der Dekoration dieses Anbaues wurde noch bis unter Antoninus Pius gearbeitet. Der Tempel wurde unter Ptolemäus IV. durch eine Sphinx-Allee mit einer Kaianlage verbunden. Neben dem Tempel wurde ein heiliger See ausgegraben, eine interessante, 9 Meter tiefe Steinkonstruktion. Nördlich der Straße lag eine Barkenstation mit Pfeilerumgang Thutmosis' III.

Ein größerer Tempel Thutmosis' III. wird außerhalb des Antikengeländes unter der Moschee vermutet.

Literatur: F. Bisson de la Roque, *Tôd (1934 à 1936)* (FIFAO 17 Kairo 1937); idem, *Le lac sacré de Tôd,* in: Cd'É 24 (1937) 3–14; D. Arnold, *Bemerkungen zu den frühen Tempeln von El-Tôd,* in: MDAIK 31 (1975) 175–186; D. B. Redford, *The Tôd Inscription of Senwosret,* Bd. I, in: SSEA Journal 17 (1987) 36–55; J. Vercoutter, *Tôd (1946–1949) Rapport succint des fouilles,* in: BIFAO 50 (1952) 69–87; P. Barguet, *Rapport de la saison février–avril 1950,* in: BIFAO 51 (1952) 80–110; J. Vandier, in: *Textes et langages,* Bd. III (Kairo 1972) 259–265; Chr. Desroches-Noblecourt, *Considérations sur l'existence des divers temples de Monthou à travers les âges, dans le site de Tôd,* in: BIFAO 84 (1984) 81–109.

43 Dahamscha, El-Mahamid Qibly

1966 wurden bei einem Kanalaushub beim Dorf El-Mahamid Qibly, 14,5 km südlich von Armant, die Reste eines Sobek-Heiligtums entdeckt. Es handelte sich um das bereits aus antiken Quellen (Strabo) bekannte Sobek-Heiligtum Sumenu. Der aus der 18. Dynastie stammende Tempel war zwar bis auf die Fundamente zerstört. Eine Sensation stellte jedoch ein mit Wasser gefüllter Schacht dar, auf dessen Grund eine Statuengruppe aufgestellt war, die in Lebensgröße Amenhotep III. mit

Plan des Month-Tempels von Et-Tod.

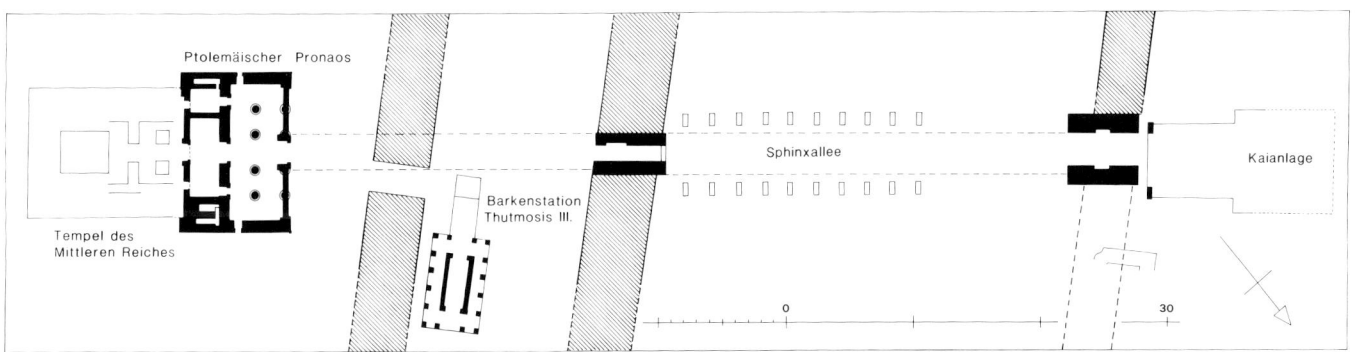

dem Krokodilsgott darstellt (jetzt im Luxor-Museum). In diesem Schacht scheint das heilige Krokodil untergebracht gewesen zu sein. Der Einstieg war mit einer Sandsteinplatte verschlossen, die auf Bronzerädern bewegt und geöffnet werden konnte. Im Bereich des Tempels wurden zahlreiche weitere Skulpturen des Neuen Reiches gefunden. Die einzigartige Anlage konnte während der Bauarbeiten nur noch notdürftig untersucht werden.

Literatur: H. S. K. Bakry, *The Discovery of a Temple of Sobk in upper Egypt*, in: MDAIK 27 (1971) 131–146; *The Luxor Museum of Ancient Egyptian Art, Catalogue* (Kairo 1979) Nr. 107, 123, 206, 212, 218.

44   Hermonthis, Armant

Umgeben von der prächtigen Vegetation Oberägyptens lagen im vergangenen Jahrhundert noch die romantischen Ruinen des alten Hermonthis, einer weiteren der vier wichtigen Stätten des Monthu.

1861/62 wurde für den Bau der Zuckerfabrik eines der schönsten und größten Geburtshäuser des Alten Ägypten abgerissen, das «Haus des Glanzes», wie es in hieroglyphischen Inschriften genannt wurde. Wir kennen lediglich die Darstellungen der französischen Expedition und anderer früher Unternehmungen (sogar Fotografien), die den Prachtbau noch stehend zeigen. Er war der Rait-taui und ihrem Sohne Harpre geweiht und stammte von Kleopatra VII. Philopator. Der ursprüngliche Bau mit Säulenumgang wurde durch zwei nach vorn stufenförmig

Ansicht des Geburtshauses der Kleopatra VII. von Armant.

ansteigende Säulenkioske auf eine Länge von 45 Metern und die beträchtliche Höhe von 16,35 Metern gebracht.

Vom Haupttempel des Month-Re und seiner Genossin Rait-taui sind heute nur noch die Fundamente sichtbar. Wir wüßten dennoch mehr über die Anlage des Tempels, wäre nicht 1938 durch den vorzeitigen Tod des Ausgräbers, Sir Robert Mond, eine vielversprechende Ausgrabung zum Stillstand gekommen. Freigelegt wurden noch die Reste eines 47 Meter breiten Pylons Thutmosis' III. mit der berühmten Darstellung eines Beutezuges aus Afrika und der Erwähnung der Erlegung eines Nashornes. Dahinter breitete sich der Tempelhof aus, in dessen Untergrund eine verwirrende Fülle älterer Denkmäler und Baublöcke eingemauert war. Grabungen erbrachten hier in 6 Metern Tiefe protodynastische Reste. Bekannter sind einige Tempelblöcke eines Vorgängerbaus des Königs Mentuhotep Seanchkare mit äußerst feinen Reliefdarstellungen. 82 Meter hinter der Tempelfront wurden sogar noch *in situ* befindliche Granitblöcke des aus der Zeit Sesostris' III. stammenden Tempelkernes beobachtet. Im hinteren Tempelteil mögen auch die Stallungen für den heiligen Stier des Month (den «Buchis») gelegen haben. Fernab in der Wüste wurden die Reste des Bucheums, der unterirdischen Grabanlage für die heiligen Stiere, ausgegraben.

Literatur: *Description*, Bd. I, Taf. 91–93: Sir Robert Mond, *Temples of Armant,* Text und Taf. (London 1940).

THEBEN

Theben war aus relativ bescheidenen Anfängen vom Mittleren Reich an bis zum Ende der pharaonischen Epoche zu einer der größten Tempelstädte der Alten Welt angewachsen, zum «hunderttorigen Theben» Homers. Auf einer trapezförmigen Grundfläche von etwa 5 × 7 Kilometern, diagonal durchschnitten durch den hier etwa einen Kilometer breiten Nil, verteilten sich Dutzende von Heiligtümern. Im Zentrum des Kultes stand Amun von Karnak (gesprochen *Jamaanu*). Amun regierte nicht nur die Thebais, sondern auch die Tempel Nubiens bis hinauf nach Meroe, die Oasen der Westwüste und die Deltaresidenzen Qantir und Tanis. Gesteigert wurde die religiöse Bedeutung Thebens durch die Anwesenheit von ungefähr 50 Königsgräbern der 18. bis 20. Dynastie und der zugehörigen Anlagen für den Kult der verstorbenen Könige. Diese Anhäufung religiöser Einrichtungen ließen Theben bereits während der 18. Dynastie zu einer Art religiöser Hauptstadt des Landes werden, wohingegen die verwaltungsmäßige Residenz schon bald nach Memphis und später sogar in das Ostdelta verlegt wurde. Dennoch blieb das ferne Theben als religiöses Zentrum und Hort traditionellen Ägyptertums ein nicht zu unterschätzender Machtfaktor für die in Memphis und Alexandria Regierenden.

Trotz aller von der Römerzeit bis in das 19. Jahrhundert erlittenen Schäden bilden die thebanischen Ruinen auch heute noch eine der eindrucksvollsten Tempellandschaften der ganzen Welt. Zahlreiche wissenschaftliche Unternehmungen bemühen sich seit der Napoleonischen Expedition 1799 um die Dokumentation der Bauten und ihrer Reliefs und Inschriften, die eine einzigartige Quelle pharaonischer Religion, Geschichte und Kunst darstellen.

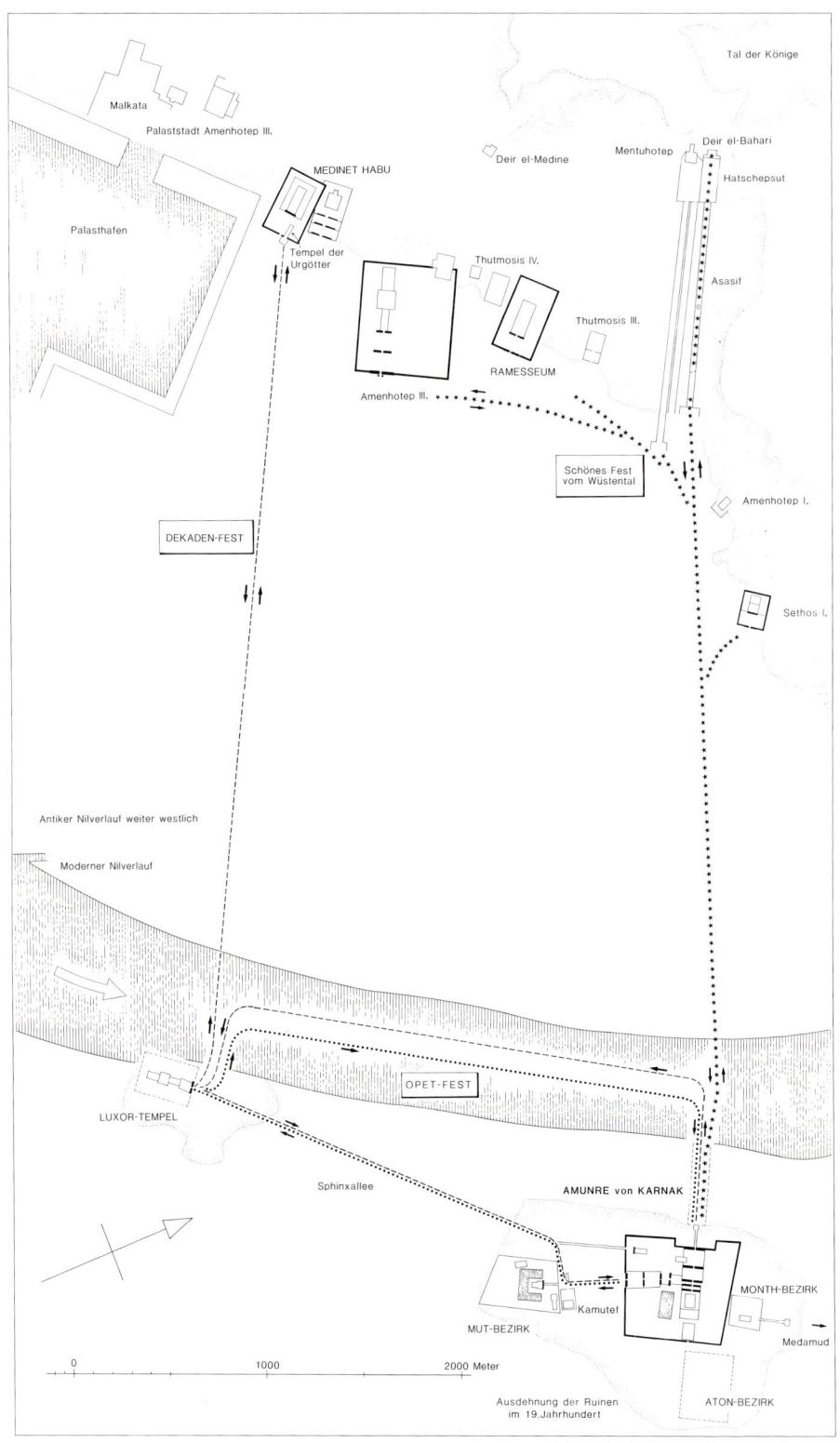

Übersichtskarte über die thebanischen Tempel mit Angabe der wichtigsten Prozessionswege.

Die Tempellandschaft des Ostufers ist durch die großen Tempelbezirke gegliedert: der zentrale Amun-Bezirk, ihm zur Seite im Norden der Month-Bezirk, im Süden der Mut-Bezirk, im Osten das Aton-Heiligtum Echnatons und 2,5 Kilometer südlich am Nilufer der Luxor-Tempel. Auf dem Westufer reihen sich am Fuß der Nekropole vom Tempel Sethos' I. im Norden bis Medinet Habu im Süden vor allem die «Millionenjahrhäuser» der Könige der 11. und 18. bis 20. Dynastie, der Schauplatz zahlreicher berühmter Götterfeste.

Hatschepsut geleitet die Amun-Barke am Opet-Fest von der 4. zur 5. Barkenstation, dargestellt an der Südseite des Quarzitsanktuares von Karnak.

Literatur: C. F. Nims, *Thebes of the Pharaohs* (London 1965); Eberhard Otto, *Osiris und Amun: Kult und heilige Stätten* (München 1968).

45 Der Amun-Bezirk von Karnak

Mit einer Grundfläche von 530 × 515 × 530 × 610 (123 Hektaren) ist der Amun-Bezirk von *Ipet-sut* zwar etwas kleiner als der Bezirk Amenhoteps III. auf dem Westufer; durch die Größe des eigentlichen Tempelhauses und durch die Anhäufung wichtigster Denkmäler ist der Amun-Bezirk die größte Bühne, die sich die Ägypter zur Abhaltung ihrer Kultdramen erschaffen haben. Diese Feste ausreichend zu würdigen ist in diesem begrenzten Rahmen nicht möglich. Als *ein* Beispiel von vielen sei kurz der Ablauf des Dekadenfestes skizziert, das Amun von Karnak alle zehn Tage nach Medinet Habu führte[37]. Zunächst zog der Gott in einer

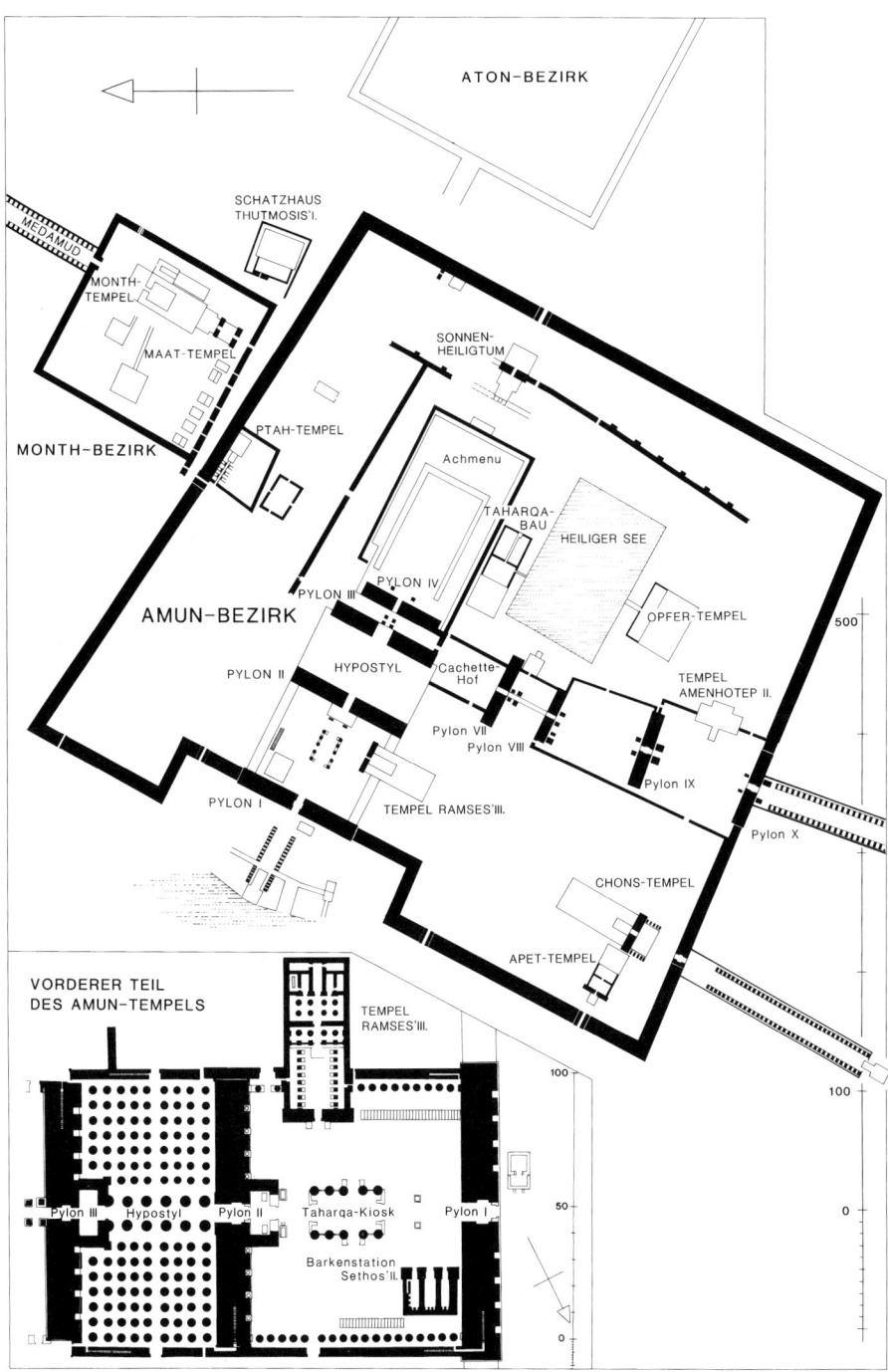

ATON-BEZIRK

SCHATZHAUS
THUTMOSIS'I.

MEDAMUD

MONTH-
TEMPEL

MAAT-TEMPEL

MONTH-BEZIRK

PTAH-TEMPEL

SONNEN-
HEILIGTUM

Achmenu

TAHARQA-
BAU

HEILIGER SEE

PYLON IV

AMUN-BEZIRK

PYLON III

OPFER-TEMPEL

500

PYLON II

HYPOSTYL

Cachette-
Hof

TEMPEL
AMENHOTEP II.

Pylon VII

Pylon VIII

Pylon IX

PYLON I

TEMPEL RAMSES'III.

Pylon X

CHONS-TEMPEL

APET-TEMPEL

VORDERER TEIL
DES AMUN-TEMPELS

TEMPEL
RAMSES'III.

100

100

Pylon III   Hypostyl   Pylon II

Taharqa-Kiosk

Pylon I

50

Barkenstation
Sethos'II.

0

0

Pläne des Amun-, Month- und Mut-Bezirkes von Karnak.

Prozession nach Luxor und ruhte dort im Tempelhof. Dann setzte er in seiner Barke über den Nil und landete in Medinet Habu, um seine göttlichen Vorfahren Kematef und die Acht Urgötter zu besuchen und durch ein Festopfer zu regenerieren und sich selbst mit seinem Schöpfer zu vereinigen. Der Rückweg erfolgte mit der Barke direkt nach Karnak mit einem Zwischenaufenthalt an der 1. Barkenstation, dem Kamutef-Tempel. Von hier aus zog der Gott durch den 10. und 9. Pylon zum heiligen See und in den Taharqa-Bau. Hier wurde das Kultbild einem regenerierenden Ritus unterzogen. Zunächst stieg es – als untergehende Sonne in Gestalt des Atum – in die Tiefe der osirianischen Kapellen zu den lebenserneuernden Was-

112

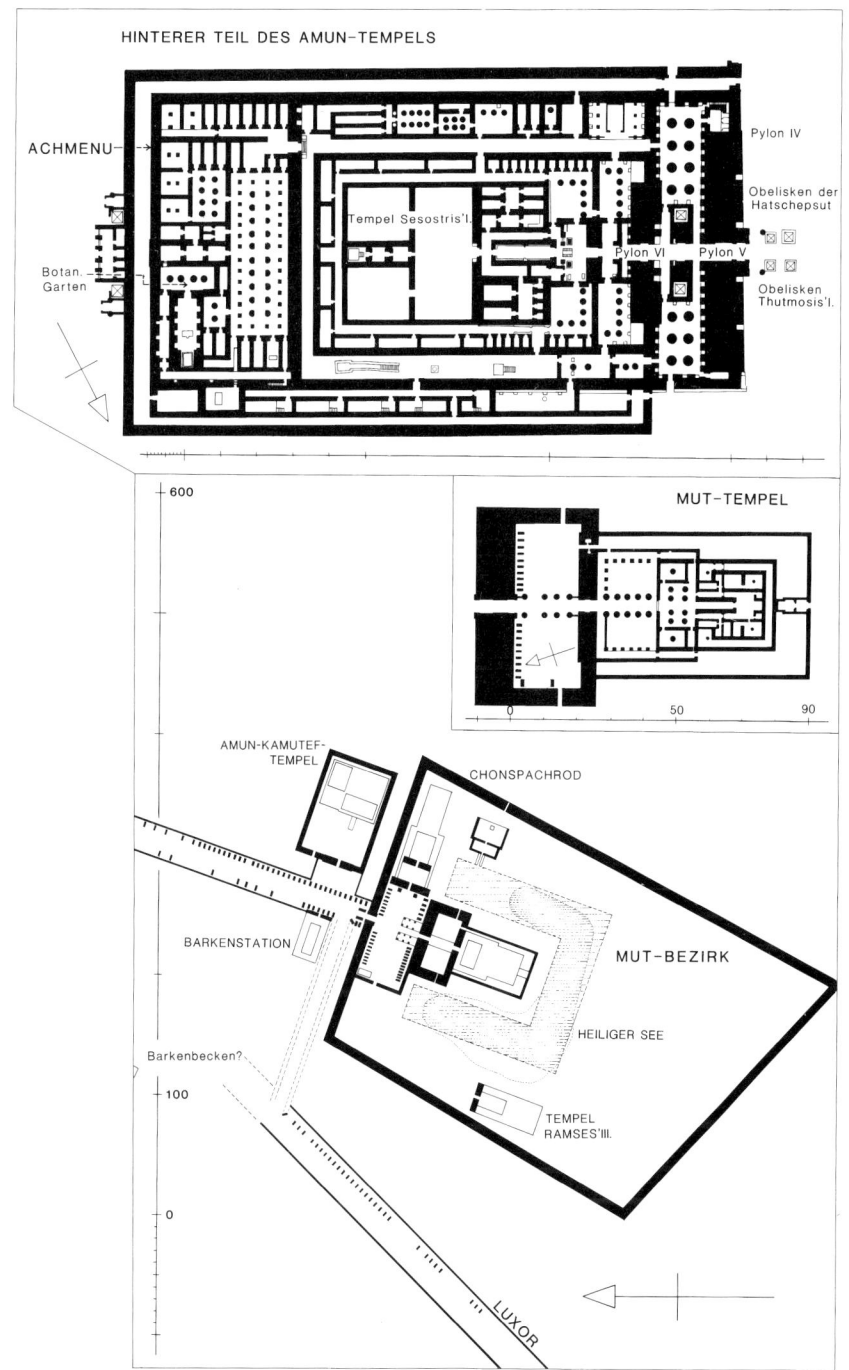

sern des Urozeans. Hier wurde die Nachtfahrt der Sonne durch die Unterwelt zelebriert, gipfelnd in der letzten Kammer in der belebenden Begegnung des Gottes mit den Bildern seiner zehn *Bas*. Aus dieser mystischen Verbindung wurde Amun als Chepre wiedergeboren und erstieg nun die Treppe zur offenen Dachkultstätte. Hier unter freiem Himmel wurde das Kultbild den Strahlen der Sonne ausgesetzt und mit frischer Energie aufgeladen und selbst in Re, die Tagsonne, zurückverwandelt.

Bekannter noch ist das einmal im Jahr begangene Opet-Fest, das den Amun mit großem Gepränge nach Luxor führte, oder das in der Nekropole auf dem Westufer

Ost-West-Blick über die Ruinen des Amun-Bezirkes von Karnak.

gefeierte «Fest vom schönen Wüstental», zu dem Amun mit seinem Gefolge ebenfalls über den Nil setzte. Hinzu kamen gelegentlich die mit größtem Pomp im Amun-Tempel selbst durchgeführten Königskrönungen und Sed-Feste. Man darf sich das Theben des Neuen Reiches als einen grandiosen religiösen Festspielort vorstellen, an dem die Träger der Götterbarken kaum zur Ruhe kamen und die Götterbilder nur noch kurz in ihre Schreine zurückkehrten.

Drei Prozessionsstraßen verbanden den Amun-Tempel mit seinen wichtigsten Nachbarheiligtümern, dem Mut-Bezirk, dem 2,5 Kilometer entfernten Luxor-Tempel und dem Nilkai, von dem aus Amun die Königstempel auf dem Westufer besuchte. Die Straßen waren bis zu 27 Meter breit und beiderseits von langen Sphinx-Reihen flankiert. F. Traunecker errechnete für das Prozessionsstraßen-System von Karnak und Luxor die folgende Anzahl von Sphingen:

WIDDER:		
Chons-Allee	2 ×	60
Chons-Vorplatz	2 ×	5
Mut-Tempel	2 ×	10
WIDDER–SPHINGEN:		
Vor 1. Pylon	2 ×	20
Im 1. Hof	2 ×	60

Die Bedeutung des Straßennetzes tritt auch in der Anlage der Bauten innerhalb der großen Umfassungsmauer zutage. Denn ihr Plan wird durch zwei sich rechtwinklig schneidende Straßen bestimmt. Vom Mut-Bezirk im Süden zieht die eine Straße bis vor die Fassade des 4. Pylons, der bis in die 18. Dynastie die Fassade des Tempels bildete. Entlang dieser Straße stehen die Pylone 10, 9, 8 und 7, die jeweils einen weiten, mit Denkmälern geschmückten Hof hinter sich haben. Die Hauptachse ist die Ost-West-Achse, die vom 1. Pylon im Westen bis zum Allerheiligsten des *Achmenu* Thutmosis' III. reicht.

Die Ursprünge des Amun-Kultes sind unbekannt. Es ist zu vermuten, daß er bereits im Alten Reich eine – allerdings unbedeutende – Kultstätte in Karnak besaß. Architektonische Überreste besitzen wir jedoch erst aus dem Mittleren Reich. Im Innern einer Ziegelumfassungsmauer stand ein unter Sesostris I. in Kalkstein errichteter oder verkleideter Bau, der das Gelände zwischen dem heutigen Philippus-Arrhidäus-Sanktuar und dem *Achmenu* bedeckte. Die Front dieses nur 37,4 × 39,6 Meter großen Baues mag mit Statuenpfeilern geschmückt gewesen sein, von denen noch einige Beispiele erhalten sind. Die vordere Hälfte des Tempels wurde wohl von einem heiligen Garten eingenommen, der an allen Seiten von Säulenhallen umgeben war. Von der hinteren Hälfte sind nur drei in der Mittelachse gelegene Granitschwellen und der Alabastersockel des Kultbildschreines erhalten. Außer diesem Kultbildschrein wird man dort einen Barkenschrein zu ergänzen haben. Innerhalb der Ziegelumfassungsmauer standen noch mehrere kleine Stationskapellen mit Pfeilerumgang. Eine davon, die «Weiße Kapelle» Se-

Zwei Statuen Amenhoteps I. erwarten auf einem Podium vor dem Tempel am Nil die Ankunft der Statue seiner Königin Ahmes-Nefertari, die auf einem Götterschiff herangeführt wird.

Die Chapelle blanche Sesostris' I. in Karnak.

Rechte Seite: Der Obelisk Thutmosis' I., Reste des dritten Pylons und das große Hypostyl von Karnak.

sostris' I., ist vollständig erhalten und im Freilichtmuseum von Karnak wieder aufgebaut. Diesem Komplex wurden noch bis Amenhotep I. am Beginn des Neuen Reiches weitere Bauten und Kapellen zugefügt.

Erst Thutmosis I. leitete die eigentliche Glanzzeit Karnaks ein, die bis zur 20. Dynastie dauerte. Er umgab den Bau Sesostris' I. schalenförmig mit einer gewaltigen steinernen Umfassungsmauer, die an der Front des Tempels zwei neu errichtete Pylone (4 und 5) einband. Zwischen die beiden Pylone wurde der berühmte *Uadjit*-Säulensaal eingefügt und vor dem 4. Pylon ein Paar 21,8 Meter hohe Obelisken errichtet. An dieser Stelle mündet die vom Mut-Bezirk kommende Prozessionsstraße ein und führt in Richtung auf den nördlich neben dem Tempel vermuteten königlichen Palast.

Unter Hatschepsut und Thutmosis III. wurde das Heiligtum durch eine neue, mit Türmen befestigte Ziegelumfassungsmauer vergrößert. Ihr östlicher Verlauf konnte – unter der Besucherterrasse des «Son et Lumière» – ermittelt werden. Auch der riesige heilige See wurde unter Thutmosis III. auf die heutigen Dimensionen vergrößert. Nördlich außerhalb der alten Umfassungsmauer wurde ein kleiner Ptah-Tempel errichtet. Im Haupttempel wurde vor dem – immer noch existierenden – Tempel Sesostris' I. auf einem erhöhten Podest ein prachtvoller Vortempel errichtet, der ein neues Barkensanktuar einschloß. Dieses Sanktuar wurde zur

Die Göttin Seschat und Königin Hatschepsut bei der Gründungszeremonie «Spannen des Strickes» auf einem Block des Quarzitsanktuares von Karnak.

Rekonstruktion der Bezirke des Month, des Amun und der Mut von Karnak.

Zeit der Hatschepsut aus Quarzitblöcken errichtet und mit feinem Dekor versehen. Thutmosis III. ließ den Barkenschrein durch einen neuen aus schwarzem Granit ersetzen. Die meisten der Hatschepsut-Blöcke wurden wieder aufgefunden und
im Freilichtmuseum von Karnak ausgestellt. Sie könnten eines Tages zu einem
vollständigen Sanktuar zusammengesetzt werden. Vor der Front des Barken-
schreines erhoben sich die beiden berühmten Wappenpfeiler des Annalensaales mit
den Kriegsberichten Thutmosis' III. Zwischen den alten Pylonen 4 und 5 errichtete
Hatschepsut ihre gewaltigen 30,43 Meter hohen Obelisken, die dann Thutmosis
III. wieder durch eine Ummantelung unsichtbar machte. Im Raum zwischen dem
Barkenschrein und Pylon 5 wurde ein neuer, der 6., Pylon eingeschoben. An der
Südachse (zum Mut-Bezirk) entstanden die großen Pylone 8 (Hatschepsut) mit
vier Kolossalstatuen und 7 (Thutmosis III.) mit zwei Kolossalstatuen und einem
Paar Obelisken, von denen der westliche heute in Istanbul steht. Thutmosis III. stif-
tete in Karnak noch weitere fünf Obelisken, zwei vor den 4. Pylon, zwei außerhalb
der östlichen Umfassungsmauer und einen einzelnen noch weiter im Osten für
eine Sonnenkultstätte. Dieser war mit einer Höhe von 33 Metern nach unserer
Kenntnis der höchste in Ägypten errichtete Obelisk. Sein Oberteil steht heute vor
dem Lateran in Rom. Vermutlich wurde zu dieser Zeit auch das Prozessionsstra-
ßennetz ausgebaut. Denn wir wissen von insgesamt sechs Stationskapellen der
Hatschepsut, die entlang der Straße von Karnak nach Luxor entstanden, die letzte
auf dem Vorplatz des alten Luxor-Tempels.

Der Amun-Bezirk erhielt unter Thutmosis III. auch im Osten einen neuen

Schwerpunkt. Dort, hinter dem Bau Sesostris' I., entstand auf den Resten eines Vorgängerbaues (vielleicht Thutmosis' I.) das *Achmenu,* ein Bau von ungewöhnlichem Grundriß, der sich – wohl aus Platzgründen – quer zur alten Tempelachse erstreckt und nur von der Südostecke des Tempels Sesostris' I. her betreten werden konnte. Die Namen «Erhaben ist das Andenken (Thutmosis' III.)» und «Haus für Millionen Jahre» sowie andere Indizien zeigen, daß der Bau vor allem dem Kult des Königs als einer Erscheinungsform des Amunre geweiht war. Wahrscheinlich bildete das *Achmenu* zusammen mit dem Tempel Thutmosis' III. in Deir el-Bahari und dem neben dem Ramesseum eine kultische Einheit. Denn alle drei dienen auf ihre Weise dem Kult des vergöttlichten Königs. Im *Achmenu* finden sich ähnliche Kultstätten wie in den Millionenjahrhäusern des thebanischen Westufers, zum Beispiel eine Sonnenkultstätte und ein Sokaris-Heiligtum. Es weist aber auch Einrichtungen auf, die es von jenen Anlagen unterscheidet, zum Beispiel eine Kapelle für den Kult der Vorfahrenkönige. Sie enthielt eine historisch wichtige Darstellung der Vorgänger Thutmosis' III., die «Königsliste von Karnak». Architektonisch interessant ist die Festhalle, die aus einem höheren Mittelraum von 2 × 10 Zeltstangensäulen besteht, der allseitig von niedrigeren Seitenschiffen mit Pfeilern umgeben ist. Der basilikale Mittelraum steht quasi wie ein Festzelt inmitten eines Pfeilerhofes. Die Hauptsanktuare für Amun und den vergöttlichten König liegen in der Mitte der Ostwand (weiteres s. S. 37, 43/44).

In der langen und glorreichen Regierungszeit Amenhoteps III. wurde der ältere und bescheidene Tempel des Month und der Luxor-Tempel neu errichtet. Amun von Karnak wurde mit einem neuen monumentalen Pylon bedacht, dem 3., mit seinen acht etwa 40 Meter hohen Flaggenmasten. In den 3. Pylon wurden als Baumaterial zahlreiche kleinere Kapellen und Denkmäler der 12. und früheren 18. Dynastie verbaut, die vorher an diesem Platz gestanden hatten und unter Amenhotep III. abgebrochen wurden. Die Südachse wurde mit einem neuen, dem 35 Meter hohen 10. Pylon abgeschlossen und davor zwei riesige Quarzitkolosse des Königs errichtet. Wahrscheinlich wurden auch die Prozessionsstraßen zum Mut-Tempel und nach Luxor erneuert und mit sechzig Sphingen versehen.

Nach der Unterbrechung durch die Amarna-Zeit wurde unter Tutanchamun und Haremhab die Bautätigkeit in Karnak wieder aufgenommen und der 9. Pylon an der Südachse eingefügt. Aus dieser Zeit stammt auch der 35 Meter hohe und 98 Meter breite 2. Pylon, der den 3. sogar noch an Größe übertraf. Dabei kam den Erbauern das Material zustatten, das durch den Abbruch des Aton-Heiligtums im Osten (s. u.) frei wurde, die sogenannten *telatat.*

Wesentliche Veränderungen brachte die Errichtung des berühmten Hypostyls im Hof zwischen dem 2. und 3. Pylon, das wohl unter Haremhab begonnen und unter Sethos I. und Ramses II. fertiggestellt wurde. Es bestand aus drei basilikal überhöhten Mittelschiffen, deren Decke von einer Doppelreihe von sechs 21 Meter hohen, gigantischen Papyrussäulen mit geöffnetem Kapitell getragen wurde. Das Dach der 14 Seitenschiffe ruhte auf 122 abgedrehten Papyrussäulen. Der Saal wurde aus den gewaltigen Fenstern der Hochwände erhellt. Die Theorie, daß das Mittelschiff des Saales zuerst und schon unter Amenhotep III. erbaut wurde, wurde widerlegt. Das Hypostyl war der größte Säulensaal ägyptischer Architektur und wohl einer der größten der Erde überhaupt. Es würde zum Beispiel den gesamten Innenraum von Notre-Dame in Paris aufnehmen können.

Vom 2. Pylon, der neuen Fassade des Amun-Tempels, bis zum Nilufer wurde eine prächtige Allee von Widder-Sphingen angelegt. Auch nach Osten wurde der Tempel durch ein wichtiges neues Element erweitert. Jenseits des *Achmenu* wurde

Haremhab opfert vor Amun, Relief am 10. Pylon von Karnak.

unter Ramses II. von Osten her und in Gegenrichtung zum Haupttempel ein Heiligtum der aufgehenden Sonne errichtet, in dessen Mittelpunkt der einzelne, riesige Obelisk Thutmosis' III. stand. In der Südwestecke des Amun-Bezirkes entstand unter Ramses III. anstelle eines Vorgängerbaues der 18. Dynastie ein neuer Chons-Tempel, an dessen Dekoration noch bis in die Ptolemäerzeit gearbeitet wurde. Er war dem Götterkind von Karnak unter dem Aspekt des «nächtlichen Himmelslichtes» geweiht, so daß hier der nächtlich-unterirdische Aspekt des religiösen Zyklus der Götter von Karnak vertreten war. In einem besonderen Raum in der Nordostecke des Tempels stieg der Gott als Osiris-Onnophris hinab in die Unterwelt, verließ den Tempel durch eine Seitentür hinter dem westlichen Pylon, um im direkt daneben liegenden Opet-Tempel wiedergeboren zu werden und als Re emporzusteigen.

Auf dem großen Vorplatz vor dem 2. Pylon des Haupttempels entstand unter Sethos II. eine dreizellige Barkenstation und unter Ramses III. ein größeres Barkenheiligtum in Form eines vollständigen Tempels. Der Tempelvorplatz wurde

121

Modell des zentralen Teils des großen Hypostyls von Karnak im Metropolitan Museum of Art, New York.

Fenster über den Seitenschiffen des Hypostyls von Karnak.

schließlich unter Scheschonk I. zu einem Säulenvorhof geschlossen mit Toren im Norden, Süden und sicher auch im Westen. In diesem Hof errichtete der äthiopische König Taharqa in der 25. Dynastie den berühmten Säulenkiosk, eine Doppelreihe von je fünf 21 Meter hohen Papyrussäulen, die durch niedrige Schrankenwände miteinander verbunden waren, aber kein Gebälk trugen, so daß hier die Barken vielleicht nur durch ausgespannte Segel geschützt wurden. Unter diesem die thebanischen Götter besonders fördernden König wurden außerdem an drei weiteren wichtigen Punkten gedeckte Säulenvorhallen errichtet, vor dem Month-Tempel im Norden, beim Sonnenheiligtum Ramses' II. im Osten und vor dem Chons-Tempel. Als größeres Bauprojekt wurde unter Nektanebos I. die jetzige 21 Meter hohe Umfassungsmauer errichtet und an den wichtigsten Punkten – im Osten, Norden und vor dem Chons-Tempel – mit monumentalen Toren versehen. Diese Tore wurden aber erst in der Ptolemäerzeit (Ptolemäus III. Euergetes I. und Ptolemäus IV. Philopator) beschriftet und dekoriert. Als größtes Tor wurde schließlich anstelle eines zu vermutenden älteren Bubastiden-Tores der 100 Meter breite I. Pylon begonnen, der allerdings die geplante Höhe von 34 Metern nicht mehr erreichte und unvollendet blieb. In den Fundamenten stecken blieb auch ein großer Pylon in dieser Umfassungsmauer vor dem Chons-Tempel. Erst Ptolemäus III. Euergetes I. errichtete hier sein großes «Euergetes-Tor».

Einer der letzten Kultbauten der Ptolemäerzeit in Karnak war der kleine Opet-(Ipet-)Tempel, der möglicherweise auf wesentlich ältere Vorgänger zurückgeht und an dessen Dekoration noch bis in römische Zeit gearbeitet wurde. Der Tempel stand in einer engen kultischen Verbindung mit dem direkt daneben stehenden Chons-Tempel.

Insgesamt war die Ptolemäerzeit durch die Vollendung unfertig gebliebener älterer Bauten und wichtiger Restaurierungsarbeiten gekennzeichnet. Durch die Bautätigkeit im Vorgelände des Amun-Tempels wurde ab Amenhotep III. das Hafenbecken vor dem Tempel, das von Baumreihen umgeben war, allmählich immer weiter westwärts gegen den Nil zurückgedrängt. Am Ende befand es sich vor der heute noch erhaltenen Kaianlage, die durch eine prächtige Sphinx-Allee mit dem 1. Pylon verbunden ist. Sie stammt noch aus der Zeit, als die Allee vom 2. Pylon bis zur Kaianlage reichte (Pinodjem 1.?). Die Straße wurde durch die Erbauung des Tores des Bubastiden-Hofes und nochmals später durch den 1. Pylon durchschnitten.

Von Plünderungen zum Beispiel durch die Assyrer in den Jahren 671 v. Chr. (unter Assarhadon) und 663–657 v. Chr. (unter Assurbanipal) und natürlichen Schäden wie zum Beispiel Erdbeben (ein besonders starkes 27 v. Chr.) abgesehen, blieb der Tempelbezirk bis in die späte Kaiserzeit intakt, als man 330 n. Chr. mit dem Abtransport von Obelisken begann. Die heute am Tempel sichtbaren Schäden (Pylone, Außenmauern, Tempeldächer) sind mit steigendem Bedarf an Baumaterial wohl erst im Verlauf der letzten Jahrhunderte eingetreten. Sprengungen an Pylonen scheinen unter den Augen der ersten Forschungsreisenden des 19. Jahrhunderts noch bis 1840 erfolgt zu sein. Dennoch kann der Erhaltungszustand der Tempel von Karnak, verglichen mit den Tempeln von Memphis, Heliopolis und Pi-Ramesses, als geradezu wunderbar gelten. Der Amun-Bezirk wird traditionsgemäß überwiegend von französischen Ägyptologen bearbeitet (A. Mariette 1858) und wird auch jetzt wieder seit 1967 archäologisch und restauratorisch durch ein ständiges Team des Centre Franco-égyptien (Außenstation des Centre national de la recherche scientifique) betreut.

Das Euergetes-Tor vor dem Chons-Tempel in Karnak (Ptolemäus III.).

Literatur: Wegen der großen Zahl von Einzelpublikationen über die Tempel von Karnak können hier nur zusammenfassende Werke genannt werden:

Auguste Mariette-Bey, *Karnak, Étude topographique et archéologique* (Leipzig 1875); L. Borchardt, *Zur Baugeschichte des Amontempels*, in: *Untersuchungen zur Geschichte und Altertumskunde Ägyptens* 5 (1905); Georges Legrain, *Les temples de Karnak* (Brüssel 1929); Paul Barguet, *Le temple d'Amon-Re à Karnak. Essai d'exégèse* (Kairo 1962); J. Lauffray, *Karnak d'Égypte. Domaine du divin* (Paris 1979); R. A. Schwaller De Lubicz, G. Miré und V. Miré, *Les Temples de Karnak*, 2 Bde. (Paris 1982); Jean-Claude Golvin und Jean-Claude Goyon, *Les bâtisseurs de Karnak* (Paris 1987).

46 Der Month-Bezirk von Karnak

Der Tempel des Vorgängers des Amun, der alten Stiergottheit Month oder Monthu, liegt abseits der Touristenpfade, direkt nördlich des Amun-Tempels, wendet aber seine Front nicht diesem zu, sondern blickt nach Norden nach dem nur 5 Kilometer entfernten anderen Month-Kultort Medamud (s. S. 160). Vom Tempeleingang führt eine Sphinx-Allee mit einer Kaianlage in diese Richtung. Mit dem Amun-Bezirk besteht dagegen keine direkte Verbindung. Zweifellos anstelle eines älteren, bisher nicht festgestellten Vorgängerbaues errichtete Amenhotep III. sein Month-Heiligtum. Eine Umfassungsmauer von 151 × 155 Metern umschloß den Bezirk. Entlang seiner Ostseite erhob sich auf einem 1,15 Meter hohen, aus wiederbenutzten älteren Tempelblöcken, Säulentrommeln und Kapitellen errichteten «Urhügel» (s. S. 40) das über eine Treppe zu ersteigende Tempelhaus. Leider sind seine Mauern bis auf wenige Steinlagen abgetragen, so daß sich zwar der Grundplan erschließen läßt, jedoch keine Darstellungen mehr erhalten sind, die eine Deutung der Räume erlauben würden. Die Front des Tempelhauses öffnete sich mit einer doppelten Säulenhalle. Auf sie münden fünf Tore, zentral der Eingang in die Month-Kulträume, zu beiden Seiten die Barkenräume der beiden Begleitgötter (Rait-taui? und wer?) und an den äußersten Enden Tore, die in einen Umgang führen, der das eigentliche Tempelhaus an den übrigen Seiten umzieht, eine in der 18. Dynastie unerwartete Einrichtung. Die zentralen Month-Räume bestehen aus einem Viersäulensaal, von dem aus eine

Die Ruine des Month-Tempels von Karnak.

Treppe zum Dach und ein Seitenausgang zum heiligen See führt. Das Sanktuar besitzt Seitenräume, unter denen sich ein Kultbildraum befinden muß. Eine Seitenkammer war nur durch einen kleinen Durchstieg zu erreichen, der mit einem verschiebbaren Stein kunstvoll verschlossen war. Der Mechanismus sieht allerdings so bedenklich aus, daß man zweifeln möchte, daß die Einrichtung tatsächlich jemals funktionierte. Noch unter Amenhotep III. wurde der Tempel um wesentliche noch fehlende Teile erweitert. Der Front wurde ein an drei Seiten von einer Säulenhalle umgebener Hof vorgelegt und ein neuer Treppenaufgang auf das Podium geschaffen, flankiert von zwei Obelisken. Die Rückwand des Tempels wurde geöffnet, um Zugang in eine Erweiterung der hinteren Tempelräume zu gewinnen, u. a. in ein jetzt beträchtlich verlängertes Sanktuar. Neben dem Mittelsanktuar lagen jetzt je drei kleinere Kapellen für unbekannte Götter. Damit erhielt der Tempel eine Gesamtgröße von 26,25 × 52,5 m (50 × 100 Ellen).

In der Zeit des äthiopischen Königs Taharqa wurde dem Tempel eine Säulenhalle vorgelegt, in ptolemäischer Zeit erfuhr der Tempel weitere Veränderungen. Mit Blickrichtung zum Amun-Tempel war an die Rückwand des Month-Tempels ein kleiner Tempel der Ma'at angebaut, eine der wenigen dieser Gottheit geweihten Kultstätten. Parallel zum Month-Tempel liegt das langgezogene Heiligtum des Harpre. Die Umfassungsmauer stammt wohl wieder aus der Zeit Nektanebos' I. mit einem gewaltigen Eingangstor im Norden, dem Bab el-Abd, das von Ptolemäus III. Euergetes I. und Ptolemäus IV. Philopator zu Ende gebaut und dekoriert wurde. Der Month-Bezirk wird seit 1939 durch das Französische Institut (IFAO) untersucht. Westlich außerhalb der Umfassungsmauer grub das IFAO in den vergangenen Jahren ein tempelartiges Schatzhaus Thutmosis' I. aus.

Literatur: Clément Robichon und Louis-A. Christophe, *Karnak-Nord III, 1945–1949* (FIFAO 23 Kairo 1951) 15–18, Taf. 50–52; A. Varille, *Karnak I* (FIFAO 19 Kairo 1943); Clément Robichon, Paul Barguet und Jean Leclant, *Karnak-Nord IV* (FIFAO 25 Kairo 1951); Jean Jacquet, *Karnak-Nord V. Le trésor de Thoutmosis I*ᵉʳ (FIFAO 30 Kairo 1983); Helen Jacquet-Gordon, *Karnak-Nord VI. Le trésor de Thoutmosis I*ᵉʳ. *La décoration* (FIFAO 32 Kairo 1988).

47   Der Mut-Bezirk von Karnak

Vom 10. Pylon des Amun-Tempels führt eine 330 Meter lange Löwen-Sphinx-Allee vorüber an der ersten Barkenstation des Amun und dem bedeutenden Kamutef-Heiligtum Thutmosis' III. zum Bezirk der ursprünglich rein lokalen Geiergöttin und Gemahlin Amuns, der geier- oder löwengestaltigen Göttin Mut, der «Herrin des Friedens wie des Schlachtrufs, Herrin des Himmels, Königin der Götter, Schöpferin, Schützerin, Herrin der Freude, Kobra des Schreckens, wachende Herrin von Karnak, mächtige Herrscherin in ihrem Tempel, deren Geist lebt, weil ihr Tempel fortdauert, deren Tempel und Stadt Millionen Jahre dauern werden».

In der stattlichen Umfassungsmauer stand ein monumentales Eingangstor, dekoriert von Ptolemäus II. Philadelphus und Ptolemäus III. Euergetes I. Im Innern der 250 × 350 Meter großen Umfassung befanden sich mindestens sechs Heiligtümer. Wie der Month-Tempel im Norden wurde ein zu vermutender Tempel des Mittleren Reiches in der 18. Dynastie (wohl von Hatschepsut) durch einen Neubau mit zwei Pylonen ersetzt. Die Baugeschichte dieser Anlage ist verwickelt und noch nicht ausreichend erforscht. Amenhotep III. stattete das Heiligtum auch mit Hunderten von schwarzen Granitstatuen der Göttin als löwengestaltiger Sachmet aus. Diese auch im Millionenjahrhaus Amenhoteps III. aufgestellten Sitzbilder der Sachmet waren seit 1760 begehrte Museumsobjekte und sind heute in jeder bedeutenden Sammlung in größerer Zahl vertreten. Ein Teil des Baues wurde in der 25. Dynastie und der Ptolemäerzeit erneuert. Taharqa ließ vor der Pylonfront zwei von Säulen getragene Schattendächer erbauen. Der Tempel war an seiner Rückseite durch einen heiligen See umgeben. Er war wie alle Löwengöttinnen geweihten Tempelseen hufeisenförmig und hieß *Ischeru*. Ob mit solchen Seen in Löwentempeln lebende Tiere eingegrenzt werden sollten? Vom Seeufer aus lehnte sich ein Gegentempel an die Rückwand des Hauptbaues.

An der Westseite des Sees liegen die Reste des Tempels «C» Ramses' III., in der Nordostecke die Reste des Tempels «A», einer Art Geburtshaus für Chonspachrod («Chons, das Kind») aus der Zeit Ramses' II. und aus der 25. Dynastie. Er besaß drei kleine Pylone und übertraf an Länge sogar den Haupttempel.

Die Tempel des Mut-Bezirkes wurden 1840 zur Errichtung einer Fabrik größtenteils abgetragen. Die Ruinen werden seit 1976 durch eine Expedition des Brooklyn-Museums untersucht.

Literatur: J. Benson-Gourlay, *The Temple of Mut in Asher* (London 1899); Serge Sauneron, *La porte ptolémaïque de l'enceinte de Mout à Karnak* (MIFAO 107, Kairo 1983); R. Fazzini, *The Precinct of Mut during Dynasty XXV and Early Dynasty XXVI. A growing picture*, in: Journal SSEA 11 (1981) 115–126; idem, *Excavating the Temple of Mut*, in: Archaeology 36 (1983) 16–23.

Vor seiner Übersiedlung nach Amarna im Jahre 6 seiner Regierung ließ Amenhotep IV. nicht nur am Amun-Tempel in Karnak verschiedene Bauarbeiten ausführen, sondern auch zusammen mit einem Wohnpalast das *Gem-pa-Iten* genannte
Aton-Heiligtum östlich des Amun-Bezirkes errichten. Die 130 × 200 (?) Meter
große Anlage hinter dem Osttor von Karnak ist heute unter dem Boden verschwunden und wurde seit 1922 durch H. Chevrier und seit 1975 durch D. Redford untersucht. Das Heiligtum blickte nach Osten und bestand aus einem offenen
Hof, der möglicherweise durch Quermauern unterteilt war. Er war umgeben von
einer Pfeilerhalle mit 5 Meter hohen Statuen des Königs, die sich an die Pfeiler leh-
nen. Sie stellen Echnaton in einer seltsam-ungewohnten körperlichen Gestalt dar,
die Anlaß zu allerlei Theorien über deformierende Krankheiten des Königs oder
den König als urtümlich-zweigeschlechtlichen Schöpfergott gaben. Die Statuen
waren bunt bemalt, die Pfeiler und Hallenwände mit den typischen «Amarna»-
Reliefs geschmückt. Im Hof oder in den Pfeilerhallen standen auch lebensgroße
Hartgesteinsfiguren des Königs und seiner Familie. Offenbar befanden sich in der
Nähe weitere, nur aus Inschriften bekannte Aton-Kultstätten, z. B. das *Rud-menu*
und das *Teni-menu* sowie das *Benben*-Haus, letzteres vielleicht weiter im Osten im
Zentrum des Hofes, das noch nicht ausgegraben ist. Im *Benben*-Haus standen wohl
auch jene 9,5 Meter hohen Pfeiler mit der Darstellung der Königin Nofretete unter
dem Strahlen-Aton. Echnaton selbst war erstaunlicherweise im *Benben*-Haus nicht
dargestellt. Der architektonische Rahmen einer solchen Kolonnade ist noch nicht
bekannt. Die Aton-Kultstätten wurden von Haremhab und seinen Nachfolgern
etappenweise abgebrochen und das Steinmaterial vor allem in den Pylonen 2, 9
und 10 verbaut, ja teilweise bis nach Luxor und Medamud verschleppt. Wir kennen also die Reste des Aton-Tempels vorwiegend aus diesen wiederbenutzten,
kleinformatigen Blöcken, den sogenannten *telatat,* von denen inzwischen mehrere
Zehntausend mit Reliefdekor gefunden sind. Intensiven Bemühungen gelang es,
eine ganze Reihe von Szenenfolgen zu rekonstruieren; Hunderte von aus dem

Der Mut-Bezirk von Karnak.

9. Pylon stammende *telatat* konnten sogar wieder im Luxor-Museum in ihrem alten Zusammenhang zusammengesetzt werden.

Der Pylon des Chons-Tempels von Karnak.

Literatur: D. B. Redford, *Reconstructing the Temples of a Heretical Pharaoh,* in: Archaeology 28 (1975) 16–22; Ray W. Smith und Donald B. Redford, *The Akhenaten Temple Project,* Bd. I (Warminster 1976), Bd. II (Toronto 1988); D. B. Redford, *Report of the First Seasons of Excavation in East Karnak, 1975–76,* in: JARCE 14 (1977) 9–32 und *Interim Report on the Excavations of East-Karnak, 1977–78* ibidem 18 (1981) 11–41; idem, *Interim Report on the Excavations of East-Karnak, 1981–1982 Seasons,* in: SSEA Journal 13 (1983) 203–224; idem, *Akhenaten, The Heretic King* (Princeton 1984) 86–136.

49   Luxor-Tempel

Der berühmte, von jedem Ägyptenreisenden besuchte Luxor-Tempel weist in seinem komplexen Bau- und Dekorationsprogramm so viele unübliche Züge auf, daß sich der Tempel für lange Zeit allen Deutungsversuchen der Ägyptologie entzog. Zwei seiner Hauptaspekte scheinen sich jetzt aber deutlicher abzuzeichnen. Unübersehbar ist *der* Hauptaspekt des Tempels, nämlich als Stätte zur Abhaltung des Opet-Festes. Schon die ungewöhnliche Orientierung des Tempels nach Norden, dem Karnak-Tempel zugewandt und mit ihm durch eine 2,5 Kilometer lange Sphinx-Allee verbunden, zeigt, daß der Luxor-Tempel zur Abhaltung des Festes eng an den Karnak-Tempel angeschlossen war. Dieses Fest wurde jährlich im

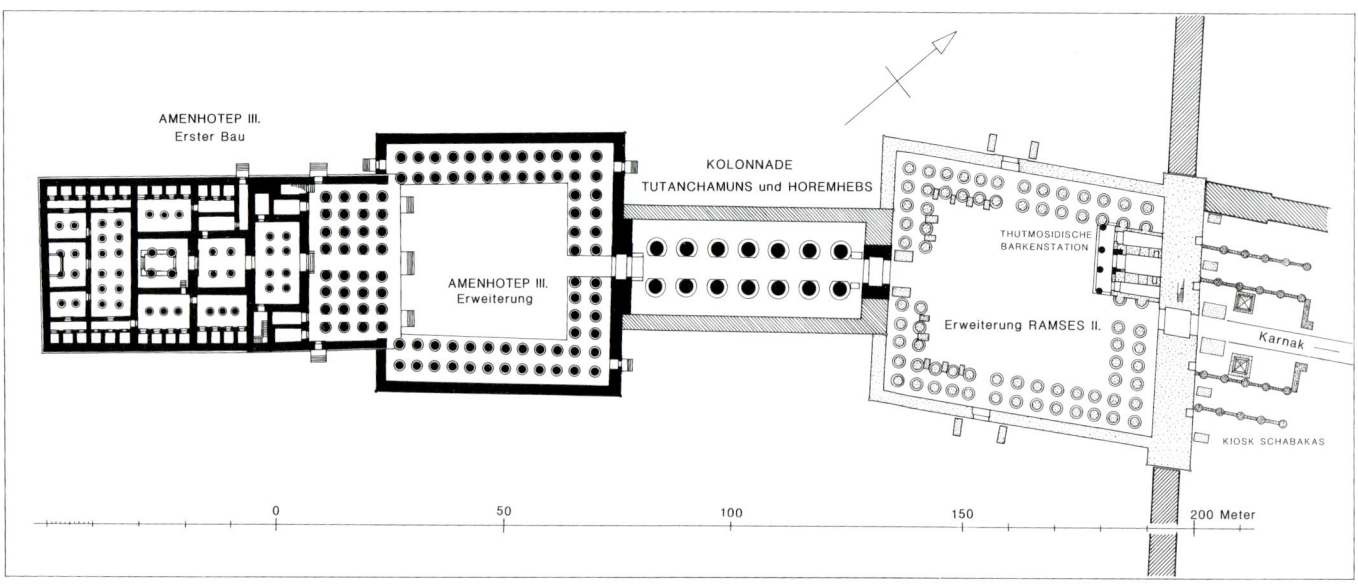

Im Plan beschriftet: AMENHOTEP III. Erster Bau · AMENHOTEP III. Erweiterung · KOLONNADE TUTANCHAMUNS und HOREMHEBS · THUTMOSIDISCHE BARKENSTATION · Erweiterung RAMSES II. · Karnak · KIOSK SCHABAKAS · 0 50 100 150 200 Meter

Plan mit den Bauphasen des Luxor-Tempels.

zweiten Überschwemmungsmonat gefeiert und dauerte zunächst 11, später gar 27 Tage. Es war ein ungeheuer pomphafter Auszug der Götterbarken von Karnak in den Luxor-Tempel und zurück. Aus Darstellungen am Barkenschrein der Hatschepsut in Karnak (chapelle rouge, s. S. 111) und in der Säulenkolonnade Tutanchamuns im Luxor-Tempel läßt sich entnehmen, daß zur Zeit Hatschepsuts die Auszugsstrecke noch zu Fuß zurückgelegt und nur die Rückfahrt auf Nilschiffen angetreten wurde. Bei diesem Anlaß wurden die Barken der thebanischen Triade auch in den sechs Barkenstationen vor den Tempeln abgestellt, deren letzte, vor dem Luxor-Tempel, unter Ramses II. in seinen neuen Vorhof einbezogen wurde. Zur Zeit Amenhoteps III. wurden beide Strecken auf dem Wasser zurückgelegt. Die Prozession wurde von Militär, Musikanten und Tänzern begleitet. Was war nun der religiöse Inhalt der Prozession der Göttertriade von Karnak in diesen Tempel? Der Luxor-Tempel galt als eine «Stätte des Ersten Males», das heißt als ein Ort der Entstehung der Welt. Der Tempel stand auf einem Urhügel. Hierher mußte Amunre am Jahrestag der Weltentstehung zurückkehren, um den Schöpfungsvorgang zu wiederholen und damit eine zyklische Erneuerung der Welt und seiner selbst zu bewirken. Es ist noch nicht ganz ersichtlich, wie sich die Bedeutung dieses Festes vom Dekadenfest (im Urgötterheiligtum von Medinet Habu) unterschied, das ja offenbar ganz ähnliche Ziele verfolgte. Welche Zeremonien dabei abgehalten wurden, ist ebenfalls noch nicht ausreichend geklärt. Wir wissen nur, daß die Barke des Gottes zunächst in einem eigenen Raum in der Südwestecke des Hypostyls abgestellt wurde, die Barken des Chons und der Mut in zwei parallel angeordneten Kammern in der Südostecke. Danach scheint allein die Amun-Barke in das Mittelsanktuar getragen und unter einem Baldachin abgestellt worden zu sein. Hinter diesem Barkensanktuar liegt noch eine größere Raumgruppe, die nur durch eine Seitenpforte im Osten zugänglich, also «geheim» war und in der wohl die eigentlichen Welterneuerungsriten vollzogen wurden. Der ost-westlich orientierte hintere Säulensaal deutet an, daß dabei auch Aspekte des Sonnenlaufes miteinbezogen waren. Im axialen Statuensanktuar thronte auf einem hohen Sockel das überlebensgroße Kultbild des Amunre «Herr des Himmels» von Luxor.

Als ein zweiter Aspekt der Funktion des Luxor-Tempels zeichnet sich nach Untersuchungen von Lanny Bell der des Königskultes ab. Denn der Luxor-Tem-

Die Sphinx-Allee vor dem Tempel von Luxor.

pel scheint *die* Stätte gewesen zu sein, in der der König mit seinem göttlichen Ka vereinigt und dadurch erst in das gottähnliche Wesen verwandelt wurde, das zur Ausübung des Herrscheramtes befähigt war. Denn bis zu diesem Ereignis scheinen der König als irdisches Wesen und sein Göttliches, der königliche Ka, getrennt voneinander existiert zu haben. Diese Vergöttlichung des Herrschers wurde zwar schon bei der Krönung vollzogen, jedoch alljährlich anläßlich des Opet-Festes am König oder seiner Ka-Statue wiederholt. Zu diesem Zwecke wurde diese in einer eigenen Barke in den Tempel gebracht und in einer Kapelle in der Südostecke des Achtsäulensaales, die Ka-Statue selbst vielleicht gegenüber in einem Raum in der Südwestecke abgestellt. Der König beziehungsweise seine Statue empfingen die Göttlichkeit stufenweise beim allmählichen Fortschreiten in das Tempelinnere mittels besonderer Weihrauchriten (des sogenannten Amenophis-Rituales). Der König scheint sich sogar in Amunre selbst verwandelt zu haben. Bei seinem Wiederaustritt aus dem Tempel wurde der neue Gott freudig von einer hier versammelten Menge begrüßt. Als äußeres Kennzeichen trug er nun das nach unten geschwungene Widdergehörn.

Eng mit dem Königskult verbunden waren die beiden Dreisäulen- oder Vierkapellenräume östlich des Barkensanktuares. Denn hier war in den Wandreliefs die göttliche Herkunft des Königs dargestellt. Nach Bell «scheint der Luxor-Tempel

Papyrusbündelsäulen mit geschlossenem Kapitell im Säulensaal des Luxor-Tempels.

die mythologische und theologische Machtgrundlage der regierenden Könige vom Neuen Reich an gewesen zu sein». Wie langlebig diese Vorstellungen waren, geht daraus hervor, daß selbst Alexander der Große den Baldachin im Barkensanktuar durch einen steinernen Naos ersetzen ließ und selbst noch in römischer Zeit der Achtsäulensaal in eine Kaiserkultstätte umgewandelt wurde.

Ungedeutet sind bis heute jene (stark zerstörten) Raumfluchten entlang der Westseite des Tempels. War hier ein dritter, uns gänzlich unbekannter Kultaspekt des Heiligtums angesiedelt? Deutlich ist aber, daß der Luxor-Tempel eher unserer Vorstellung von einer Kultbühne entspricht als die normalen Götterresidenzen, also deutlich eine «Funktion» hatte.

Das eigentliche Tempelhaus wurde anstelle eines uns wenig gut bekannten Vorgängerbaues des Mittleren Reiches und der Thutmosidenzeit errichtet. Spolien

dieser Bauten sieht man noch heute in den Wänden des Neubaues stecken. Die *Der Säulensaal des Luxor-Tempels.* Front der Anlage Amenhoteps III. bestand aus dem nach vorn offenen acht Säulen breiten und vier Säulen tiefen Saal, von dem aus sich der König nach vollzogener Vergöttlichung zeigte. Die Papyrusbündelsäulen mit geschlossenem Kapitell sind besonders schöne Beispiele für den Bauschmuck der Zeit Amenhoteps III. Davor sollte aber sicher noch ein abschließender Bauteil liegen, möglicherweise aber in einer anderen Form als der von Amenhotep III. nachträglich vorgelegte Säulenhof. Der letzte, allerdings erst unter Tutanchamun und Haremhab vollendete Bauteil war die berühmte Kolonnade von 2 × 7 Papyrus- (oder Glocken-)Kapitellsäulen. Sie stellt wohl eine überdimensionierte und in die Länge gezogene Barkenstation für das Luxor-Fest des Amunre dar, vergleichbar dem Säulenvorbau des Soleb-Tempels. Daß man ursprünglich geplant hatte, wie im Hypostyl von Karnak die hohe Kolonnade seitlich durch niedrigere Seitenschiffe zu erweitern, ist unwahrscheinlich.

Zu Beginn der Regierungszeit Ramses' II. wurde schließlich der Tempel in Richtung auf Karnak durch einen Säulenhof und einen Pylon verlängert. Davor wurden zwei Obelisken aufgestellt (davon einer seit 1836 auf der Place de la Concorde in Paris) und im Hof und an der Front 16 kolossale, königliche Ka-Statuen errichtet. Am zweiten Sed-Fest des Königs im Jahr 33 wurden dem Statuenprogramm noch weitere fünf von Amenhotep III. usurpierte Granitkolosse hinzugefügt. Der Tempel erreichte damit eine Länge von 254 Metern. König Schabaka ließ noch den

Vorplatz dieses Pylons durch vier Reihen von fünf Säulen überdachen und in eine Barkenstation verwandeln.

Der Tempel von Luxor, an dessen Freilegung seit 1885 gearbeitet wurde, ist trotz seiner Lage inmitten des heutigen Ortes noch relativ gut erhalten und vermittelt einen guten Eindruck von der Pracht der Bauten Amenhoteps III. Der südliche und westliche Teil der Tempelbezirke ist allerdings vom Nil, der seinen Lauf immer weiter nach Osten verschiebt, bereits weggespült worden. Der zentrale Hof Amenhoteps III. erregte 1988 durch die Auffindung von 21 Tempelstatuen Aufsehen. Diese zum Teil völlig unbeschädigt erhaltenen Königs- und Götterstatuen wurden offenbar während einer Renovierung des Tempels – in der Ptolemäer- oder Römerzeit? – in einer «cachette» verborgen. Die besten sind jetzt im Luxor-Museum ausgestellt.

Literatur: *Description*, Bd. III, Taf. 6–18; Obelisk in Paris: Prisse d'Avennes, *Histoire de l'art égyptien*, Bd. I (Paris 1878) Taf. 62; L. Borchardt, *Zur Geschichte des Luqsortempels*, in: ZÄS 34 (1896) 122–138; R. A. Schwaller De Lubicz, *Le temple de l'homme: L'Apet du sud à Louxor*, 3 Bde. (Paris 1957); Hellmut Brunner, *Die südlichen Räume des Luxor-Tempels* (Mainz 1977); P. Barguet, *Luxor*, in: LÄ III 1103–1107; L. Bell, *Luxor temple and the cult of the royal ka'*, in: JNES 44 (1985) 251–294.

DAS THEBANISCHE WESTUFER

Auf dem thebanischen Westufer, in der Nähe ihrer Gräber, errichteten die Pharaonen vor allem des Neuen Reiches eine lange Reihe von Kulttempeln, die – in der Tradition der Pyramidentempel des Alten und Mittleren Reiches stehend – den Pharaonen im Leben die Vereinigung mit der Gottheit und nach dem Tod eine königliche Fortexistenz im Jenseits ermöglichen sollten. Diese Tempel waren jedoch keine bloßen Kopien jener alten Vorbilder. Die veränderte Stellung des Königs und die Fortentwicklung der ägyptischen Religion gaben auch den Königstempeln eine neue Gestalt. Von entscheidendem Einfluß war der älteste, schon in der 11. Dynastie errichtete Tempel dieser Art, der des Mentuhotep in Deir el-Bahari (s. S. 140/41). Alle Pharaonen des Neuen Reiches errichteten Anlagen dieser Art, manche von bescheidenen, manche von überwältigenden Dimensionen. Die wichtigsten sind im folgenden besprochen[38].

Der Ziegeltempel des Königs Mentuhotep Seanchkare im thebanischen Westgebirge.

50 Kapelle Seanchkares auf dem «Thot»-Berg

1904 entdeckte Georg Schweinfurth auf dem markanten, das Königsgräbertal im Norden überragenden Berg die Reste eines kleinen Ziegeltempels, der sich weniger durch seine Architektur als durch sein hohes Alter und vor allem seinen für ägyptische Tempel ungewöhnlichen Standort auszeichnet. Diese Lage erklärt sich wohl am ehesten aus der Gottheit, der der Bau geweiht war, Month-Re. Als Königsfalke und Herr des Kampfes beschützte er Reisende, Jäger und Soldaten, die von hier aus den Wüstenmarsch über die Farschut-Route von Theben nach Mittelägypten antraten, um die längere Niltalstrecke abzukürzen. In seiner anspruchslosen, aber klaren Form repräsentiert der Bau ein Grundschema ägyptischer Tempel,

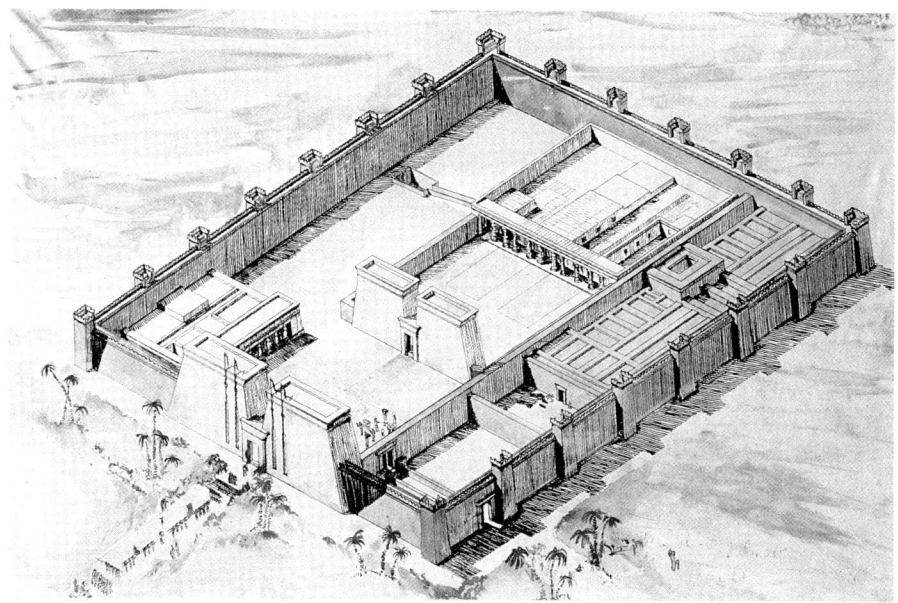

Rekonstruktion des Millionenjahrhauses Sethos' I. von Qurna.

das praktisch zu allen Zeiten vorkommt und auch im Mittleren Reich mehrfach vertreten ist (Medinet Habu, Medinet Madi, Qasr es-Sagha). Die Anlage besteht aus einer 21 × 24 Meter großen Ziegelumfassung mit einem Ziegelpylon an der Ostseite. Ein 8 × 10 Meter messender Ziegelbau im Innern enthält drei nebeneinanderliegende Kapellen, in die die heute zerstörten Kalksteinschreine für die Kultbilder eingebaut waren. Weihinschriften auf deren Türrahmen nennen den Falkengott.

Literatur: G. Schweinfurth, *Ein neuentdeckter Tempel in Theben,* in: ZÄS 41 (1904) 22–25; W. M. Flinders Petrie, *Qurneh* (London 1909) 4–6; Uvo Hölscher, *The Temples of the Eighteenth Dynasty* (Excavations of Medinet Habu, Bd. 2, Chicago, Ill. 1939) 4/5.

51 Sethos I.

Das nördlichste Millionenjahrhaus auf dem thebanischen Westufer wurde für Sethos I. und seinen Vater Ramses I. erbaut. Der vollständig aus Sandstein errichtete Bau steht heute noch großenteils bis zum Dach aufrecht. Seine turmbewehrte 124 × 162 Meter große Umfassungsmauer, die beiden ehemals mächtigen Pylonpaare und die Vorhöfe sowie die Magazinräume im Norden waren von 1969 bis 1987 Gegenstand von Grabungen und Restaurierungsarbeiten des Deutschen Archäologischen Instituts unter Rainer Stadelmann. Ein wesentliches Ergebnis dieser Arbeit war die Auffindung der Ziegelfundamente eines Tempelpalastes an der Südseite des Ersten Hofes.

Die 10-Säulen-Front des wohlerhaltenen 45 × 52 Meter großen Tempelhauses deutet mit verschieden großen Säulenabständen auf eine Dreiteilung im Innern mit drei getrennten Zugängen. Der zentrale Abschnitt wird vom 6-Säulen-Saal eingenommen mit seinen kultgeschichtlich wichtigen Seitenkapellen (Kultstatue und Barke Sethos' I. sowie ein lokaler Amun). Seine Rückfront wird von fünf Kapellen eingenommen, in denen die Barken von Ptah-Sokaris, Mut, Amun-Sethos, Chons und Nefertem-Osiris standen. Ganz im Westen liegt die fünfräumige Kultanlage für den vergöttlichten Sethos mit einer ehemals prachtvollen, heute zerstörten

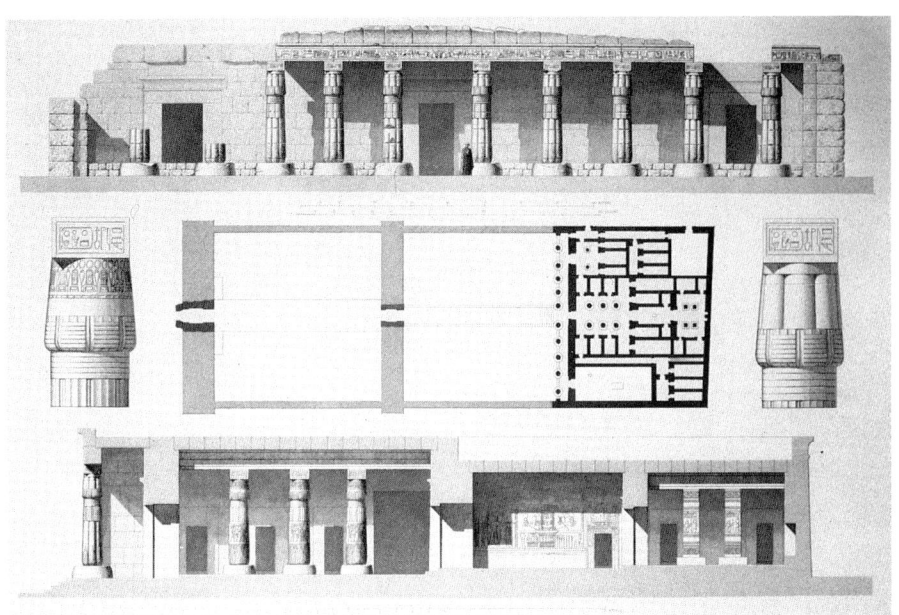

Dokumentation des Millionenjahrhauses Sethos' I. von Qurna.

Die Vorhalle des Anubis-Heiligtums im Hatschepsut-Tempel von Deir el-Bahari.

Scheintür in der Rückwand. Der nördliche Trakt besteht aus dem üblichen Sonnenkulthof mit einem Hochaltar. Der südliche Teil ist ein Millionenjahrhaus für den Osiris Ramses I., der in seiner weniger als zweijährigen Regierungszeit kein eigenes Millionenjahrhaus mehr bauen konnte. Dahinter liegt der Schlachthof. Die Dekoration des Tempels erfolgte nur noch zum Teil unter Sethos I. und wurde unter Ramses II. (zum Beispiel an der Fassade und im Sonnenhof) fortgesetzt und abgeschlossen.

Der Tempel und sein Kultprogramm ist in Verbindung mit dem im Tal der Könige angelegten gewaltigen Grab des Königs und seinem Millionenjahrhaus in Abydos zu sehen (S. 168–173). Die Qualität seiner Wandbilder reicht jedoch nicht an diese beiden Denkmäler heran.

Literatur: *Description*, Bd. II, Taf. 40–43; Prisse d'Avennes, *Histoire de l'art égyptien*, Bd. I (Paris 1878) Taf. 49; L. A. Christophe, *La salle V du temple de Séthi Ier Gournah*, in: BIFAO 49 (1950) 117–180; Rainer Stadelmann, *Der Tempel Sethos' I. in Qurna*, in: MDAIK 28 (1972) 293–299; 31 (1975) 353–356; 33 (1977) 125–131; 38 (1982) 395–405; Jürgen Osing, *Der Tempel Sethos' I. in Gurna. Die Reliefs und Inschriften*, Bd. I (Mainz 1977).

52 Hatschepsut

Auch der Terrassentempel der Königin Hatschepsut von Deir el-Bahari, der *Djeser-djeseru*, ist ein Millionenjahrhaus. Der vollständig aus feinem Kalkstein errichtete Bau zählt wie sein älterer Nachbar, der Mentuhotep-Tempel, zu den bedeutendsten und eigenwilligsten Schöpfungen der ägyptischen Tempelarchitektur. Statt der zu erwartenden Abfolge 1. Pylon – Hof – 2. Pylon – Pfeilersaal ist der Bau in eine Abfolge von zwei Terrassen gegliedert, deren Front nicht von Pylonen, sondern von frontal geöffneten Pfeilerhallen eingenommen wird. Er folgt teilweise dem Vorbild des Mentuhotep-Tempels (s. S. 140/41), unterscheidet sich aber bereits durch die Absonderung des Königsgrabes, das zwar nicht weit im Berg hinter dem Tempel liegt, aber nur durch das Tal der Könige zugänglich ist. In nur 15 Jahren erbaut und vollendet, stellt er der Leistungsfähigkeit des Baubetriebes der 18. Dynastie ein besonderes Zeugnis aus. Die Rolle, die dabei dem Haushof-

Das Hypostyl des Millionenjahrhauses Sethos' I. von Qurna.

meister Senenmut zukam, ist – trotz aller Spekulationen um seine Person und sein Verhältnis zur Königin – unbekannt.

Der Tempel scheint nach neuesten Untersuchungen das Ergebnis mehrerer Planänderungen zu sein. Begonnen wurde die Anlage vielleicht bereits unter Thutmosis II., jedoch in stärkerer Anlehnung an den Mentuhotep-Tempel (die obere Terrasse an drei Seiten von Pfeilerhallen umgeben). Dann erst wäre unter Hatschepsut die jetzige Form geschaffen worden. Auch dabei ergaben sich noch zahlreiche Änderungen. Zum Beispiel wurde das Hathor-Heiligtum erst nachträglich angefügt – und zuerst ohne die vordere Pfeilerhalle (oder Pronaos).

Vom – teilweise erhaltenen – Taltempel führte eine 37 Meter breite Aufwegstraße zum eigentlichen, vollständig in Kalkstein errichteten Tempel. Der obere

Das Kultbild der Hathor-Kuh auf einer Barke in ihrem Schrein, Relief im Hathor-Heiligtum der Hatschepsut von Deir el-Bahari.

Teil des Aufweges wurde mit einer Barkenstation eröffnet und war von gewaltigen Sphingen gesäumt. Der Aufweg mündet in einen weiten Vorhof, in dem ein Tempelgarten mit Papyrus-Pflanzbecken angelegt war. Dahinter führt eine mächtige Rampe auf eine von zwei Kolossalstatuen flankierte erste Terrasse, deren Front durch zwei Pfeilerhallen gebildet wird. Oben auf der ersten Terrasse liegt in der Nordwestecke ein Anubis-Heiligtum mit geheimnisvoll dunklen Kultkammern.

Über der ersten Terrasse erhebt sich auf einer zweiten Stufe das eigentliche Heiligtum. Seine breite Pfeilerfront wird von 26 kolossalen Statuenpfeilern mit feinen Porträts der Königin gebildet. Zentral hinter einem Wald von 63 Pfeilern öffnen sich das Barkensanktuar und der Kultbildraum für Amunre und die Königin. Südlich des Pfeilersaales liegen zwei riesige mit Kraggewölben gedeckte Totenopfersäle für Hatschepsut und ihren Vater Thutmosis I. Nördlich schließt sich an den

Das Innere des Anubis-Heiligtums im Hatschepsut-Tempel von Deir el-Bahari.

Saal ein Sonnenheiligtum an, ein offener Kulthof mit einem gut erhaltenen Hochaltar für Reharachte.

Ein großer Teil des historisch und kunstgeschichtlich bedeutsamen Reliefschmuckes des Tempels ist entweder noch *in situ* erhalten oder aus Fragmenten rekonstruiert worden. Aus den zahlreichen Bildzyklen ragen die einzigartige Darstellung der Expedition nach dem sagenhaften Punt, die Fahrt der schwer beladenen Obeliskenschiffe von Assuan nach Theben und die Geburt und Krönung der Hatschepsut besonders hervor. Viele Reliefs waren bis vor kurzem noch mit ihrer prachtvollen Bemalung erhalten. Die zahlreichen Statuen und Sphingen der Königin wurden bei der *damnatio memoriae* der Königin – wohl gleichzeitig mit der Errichtung des Millionenjahrhauses für Thutmosis III. – in kleinste Stücke zerschlagen, ja sogar die Statuenpfeiler der obersten Terrasse abgemeißelt und in einen nahen Steinbruch geworfen. Dort wurden sie 1934 von der Expedition des

Ausschnitt aus dem Punt-Relief im Hatschepsut-Tempel von Deir el-Bahari.

Metropolitan Museums of Art, New York, ausgegraben und rekonstruiert (heute in Kairo und New York).

Südlich neben dem Haupttempel liegt ein selbständiges Hathor-Heiligtum. Der Pronaos und Säulensaal sind frei errichtet und verfügen über besonders schöne Hathor-Kapitellsäulen. Die Innenräume liegen bereits im Felsen. Die Wandbilder des Sanktuares überliefern das unter einem Baldachin auf einer Barke stehende Kultbild der kuhgestaltigen Gottheit. Diese lokale Erscheinungsform der Hathor wird in diesem «heiligen Wüstental» bereits seit dem Mittleren Reich als Nekropolengöttin verehrt. Mit ihr vereinigt sich in der Felsgrotte die Königin. Gegenüber am Nordende der mittleren Terrasse befindet sich ein Höhlenheiligtum des Anubis.

Der Tempel war teilweise noch bis in ptolemäische Zeit in Betrieb und wurde später in das koptische Epiphanias-Kloster umgewandelt. Die 1858 von Mariette begonnene Freilegung und Instandsetzung der Ruine ist in den letzten Jahrzehnten in einen umstrittenen Wiederaufbau übergegangen. Der Tempel zählt heute zu den Hauptattraktionen des Ägypten-Tourismus, was dem Erhaltungszustand dieses einzigartigen Baudenkmals und seiner delikaten Wanddekoration nicht unbedingt zuträglich ist.

Fassade des Hathor-Heiligtums im Hatschepsut-Tempel von Deir el-Bahari.

Literatur: Édouard Naville, *Deir el-Bahari*, 6 Bde. (London 1895–1908); D. Arnold, *Deir el-Bahari*, in: LÄ I 1017–1022; Z. Wysocki, *The Result of research . . . in the Hatshepsut Temple of Deir el-Bahari*, in: MDAIK 40 (1984) 329–349, 41 (1985) 293–307, 42 (1986) 213–228.

53 Thutmosis III. in Deir el-Bahari

Deir el-Bahari mit den Tempeln des Mentuhotep Nebhepetre, Thutmosis' III. und der Hatschepsut in Deir el-Bahari.

Gegen Ende seiner Regierungszeit errichtete Thutmosis III. einen *Djeser-achet* genannten Tempel auf einer sowohl den Mentuhotep- als auch den Hatschepsut-Tempel weit überragenden Plattform. Von Steinräubern ab dem Ende der Ramessidenzeit bis auf die Fundamente zerstört und unter Felsstürzen begraben, wurden die Ruinen erst 1962 von polnischen Archäologen wiederentdeckt und seitdem gründlich erforscht.

Hätte Thutmosis III. nicht schon vorher einen weiteren Tempel nördlich des Ramesseums erbaut, wäre die Funktionsbestimmung seines Tempels in Deir el-Bahari einfach. Denn eine Inschrift nennt ihn Millionenjahrhaus. So ist es aber vorerst nicht möglich, die bedeutungsmäßigen Unterschiede zwischen den beiden Anlagen zu erkennen, zumal wir ja mit dem *Achmenu* in Karnak noch über ein weiteres Millionenjahrhaus des gleichen Königs verfügen, das ebenfalls in diese Betrachtungen miteinbezogen werden müßte. Die Anlage in Deir el-Bahari umfaßte einen – noch nicht gefundenen – Taltempel, eine breite Zugangsstraße durch das Asasif hinauf, der vielerorts noch zutage tritt und dessen unteres Ende mit zwei Baumreihen bepflanzt war. Auf halbem Weg zum Tempel war der Aufweg durch eine kleine Barkenstation unterbrochen. Der Tempel selbst mag einen phantastischen Anblick geboten haben. Nach der Rekonstruktion der Ausgräber führte eine gewaltige Rampe zu dem 20 Meter über dem Talgrund gelegenen

Tempelbau hinauf. Die Tempelfront öffnete sich wohl mit einer Art Pfeilerpronaos. Dahinter tritt man durch ein Granittor, dessen Gewände heute noch aufrecht stehen, unmittelbar in einen großen Säulensaal. Eine basilikal überhöhte Stellung von acht 8 Meter hohen Mittelsäulen war allseitig von niedrigeren Säulen umgeben. Dahinter folgte das Mittelsanktuar mit den Kultbildkammern und weiteren Raumgruppen auf beiden Seiten.

Die polnische Expedition arbeitet seit längerem an der Zusammensetzung der in Tausende von Fragmenten zerschlagenen Wanddekoration. Diese Reliefs haben zum Teil noch ihre prachtvolle Bemalung erhalten und werden sicher zur Funktionsbestimmung der einzelnen Räume und der gesamten Anlage beitragen. Auch vom Statuenprogramm des Baues wurden zahlreiche Bruchstücke gefunden, darunter zwei Meisterwerke der Königsplastik der Thutmosidenzeit.

Tiefer, auf der Höhe der Terrasse des Mentuhotep-Tempels, lag das dem Thutmosis-Tempel zugehörige Höhlenheiligtum der Hathor-Kuh, in dessen vollständig erhaltenem Sanktuar 1906 noch das unversehrte Kalksteinkultbild gefunden wurde, eine lebensgroße bunt bemalte Hathor-Kuh (im Ägyptischen Museum Kairo). Das Fell der Kuh war rotbraun mit schwarzen Schecken bemalt, ihr Kopf, das Gehörn und die Flanken waren ursprünglich vergoldet.

Nördlich des Ramesseums liegen die geringen Überreste des weiteren, *Henket-anch* genannten Terrassentempels Thutmosis' III. Eine 85 × 148 Meter messende Ziegelumwallung mit einem gewaltigen Frontpylon schloß ein auf zwei Terrassen errichtetes Heiligtum ein. Auf der obersten Terrasse reihten sich an seiner Front zehn Statuenpfeiler des Königs. Das Planschema der Innenräume ist ein klarer Vorläufer der Millionenjahrhäuser und schließt sowohl ein Sonnenheiligtum als auch eine eigene Hathor-Kultstätte ein.

Literatur: Herbert Ricke, *Der Totentempel Thutmoses' III.* (Kairo 1939); Jadwiga Lipinska, *Deir el-Bahari*, Bd. II, *The Temple of Tuthmosis III. Architecture* (Warschau 1977).

54   Mentuhotep

Der Tempel des Königs Mentuhotep Nebhepetre in Deir el-Bahari ist ein historisch und baugeschichtliches Denkmal ersten Ranges und praktisch der einzige halbwegs erhaltene Zeuge des monumentalen Tempelbaus des Mittleren Reiches (s. auch S. 17/18). Seiner erneuten Wertschätzung in der 18. Dynastie und einem die Ruinen bedeckenden Bergsturz in der 20. Dynastie verdanken wir seinen leidlich guten Erhaltungszustand.

Wie die Pyramidentempel des Alten Reiches besaß die *Ach-sut* genannte Anlage einen – in Fruchtland versunkenen – Taltempel und eine 1200 Meter lange und 46 Meter breite Aufwegsstraße. Sie mündete in einen weiten, den innersten Talkessel von Deir el-Bahari einschließenden Vorhof. Der Prozessionsweg führte zwischen Standbildern des Königs und einem Tempelgarten hindurch zum eigentlichen Heiligtum. Es bestand aus zwei Teilen. Der vordere aus Kalkstein erbaute Teil war dem Month-Re geweiht und bestand aus einem auf einer Terrasse erhobenen 11 Meter hohen Kernbau. Dieser blockförmige Baukörper war allseitig von einem Ambulatorium mit achtkantigen Sandsteinpfeilern umgeben. Daß der Kernbau von einer Pyramide bekrönt war, ist aus statischen Gründen abzulehnen. Der hintere Teil des Heiligtums bestand aus Sandstein und war zunächst nur als ein «Ka-Haus» dem Kult des Königs geweiht. Er war in das steil ansteigende

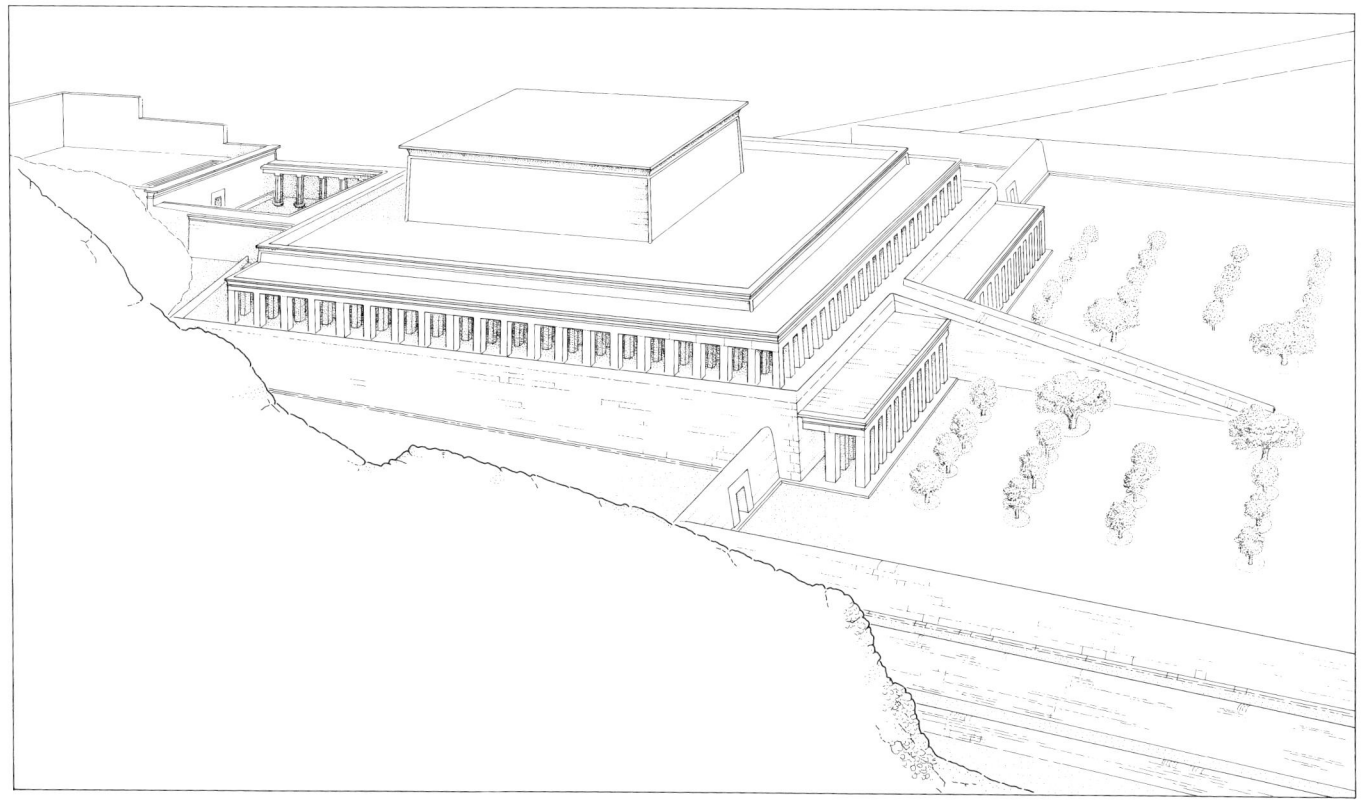

Rekonstruktion des Tempels des Königs Mentuhotep Nebhepetre von Deir el-Bahari.

Bergmassiv geschnitten und besaß einen offenen Hof und einen 4×10-Pfeiler-saal mit der Statuenkapelle. In den letzten Regierungsjahren des Königs wurde mit dem Einbau eines dem Statuenraum vorgelegten Sanktuares der Kult des thebanischen Amunre eingeführt und die Anlage somit in ein echtes Millionen-jahrhaus verwandelt. Alle Teile des Tempels waren mit reichem Reliefschmuck versehen.

Das Grab des Königs liegt 150 Meter tief im Berg und besteht aus einer kleinen, schreinförmigen Alabasterkapelle. Im unteren Hof, vor dem Tempel, wurde 1901 das Bab el-Hosan entdeckt, ein tiefes Zweitgrab des Königs, in dem neben einem leeren Sarg das schwarze Sitzbild des Königs beigesetzt war, das sich heute im Ägyptischen Museum Kairo befindet. Aus einer früheren Bauphase stammen die Ka-Kapellen und Grabschächte von sechs Damen der Königsfamilie (unter ande-ren Aschait und Kawit) in der Westhalle des Ambulatoriums.

Literatur: Édouard Naville, *The XIth Dynasty Temple at Deir el-Bahari,* 3 Bde. (London 1907, 1910, 1913); Dieter Arnold, *The Temple of Mentuhotep at Deir el-Bahari* (New York 1979); idem, *Der Tempel des Königs Mentuhotep von Deir el-Bahari,* 3 Bde. (Mainz 1974, 1974 1981); D. Arnold, *Deir el-Bahari,* Bd. II, in: LÄ I 1011–1017.

Die Ruinen des zweiten Hofes des Ramesseums
mit dem gestürzten Koloß von Westen.

Plan des Ramesseums.

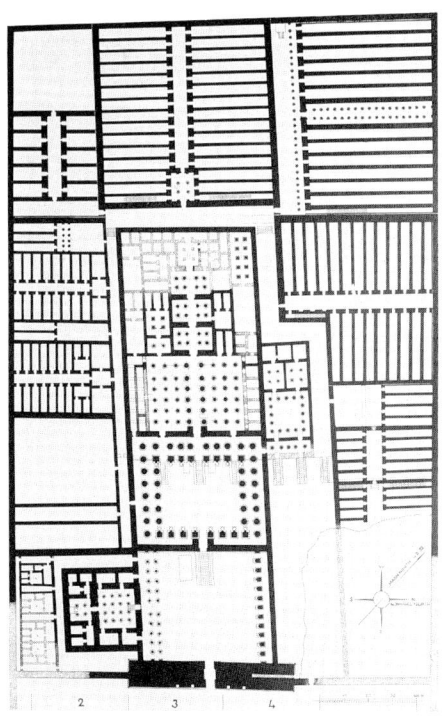

55   Ramesseum

Ramses II. ließ zur Sicherung seiner göttlichen Fortexistenz in Abu Simbel, Theben, Abydos, Memphis und Heliopolis gewaltige Millionenjahrhäuser errichten.
Die bedeutendste Anlage, das Ramesseum, wurde – traditionsgemäß in der Nähe
des Königsgrabes – auf dem thebanischen Westufer errichtet und bildet dort, nach
dem Millionenjahrhaus Amenhoteps III., die größte derartige Anlage. Während
den älteren Vorgängerbauten in Theben mehrere weite Höfe vorgelagert waren,
wurden diese Höfe im Ramesseum erstmals auf die Breite des Tempelhauses
gebracht und mit ihrem Pylon fest in das Tempelhaus eingebunden. An den ersten
Hof ist ein kleiner Kultpalast für den fiktiven Besuch des Königs angegliedert. Ihm
zur Seite erhob sich der 19 Meter hohe und über 1000 Tonnen schwere Granitkoloß des Königs, der als Osymandyas eines vielzitierten Sonetts Shelleys in die
Geschichte einging. Den ersten und zweiten Hof schmückten 11 und 16 gewaltige
Statuenpfeiler des Königs. In der Mitte des zweiten Hofes standen ein prachtvoll
geschmückter Altar sowie gegen die Rückseite zwei 12–13 Meter hohe monolithe
Sitzfiguren des Königs aus schwarzem Granit. Dahinter folgt das Hypostyl von
2 × 6 Mittelsäulen und 6 × 6 kleineren Papyrussäulen in den Seitenschiffen. Es ist
architektonisch ganz ähnlich angelegt wie das Hypostyl von Karnak und das des
Ptah-Tempels von Memphis. Darstellungen der Kriege Ramses' II., unter anderem
die berühmte Schlacht von Kadesch gegen die Hethiter, sind bis in den Wandschmuck dieser Halle eingedrungen. Die Wände der übrigen Räume des Tempels
sind so weit zerstört, daß wir die Raumfunktion nur durch einen Vergleich mit
anderen thebanischen Millionenjahrhäusern erschließen können. Hekataeus von
Abdera sah diesen Tempelteil noch aufrecht stehen und rühmt die Farbenpracht

Relief aus dem Sanktuar des Tempels des Königs Mentuhotep Nebhepetre von Deir el-Bahari im Metropolitan Museum of Art, New York.

seiner Wandreliefs, die ja teilweise noch bis ins frühe 19. Jahrhundert sichtbar war. Er beschreibt auch ein astronomisches Wunderwerk, nämlich einen in goldenen Bildern in das riesige Tempeldach oder seine Umrahmung eingelassenen Jahreskreis von 365 Ellen Umfang [= 51,5 Metern Durchmesser] mit den Sternauf- und -untergängen für jeden Tag des Jahres, offenbar eine Art früher Vorläufer der Sonnenuhr des Augustus auf dem Marsfeld in Rom. Nördlich neben dem Tempel stand ein der Tuja und Nofretari geweihtes Geburtshaus.

Besonders eindrucksvoll sind die noch hoch anstehenden Ziegelmauern der gewaltigen Lagerhäuser, die das steinerne Tempelhaus im Norden, Westen und Süden umgeben. Bei einigen Hallen der Nordserie stehen sogar noch die 3,7 Meter überspannenden Ziegeltonnen aufrecht. In einem von den Magazinen überbauten Grab aus der 13. Dynastie wurde 1895/96 eine Truhe mit äußerst wichtigen Papyri entdeckt, die als «Ramesseumspapyri» in die Ägyptologie eingegangen sind. Im Süden, Westen und Norden umgab eine 15 Meter breite, von Sphingen eingefaßte Prozessionsstraße die Tempelumwallung.

Literatur: Aus der (verlorenen) *Aegyptiaka* des Hekataeus von Abdera (spätes 4. Jh. v. Chr.) überliefert bei Diodor, Buch I 47–149, und Strabo, Buch XVII, 46; *Description,* Bd. II, Taf. 27–37; James E. Quibell et alii, *The Ramesseum* (London 1898); H. Carter, *Report on the work done at the Ramesseum,* in: ASAE 2 (1907) 193–195; E. Baraize, *Deblaiement du Ramesseum,* in: ASAE 8 (1901) 193–200; Jean-Claude Goyon und Hasan el-Ashiri, *Le Ramesseum,* 12 Bde. (Kairo 1973–1979); *Memnonia,* Bd. I (Kairo 1990/91).

Die tonnengewölbten Speicher des Ramesseums.

56 Amenhotep III., Memnoneion

Die beiden Memnon-Kolosse, ein Wahrzeichen Thebens, sind neben einer kolossalen Stele und einigen Säulenbasen die letzten noch sichtbaren Überreste des Millionenjahrhauses Amenhoteps III., des größten je in Ägypten errichteten Tempels, der mit seiner 700 × 550 Meter weiten und 8,5 Meter starken Umfassung sogar den Amun-Tempel von Karnak übertraf. Das eigentliche Tempelhaus nahm die Südhälfte des Bezirkes ein und besaß vier von Pylonen abgeschlossene Vorhöfe. Vor dem ersten (Ziegel-)Pylon saßen die beiden Kolossalstatuen des Königs, jede 23 Meter hoch und (ohne Basis) etwa 1000 Tonnen schwer. Der nördliche der beiden zog im Altertum das Interesse zahlloser Besucher auf sich, die auf dem Sockel ihre Graffiti hinterließen. Denn bei Sonnenaufgang erzeugten Risse im Stein einen langanhaltenden, klagenden Ton. Strabo erzählt:

«Auch ich hörte, als ich mit Aelius Gallus [dem römischen Präfekten von Ägypten] und einer Menge seines Gefolges dort weilte, etwa in der ersten Tagesstunde das Geräusch, aber ich kann unmöglich mit Sicherheit unterscheiden, ob das Geräusch vom Sockel oder vom Koloß ausging oder nicht eher künstlich von einem der Männer erzeugt wurde, die dort umherstanden. Denn in Anbetracht der Unsicherheit über die Ursache glaube ich eher alles andere, als daß der Ton von festgefügten Steinen kommt.»

Zwei weitere Kolosse standen vor dem 2. Pylon, ein Paar Kolossal-Sphingen vor dem 3. Pylon. Von diesem führte wahrscheinlich eine Sphinx-Allee zum Tor des vierten Hofes. Dieser war von gewaltigen Säulenhallen umgeben, an drei Seiten drei Reihen tief, an der Rückseite saalartig vier Reihen tief. Er übertraf damit den Hof des Luxor-Tempels um das Doppelte. Diese Papyrusbündelsäulen waren

Die Memnon-Kolosse am Millionenjahrhaus
Amenhoteps III.

14,2 Meter hoch (die im Luxor-Tempel 11,55 Meter). Zwischen der Frontreihe an der Ost- und Westseite des Hofes standen etwa 8 Meter hohe Kolosse des Königs. Inschriften auf ihren Sockeln haben die Archäologen in Aufregung versetzt. Denn sie überlieferten einen historisch äußerst wichtigen Katalog der «besiegten» Fremdvölker, u. a. mit einem Katalog ägäischer (d. h. auch kretischer) Städte.

Vom eigentlichen Tempelhaus sind nur noch spärliche Reste zutage gekommen, die keine Rekonstruktion seines Grundplanes mehr erlauben. Es ist aber anzunehmen, daß neben dem Kult des Königs der Kult des Amunre in der südlichen und der des Ptah-Sokaris-Osiris in der nördlichen Hälfte des Tempels Schwerpunkte besaßen. Erwähnt sei auch die Annahme, daß die gesamten Wände des gewaltigen Säulenhofes mit dem wohl größten denkbaren Zyklus eines Sed-Festes bedeckt waren. Den gewaltigen Abmessungen des Tempels entsprach seine üppige Ausstattung mit Statuen und Stelen. Außer den bereits genannten Kolossen standen im Säulenhof zwei riesige 8,6 und 9,7 Meter hohe Stelen, von denen die eine wiedererrichtet werden konnte. Unter den zahllosen Skulpturresten ragen Hunderte von

Sachmet-Statuen, Alabaster-Sphingen mit Krokodilschwänzen, Sandstein-Sphingen mit Anubis-Köpfen und eine lebensgroße Nilpferdstatue aus Alabaster hervor.

Innerhalb der Umwallung lagen sicherlich die aus Ziegeln errichteten Nebengebäude, Gärten und Seen sowie ein Sokaris-Tempel. Der Tempel wurde wahrscheinlich durch ein Erdbeben in der Regierungszeit des Merenptah (um 1220 v. Chr.) umgeworfen und dann durch Steinraub und Nilüberschwemmung vollständig zerstört.

Literatur: Strabo, *Geographie* 17. 1. 46; *Description*, Bd. II, Taf. 20–22; A. und E. Bernand, *Les inscriptions du Colosse de Memnon* (Kairo 1960); Gerhard Haeny, *Untersuchungen im Totentempel Amenophis' III.* (BeiträgeBf 11, Wiesbaden 1981).

57 Deir el-Medine

In einem geschützten Seitental der thebanischen Nekropole liegt Deir el-Medine, der Wohnort der Handwerker und Künstler, die ab der 18. Dynastie die Gräber der Könige und ihres Hofstaates herstellten. Den meisten heutigen Besuchern ist nicht bewußt, daß dieser nur siebzig Häuser zählende Ort neben seinen interessanten Hausruinen und Gräbern einen erstaunlichen Reichtum an Göttertempeln und Kapellen hinterlassen hat, Bauten, die besondere Details aufweisen: ein Hathor-Tempel Sethos' I., ein Amun-Tempel und ein Hathor-Tempel Ramses' II. und der besonders schöne Hathor-Tempel Ptolemäus' IV. Philopators, das eigentliche «Deir» el-Medine. Der Hathor-Tempel Sethos' I. ist gänzlich aus Ziegeln errichtet und erhebt sich der Landschaft angepaßt stufenförmig auf drei hohen Terrassen. Eine steile Treppenrampe führt zum offenen Vorhof hinauf, in dessen Pflaster drei Reinigungsbecken eingesenkt sind und in dem zahlreiche Votive aufgestellt waren. Über eine weitere Treppe ersteigt man einen Zweisäulensaal. Entlang seiner Seitenwand sind in einer Ziegelbank die Sitze für sieben Priester angeordnet, die offenbar hier ihren Versammlungsort hatten. Daneben führt ein Durchgang in eine Küche mit einem Herd für die Zubereitung der Opfergaben. Etwas erhöht schließt sich ein zweiter Zweisäulensaal von ungewöhnlich phantastischen Formen an, die eher an eine Bühnendekoration als an traditionelle ägyptische Bauformen erinnern. Anstelle der Rückwand erhebt sich nämlich eine hohe, über eine steile Treppe erreichbare, vorn offene Terrasse, auf der zwei Säulen standen. Diese trugen zusammen mit den zwei tiefer stehenden Säulen des Saales Quertonnen, mit denen Saal und Terrasse eingedeckt waren. In der Rückwand der Terrasse wiederum führen Eingänge in die drei nebeneinander liegenden Sanktuare. Die Säulen besaßen einen Holzkern und waren aus Gips modelliert. Alle Wände waren weiß verputzt und bunt bemalt.

Der von Ptolemäus IV. Philopator begonnene (und von Ptolemäus VI. Philometor und Ptolemäus VIII. Euergetes II. vollendete) Hathor-Tempel ist der letzte ägyptische Tempel, der noch wie eine kleine Festung von seiner ursprünglichen Ziegelmauer eingeschlossen ist. Sie lehnt sich gegen die dahinter steil aufragende Felswand. Im Innern erhebt sich der kleine Sandsteinbau von besonders sorgfältiger Ausführung und Dekoration. Der kleine Tempel war neben der Nekropolengöttin Hathor weiteren Gottheiten der thebanischen Unterwelt geweiht. Er besitzt einen kleinen Säulensaal, dessen erhöhter rückwärtiger Teil durch eine Schrankenwand abgesondert und zu einem Opfertischraum gestaltet ist. Die beiden Mittelsäulen tragen reiche Kompositkapitelle. Die Wandpfeiler sind mit ihrer Dekoration prachtvolle Beispiele für späte Hathor-Pfeiler. Im Opfertischraum windet sich

Das Innere des Hathor-Tempels von Deir el-Medine.

Die Ziegelumwallung des Hathor-Tempels von Deir el-Medine.

eine Treppe aufs Tempeldach. Auf den ersten Treppenabsatz öffnet sich ein steinernes Fenster, dessen Gitter von drei reich verzierten Säulchen gebildet wird. Hinter dem Opfertischraum liegen die drei Sanktuare. Unter den interessanten Wandreliefs ragt das der linken Seitenkapelle hervor, das die Szene des Abwiegens des Herzens beim Jenseitsgericht darstellt.

Im Tempelbereich wurden unter anderem zahlreiche Augen und Ohren darstellende Stelen gefunden, mit deren Hilfe die Stifter Blick und Gehör der Gottheit auf sich lenken wollten.

Literatur: *Description*, Bd. II, Taf. 34–37; Prisse d'Avennes, *Histoire de l'art égyptien*, Bd. I (Paris 1878) Taf. 36; B. Bruyère, *Rapports sur les fouilles de Deir el-Médineh (1935–40)*, 2. Teil (FIFAO 20 Kairo 1948) 99–104, Abb. 52–55, Taf. 3–10; D. Valbelle, *Deir el-Medineh*, in: LÄ I 1028–1034; P. du Bourguet, *Le temple d'Hathor à Deir el-Medineh* (MIFAO 92 Kairo, noch nicht erschienen).

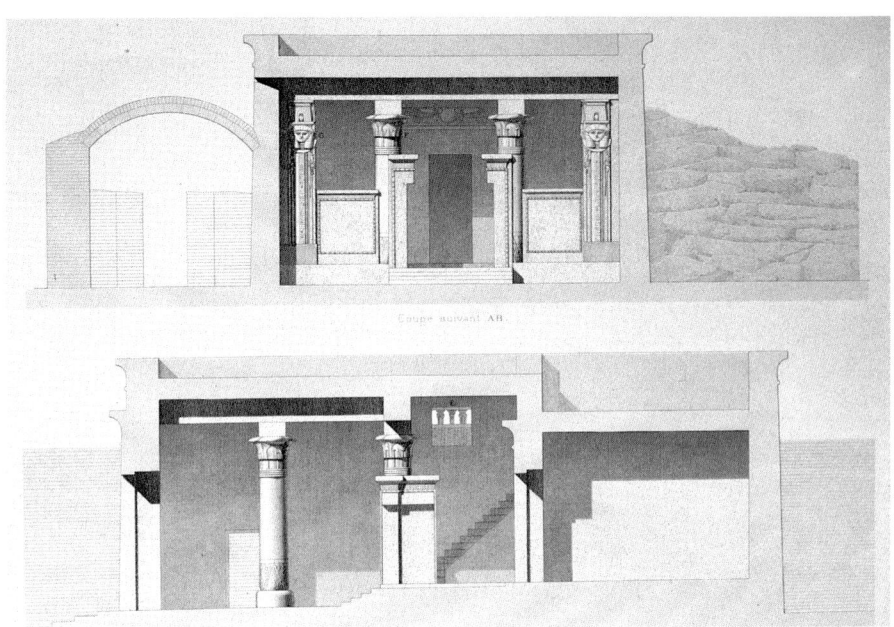

Quer- und Längsschnitt durch den Hathor-Tempel von Deir el-Medine.

Rechte Seite: Der ptolemäische Pylon und der Kiosk des Antoninus Pius vor dem Heiligtum des Amun und der acht Urgötter von Medinet Habu.

Rekonstruktion des Totentempels des Amenophis, Sohnes des Hapu.

58   Amenophis, Sohn des Hapu

1934/35 grub das Institut Français du Caire im Gelände südlich des Memnoneions einen monumentalen, privaten Totentempel aus, den des berühmten Amenophis, Sohnes des Hapu, eines Beamten Amenhoteps III., der (zusammen mit Imhotep) bis in römische Zeit als eine Art Heiliger der Gelehrsamkeit verehrt wurde. Die 45 × 110 Meter große Ziegelanlage besaß manche Merkmale eines Millionenjahrhauses wie zum Beispiel drei Sanktuare. Besonders interessant war jedoch die Gestaltung des ersten Hofes. In seiner Mitte lag ein 25 × 26 Meter großes und sehr tiefes, aus dem Grundwasser gespeistes Wasserbecken, an dessen vier Seiten zwanzig Bäume in Gruben gepflanzt waren, ähnlich jenem berühmten Holzmodell des Mektire (11. Dynastie, Metropolitan Museum of Art, New York). An der Rückseite des Hofes erhob sich auf einer erhöhten Terrasse die mit einem Pfeilerportikus geschmückte Tempelfront. Das Grab des Amenophis lag wahrscheinlich im Gebirge weiter im Westen.

Monumentale, private Totentempel dieser Art, meist mit dem Grab direkt verbunden, gab es noch viele, nicht nur in der thebanischen Nekropole (schöne Beispiele aus der Saitenzeit), sondern auch in der Nekropole des Neuen Reiches in Saqqara (zum Beispiel das des Haremhab).

Literatur: C. Robichon und A. Varille, *Le temple du scribe royal Amenhotep fils de Hapou* (FIFAO II Kairo 1936).

59   Medinet Habu: Der Tempel der 18. Dynastie

Am Südrand der thebanischen Nekropole lag am Fruchtlandrand das kleine, aber bedeutende Heiligtum des Ur-Amun. Die Funktion des Tempels war ungewöhnlich. Der Bau galt als Grab oder eher Kenotaph des Ur-Amun Kematef und der Acht Urgötter von Hermopolis, eine besonders heilige Stätte, ein «Urhügel». Alle zehn Tage erschien hier in einer Prozession aus Luxor Amun von Karnak, um seine göttlichen Vorfahren durch ein Opfer zu beleben und sich selbst zu regenerieren (S. 112).

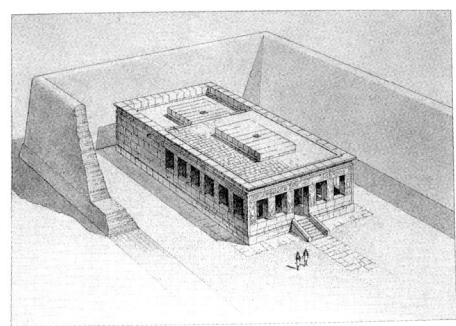

Rekonstruktion des Tempels des Ur-Amun von Medinet Habu im Zustand der 18. Dynastie.

Über den Fundamenten eines kleineren Baues aus der 11. Dynastie errichtete Hatschepsut einen sechsräumigen Tempel mit einem vorgelegten Barkensanktuar mit Pfeilerumgang (ca. 13 × 29 Meter groß), also eine Barkenstation für Amunre aus Karnak. Grabähnliche Aspekte lassen sich dagegen in der Architektur des Tempels nicht feststellen. Dieser kleine Tempel wurde bei der Errichtung des Millionenjahrhauses Ramses' III. in die Nordostecke der großen Umwallung miteinbezogen. In äthiopischer Zeit wurde der Tempel durch einen 2 × 8-Säulengang mit Frontpylon erweitert und zu diesem Zweck die große Umwallung Ramses' III. durchbrochen. Unter Ptolemäus VIII. Euergetes II. und Ptolemäus XII. Neos Dionysos wurde ein weiterer großer Pylon errichtet und dem Äthiopenpylon eine Säulenkolonnade vorgelegt. Eine Zweisäulenstellung vor dem ptolemäischen Pylon erhielt derartige Dimensionen, daß die Spannweite zwischen diesen Säulen (7,3 Meter) nur noch durch Holzbalken überbrückt werden konnte. Unter Antoninus Pius wurde eine weitere, 42 Meter breite Vorhalle mit einem großen Vorhof begonnen, aber nicht mehr vollendet.

Literatur: Uvo Hölscher, *The Temples of the Eighteenth Dynasty* (The Excavations of Medinet Habu, Bd. 2, Chicago 1939).

60   Medinet Habu: Der Tempel Ramses' III.

Einer der am besten erhaltenen und durch das Oriental Institute der Universität Chicago mustergültig erschlossenen Ramessiden-Tempel ist das Millionenjahrhaus Ramses' III.

Die Umwallung des Bezirkes war ursprünglich um so viel kleiner, daß der große steinerne Pylon die Front der Umfassungsmauer bildete. Erst in den späten Regierungsjahren Ramses' III. wurde die äußere, 18 Meter hohe und 205 × 315 Meter große Umwallung errichtet, die dem Heiligtum – mehr noch als sonst üblich – militärische Züge verlieh. Eine monumentale Kaianlage vor der Mitte der Ostseite bildete den Auftakt. Dahinter folgte der neue Eingang, das «Hohe Tor» (mit einem ähnlichen Pendant im Westen), ein in der ägyptischen Architektur einzigartiges Bauwerk, dessen nächste Vergleichsbeispiele im syrischen Festungsbau zu suchen sind und das auch tatsächlich wie jene *migdol,* «Zwinger», genannt wurde. Es war mit einer Art bewohnbarem Söller kombiniert.

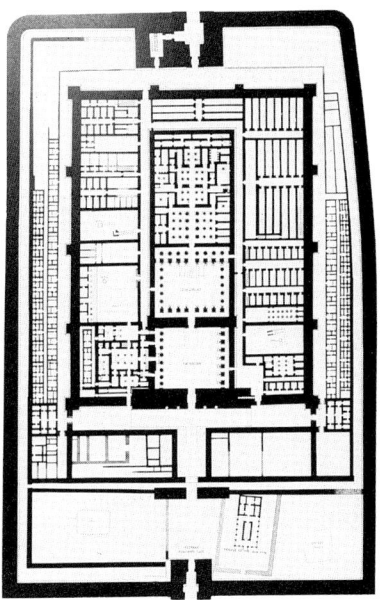

Plan des Millionenjahrhauses Ramses' III. von Medinet Habu.

Die Südostecke des älteren Bezirkes nahm – wie bei den älteren Millionenjahrhäusern – ein königlicher Kultpalast ein, dessen Front sich mit einem Erscheinungsfenster auf den ersten Hof des Tempels öffnete. Dank des guten Erhaltungszustandes und der sorgfältigen archäologischen Bearbeitung vermittelt die Anlage auch heute noch dem Besucher einen guten Eindruck vom Aussehen eines Palastes mit einem Thronsaal mit zwölf Palmstammsäulen, Nebenthronräumen, dem Schlaf- und Badezimmer des Königs und drei kleineren Wohnungen für die Begleitung des Königs.

Das 150 Meter lange Tempelhaus folgt in seinem Grundriß weitgehend dem des Ramesseums. Auf zwei mit Statuenpfeilern des Königs geschmückte Vorhöfe folgt der (heute zerstörte) Säulensaal mit erhöhtem Mittelgang. Dahinter reihen sich Gastgötter- und Opfertischsaal und das Sanktuar für die Amun-Barke. Dahinter liegen geheimnisvoll abgeschlossene Räume zur Abhaltung von Mysterien für Amunre.

Südlich der Mittelachse reihen sich die fünf Schatzkammern, eine Month-Kultstätte und die in eine Art Osiris-Tempel umgewandelten Totenkulträume Ramses'

Das «Hohe Tor» des Millionenjahrhauses Ramses' III. von Medinet Habu.

III. Gegenüber im Norden sind es vier Kapellen für Bilder des Königs, Ptahs und Amuns und anderer Götter, ein kultischer Schlachthof, eine Sonnenkultstätte mit Dachtreppe und ein Heiligtum der Götterneunheit. In vielen Wänden und Decken haben sich bedeutende Reste der bunten Bemalung erhalten.

Die innere und äußere Umwallung umschließen Lagerhallen, Kasernen mit Pferdeställen, Büros, Brunnen, kleine Teiche, Gärten usw. In der 25./26. Dynastie ließen sich die Gottesgemahlinnen des Amun (s. S. 53/54) Amenirdis, Nitokris und Schepenupet I./II. ihre Gräber und kleine Totenkultkapellen in der Südostecke des äußeren Hofes anlegen. Architektonisch liegt ihre Bedeutung darin, daß hier, um 760 v. Chr., zum erstenmal in Ägypten und überhaupt im Nahen Osten echte steinerne Tonnengewölbe auftreten[39]. Über den allmählich in Trümmer gesunkenen Tempelbezirk zog sich in koptischer Zeit die Siedlung *Djeme*.

Literatur: Uvo Hölscher, *The Mortuary Temple of Ramses III* (The Excavations of Medinet Habu, Bd. 4/5, Chicago 1951, 1954); R. Stadelmann, *Medinet Habu*, in: LÄ III 1255–1271.

Rekonstruktion des ersten Hofes des Millionenjahrhauses Ramses' III. von Medinet Habu.

Außer den genannten lassen sich in Theben-West archäologisch noch Millionenjahrhäuser folgender Könige nachweisen, die fast alle bis in die Fundamente zerstört sind: Relativ klein und kapellenartig waren die Bauten Amenhoteps I., Thutmosis' II., Amenhoteps II. und Thutmosis' IV. Haremhab übernahm eine Anlage des Tutanchamun und des Aja in Medinet Habu und erweiterte den Bau beträchtlich. Merenptah errichtete südwestlich des Ramesseums einen Tempel, zunächst aus Ziegeln, später in Stein unter Verwendung zahlreicher Spolien aus dem bereits zerfallenden Tempel Amenhoteps III. Nördlich daneben liegen die Ziegelruinen des Tempels der Tausret und nördlich des Ramesseums die geringen Reste der Kapelle des Siptah. Ramses IV. begann am unteren Ende des Asasifs unter Verwendung von Spolien eine größere Anlage in der Art des Tempels Ramses' III. von Medinet Habu.

61 Qasr el-Aguz

Wenig südlich liegt ein kleiner, von Ptolemäus VIII. Euergetes II. dem Thot geweihter Tempel mit Kulteinrichtungen für die ptolemäischen Vorfahrenkönige. Der dreiräumige Bau ist noch gut erhalten und enthält interessante Texte und Darstellungen.

Literatur: Dominique Mallet, *Le Kasr el-Agouz* (MIFAO 11, Kairo 1909).

62 Deir esch-Schelwit

4 km südlich von Medinet Habu liegt ein kleiner, bis zum Dach erhaltener Tempel der Isis und des Month (13 × 16 m) mit Dekorationen und schwer zu entziffernden Inschriften aus der Zeit von Galba und Otho (68 n. Chr.), Hadrian und Antoninus Pius. Das steinerne, außen unfertig gebliebene Tempelhaus besitzt ein von einem *Wabet* und anderen Nebenräumen umgebenes Sanktuar und steht in einer Ziegelumfassung von 50 × 80 m mit einem steinernen Torbau.

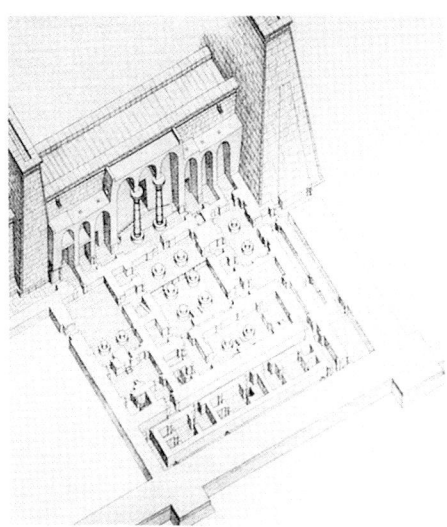

Rekonstruktion des Palastes am Tempel Ramses' III. von Medinet Habu.

Literatur: Christiane Zivie, *Trois campagnes épigraphiques au temple de Deir Chellouit*, in: BIFAO 77 (1977) 151–161; idem, *Le temple de Deir Chelouit*, 3 Bde. (Kairo 1982–1986).

OASE CHARGA

63 El-Charga, Hibis-Tempel

Im Zentrum der Oasenhauptstadt Hibis liegt am Ufer eines 750 Meter langen Sees der Haupttempel der Oase Charga. Er war der traditionell engen Verbindung mit Theben gemäß ein Amun-Tempel. Der 19 × 44 Meter große Bau ist der schönste Oasentempel. Er wurde wahrscheinlich in der Saitenzeit (Psammetich II.?) erbaut und unter Darius I. und II. (?) dekoriert. Er ist somit der älteste erhaltene Tempel von Charga. Die Front des Tempels bestand aus vier abgedrehten Papyrussäulen, deren Interkolumnien allerdings noch weitgehend verschlossen waren. Es handelt sich hierbei – wie beim Scheschonk-Tempel von Hibe – um einen frühen Vorläufer der ptolemäischen Pronaoi. Die hohen Schrankenwände und die niedrigen Säulen mit den schweren Glockenkapitellen verliehen der Tempelfront schwerfällig gedrungene Proportionen. Auf den Pronaos folgt ein größerer Säulensaal, der Opfertischraum mit dem Sanktuar und die umliegenden Nebenräume mit der Dachtreppe. Sie führt in ein ungewöhnlich reich ausgestaltetes System von Kulträumen im Obergeschoß. Da im Hauptsanktuar eine einzigartige Inventarliste von 700 Göttern dargestellt ist, könnte man annehmen, daß hier neben Amun noch andere («alle?») Götter verehrt wurden. Neben diesem Sanktuar liegt eine Kapelle, die dem vergöttlichten König geweiht war.

Unter König Hakoris (29. Dynastie) wurde dem Tempelhaus statt dem zu erwartenden Säulenhof ein weiterer Säulensaal vorgelegt, dessen vorderste

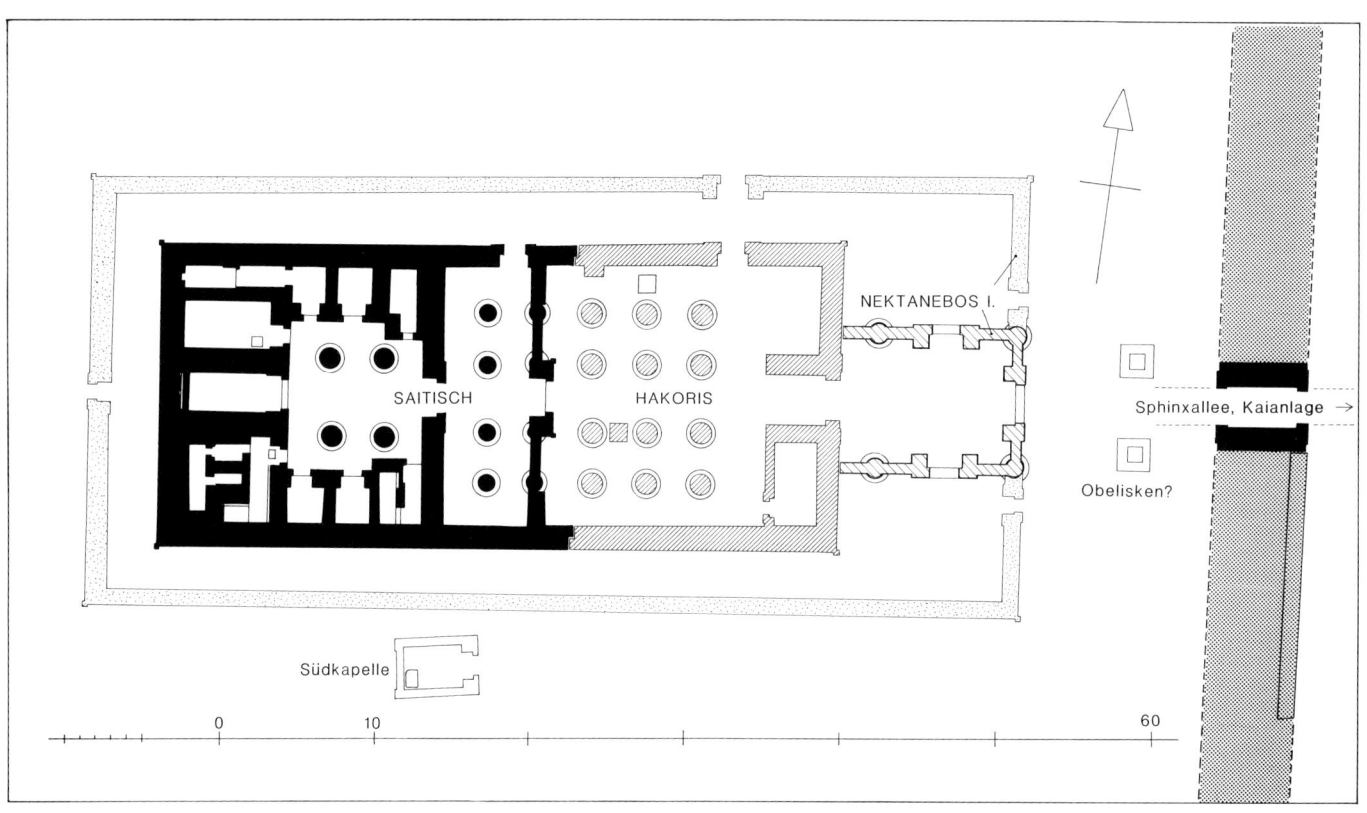

Plan des Hibis-Tempels von Charga.

Rekonstruktion des Hibis-Tempels von Charga in seiner endgültigen Gestalt.

Säulenreihen sich auf einen schmalen Hof öffnen. Die neue Fassade wurde jedoch nicht mit einem Pylon abgeschlossen. Erst zwischen 378 und 341 v. Chr. umgaben Nektanebos I. und II. den Tempel mit einer hohen steinernen Umfassungsmauer, die an der Front in einen monumentalen Achtsäulenkiosk einband, wodurch der ältere Bau einen adäquaten monumentalen Auftakt erhielt. Wegen der großen Spannweiten (7,4 Meter) konnte der Kiosk – wie auch die von Medinet Habu (s. S.150) und Philae (s. S.92) – nur mit Holzbalken gedeckt werden. Die Länge des Tempelhauses beträgt 62 Meter, die Breite 27,4 Meter. Der Tempel ist reich dekoriert. Neu im Bauschmuck eines ägyptischen Tempels sind die Lotus- und Papyrus-Kompositkapitelle des Kioskes.

Das Innere des Hibis-Tempels von Charga.

Sie dürften Vorbilder in spätzeitlichen Tempeln des Niltales gehabt haben. Vor dem Kiosk stand wohl ein Obeliskenpaar. Der Tempel besaß eine vom Kai am Seeufer heranführende Sphinx-Allee, die durch drei Umwallungen mit entsprechenden Toren – wahrscheinlich aus der Ptolemäerzeit – hindurchführte. Auf den Türrahmen der ersten beiden Tore stehen für die Verwaltungsgeschichte des Römerreiches wichtige Edikte aus dem 1. Jahrhundert n. Chr. (Gnaeus Vergilius Capito [49 n. Chr.], Lucius Julius Vestinus [60 n. Chr.] und Tiberius Iulius Alexander [68 n. Chr.]). Das steigende Grundwasser hat die Tempelfundamente so sehr geschwächt, daß derzeit nur starke Holzverstrebun-

Der Tempel von Qasr el-Ghueda in der Oase Charga.

gen die berstenden Tempelwände aufrecht halten. Eine Verlagerung des Tempels ist vorgesehen.

Literatur: Herbert E. Winlock, *The Temple of Hibis in El Khargeh Oasis* (New York 1941); S. Sauneron, *Quelques sanctuaires égyptiens des Oasis de Dakhleh et de Khargeh. Notes de Voyage*, in: Cahiers d'Histoire Égyptienne 7 (1955) 282–284; E. Cruz-Uribe, *The Hibis Temple Project 1984–85 Field Season, Preliminary Report*, in: JARCE 23 (1986) 157–166; idem, *Hibis Temple Project: Preliminary Report, 1985–1986 and Summer 1986 Field Seasons*, in: Varia Aegyptiaca 3 (1987) 215–230.

64   Qasr el-Ghueda

Einsam auf einem Hügel liegt, von einer mächtigen, schon aus der Ferne sichtbaren Befestigung umgeben, der Amun-Tempel Qasr el-Ghueda. Der älteste Teil, der in die 25. Dynastie zurückgehen könnte, bestand aus einem Viersäulensaal mit je zwei gleichen, besonders schönen Kompositkapitellen, dem Opfertischraum, von dem aus eine Treppe auf das Dach führt, und aus drei parallel gelegenen Sanktuaren für die thebanische Triade. Wahrscheinlich unter Ptolemäus III. Euergetes I. wurde ein Pronaos mit zwei Säulen zwischen den Schrankwänden dem Tempel vorgelegt. Südlich vor dem Tempelhaus ist die Fassade eines weiteren, wahrscheinlich zu einem *Mammisi* gehörenden Gebäudes sichtbar. Vor dem Tor befindet sich eine den Kaianlagen des Niltales nachgestaltete Einrichtung, die natürlich in der Wüste keine Verbindung zum Wasser hatte.

Das Tempelhaus ist 10,4 × 25,53 Meter groß. Der Tempel folgt zeitlich dem Hibis-Tempel und geht den römischen Tempeln von Deir el-Hagar, Qasr Dusch, Qasr ez-Zaijan und Nadura voran.

Literatur: Rudolf Naumann, *Bauwerke der Oase Khargeh*, in: MDAIK 8 (1939) 4–7; S. Sauneron, *Notes de Voyage* 286–289.

Die Front des Tempels Qasr ez-Zaijan in der Oase Charga.

65   Qasr Ain ez-Zaijan

Der 7,22 × 13,56 Meter große Tempel steht in einer gut erhaltenen Lehmziegel-umwallung von 26 × 68 Metern, deren Fassade eine Art Pylon bildete. Laut einer griechischen Inschrift auf dem Türsturz des Tempelhauses vom 12. August 140 n. Chr. wurde der dem Amun von Hibis geweihte Bau unter Antoninus Pius erneuert. Erbaut dürfte die Anlage schon unter den Ptolemäern sein. Allerdings vermißt man den für diese Zeit typischen Säulenpronaos. Statt dessen findet man dem Tempelhaus eine 22 Meter lange aus Ziegeln errichtete Vorhalle vorgelagert, die auch an den Tempeln Ed-Deir und Qasr Dusch zu beobachten ist. Das Tempel-haus umfaßt einen Säulensaal, Opfertischraum mit einer Kultbildnische in der Rückwand. In den wenigen Darstellungen des Säulensaales tritt Antoninus Pius auf. Der Tempel ist noch nicht genauer untersucht.

Literatur: R. Naumann, *Bauwerke der Oase Khargeh*, in: MDAIK 8 (1939) 8–10; S. Sauneron, *Notes de Voyage* 290/91.

66   Nadura

Auf einer Anhöhe südöstlich des Hibis-Tempels steht die Ruine eines kleinen Tempels aus der Zeit Hadrians und des Antoninus Pius. Erhalten sind noch deko-rierte Wände eines Pronaos mit einer 4-Säulen-Front und Teile des Naos.

Literatur: R. Naumann, *Bauwerke der Oase Khargeh*, in: MDAIK 8 (1939) 11.

67   Qasr Dusch

Auf der luftigen Anhöhe des Tell Dusch am Südende der Oase Charga erhebt sich der eindrucksvolle Ruinenkomplex der römischen Tempelfestung Qasr Dusch, des antiken Kysis. Das Innere des Areals ist so dicht mit Kasernen usw. bebaut, daß der eigentliche Tempel völlig eingemauert erscheint. Er war – wider alles Erwarten – nicht Amun, sondern Isis, Serapis und Horus geweiht. Das 7,55 × 15,32 Meter große Tempelhaus verfügt über einen Säulensaal mit vier schlanken Säulen, eine Dachtreppe, einen Opfertischraum und ein Sanktuar. Letztere sowie zwei längliche Seitenräume sind mit einer Tonne überwölbt. An der Front wurde nachträglich ein das Tempelhaus überragender Pronaos angefügt. Der dem Tempel vorgelagerte Pylon mit einem monumentalen Steintor trägt eine griechische Inschrift vom 24. Mai 116 n. Chr. Nördlich vor dem Tor liegt ein großer Vorhof mit einem Pylon an der Nordfront. Der Tempel wurde unter Domitian in ein bereits bestehendes Kastell eingebaut, unter Hadrian fertiggestellt und unter Trajan mit dem Vorhof versehen.

Weiter westlich auf der gleichen Anhöhe liegen die Ruinen eines zweiten, vollständig aus Ziegeln errichteten Tempels.

Literatur: R. Naumann, *Bauwerke der Oase Khargeh*, in: MDAIK 8 (1939) 6–8; S. Sauneron, *Notes de Voyage* 291–294; idem, *Douch-Rapport préliminaire de la campagne de fouilles 1976*, in: BIFAO 78 (1978) 5–10.

68   Ed-Deir

Etwa 1,5 Kilometer nördlich des Kastells von Ed-Deir liegen die wohlerhaltenen Ruinen eines vollständig aus Ziegeln erbauten Tempels, der wahrscheinlich erst aus dem 2./3. Jahrhundert n. Chr. stammt. Der Plan des Tempels ist – wie der des Nebentempels von Qasr Dusch – von ungewöhnlich langgestreckter Form. Eine lange Vorhalle mit seitlichen Sitzbänken ist dem eigentlichen Bau vorgelagert. Die Vorhalle und der erste Raum des Tempels, der einem Säulensaal entsprechen dürfte, waren wohl flach gedeckt. Die beiden innersten Räume dagegen, der Opfertischraum und das Sanktuar, waren überwölbt. Die gesamte Anlage ist 5,25 Meter breit und 28 Meter lang.

Literatur: R. Naumann, *Bauwerke der Oase Khargeh*, in: MDAIK 8 (1939) 15/16.

69   Ain Amur

In einsamer Lage am äußersten Nordrand der Oase befindet sich bei der Wasserstelle Ain Amur ein kleiner, wohlerhaltener, aber unfertiger Amun-Tempel aus der Römerzeit. Er steht inmitten einer 80 × 90 m großen Ziegelumfassung, die auch die Quelle miteinschließt.

Literatur: Herbert E. Winlock, *Ed Dakhleh Oasis. Journal of a Camel Trip Made in 1908* (New York 1936) 47–50.

Der Tempel Deir el-Hagar in der Oase Dachla.

OASE DACHLA

70 Deir el-Hagar

Durch seine Lage am äußersten Westrand der Oase Dachla, im Angesicht der gren-
zenlosen Westwüste, ist (neben Ain Tabaschir, Tenide, Smint) Deir el-Hagar die
eindrucksvollste Tempelruine der fernen Oase. Der aus Sandstein errichtete Tempel ist der thebanischen Triade geweiht. Er ist nur 7,3 × 16,2 Meter groß, enthält
aber alle wesentlichen Räume: ein zentrales Sanktuar mit zwei Seitenkapellen, die
sich auf einen gemeinsamen Opfertischraum öffnen, einen kleinen Säulensaal und
ein Pronaos. Dieser ist in Art eines Kioskes nicht nur an der Front, sondern auch an
beiden Seiten geöffnet. Der kaiserzeitliche Tempel trägt die Kartuschen von Nero,
Vespasian, Titus und Domitian. Der Steinbau liegt innerhalb einer noch aufrecht
stehenden Einfassung von 43 × 82 Metern, in der noch mancherlei Nebengebäude
zu erkennen sind.

  Noch 1822 sah Archibald Edmonstone die Decke des Baues erhalten sowie drei
Fassadensäulen des Pronaos aufrecht stehen. Inzwischen sind Teile des Tempels
eingestürzt, könnten jedoch leicht wieder errichtet werden. Die Reliefs sind wohl
etwas roh im Stil, aber teilweise noch mit ihren Farben erhalten. Von hier zog im

Januar 1874 Gerhard Rohlfs zu seiner Expedition in die Libysche Westwüste aus (Inschrift auf einer Säule des Tempels).

Literatur: H. E. Winlock, *Ed Dakhleh Oasis, Journal of a Camel Trip Made in 1908* (New York 1936) 29–33, Taf. 17–25; S. Sauneron, *Notes de Voyages* 294–296.

71   Mut

Im Oasenhauptort des Neuen Reiches, Mut el-Charab, wurden in den unbedeutenden Resten eines Tempels mehrere Stelen gefunden. In der weiteren Umgebung (Tenide, Ain Tabaschir, Smint el-Charab) liegen die Ziegelruinen weiterer Kultbauten der Römerzeit.

NÖRDLICHES OBERÄGYPTEN

72   Medamud

Fünf Kilometer nordöstlich von Karnak liegen die Ruinen des antiken *Madu* mit den Resten eines der drei bedeutenden Month-Tempel der Thebais. Grabungen des Musée du Louvre brachten 1924–1938 unter der ptolemäisch-römischen Überbauung wichtigste Reste der früheren Month-Tempel zu Tage, die uns exemplarisch die Entwicklung eines ägyptischen Heiligtums durch die Zeiten hindurch demonstrieren.

Zuunterst wurden die Reste eines aus dem Alten Reich oder der Ersten Zwischenzeit stammenden primitiven Doppelheiligtums festgestellt. Es bestand aus einer trapezförmigen Umwallung, durch die zwei kleine Pylone in einen Hof führen. Von hier gingen zwei gewundene Korridore aus, die in unterirdische Kammern leiteten, die sich an der Oberfläche in zwei Hügeln abzeichneten. Unter dem westlichen Hügel könnte Month gehaust haben. Die Hügel waren von einem Baumgarten umgeben.

Anstelle dieses «temple primitif» errichtete Sesostris III. den ersten architektonisch anspruchsvollen Tempel. Der 60 × 100 Meter große Bau bestand ganz aus Ziegeln, nur für Säulen und seine monumentalen Tore wurde Kalkstein verwendet. Aus den zahlreichen wiederbenutzt gefundenen Blöcken des Mittleren Reiches ließen sich mehrere Bauteile rekonstruieren, darunter je ein Tor im Ägyptischen Museum Kairo und im Freilichtmuseum von Karnak. Eine 5,5 Meter dicke Mauer umschließt eine in mehrere Abschnitte gegliederte Anlage. Der größte, ein Kultbau in der Nordostecke, dürfte die eine der beiden Kultstätten ersetzt haben. Die Ausgräber nehmen einen Hof mit königlichen Statuenpfeilern und eine ostwestlich gerichtete Säulenhalle an. Seitlich gegen Westen schloß sich eine zweite Raumgruppe an, die die Stelle des ursprünglich westlichen Kulthügels einnahm. Sie war vielleicht durch ein monumentales Tor von Westen her zugänglich. Die besser erhaltenen vier Abschnitte in der südlichen Hälfte des Bezirks bestehen aus Magazinen, sechs Priesterhäusern und einem Kornspeicher in der Südostecke, der ausgereicht hätte, rund 130 Personen zu versorgen.

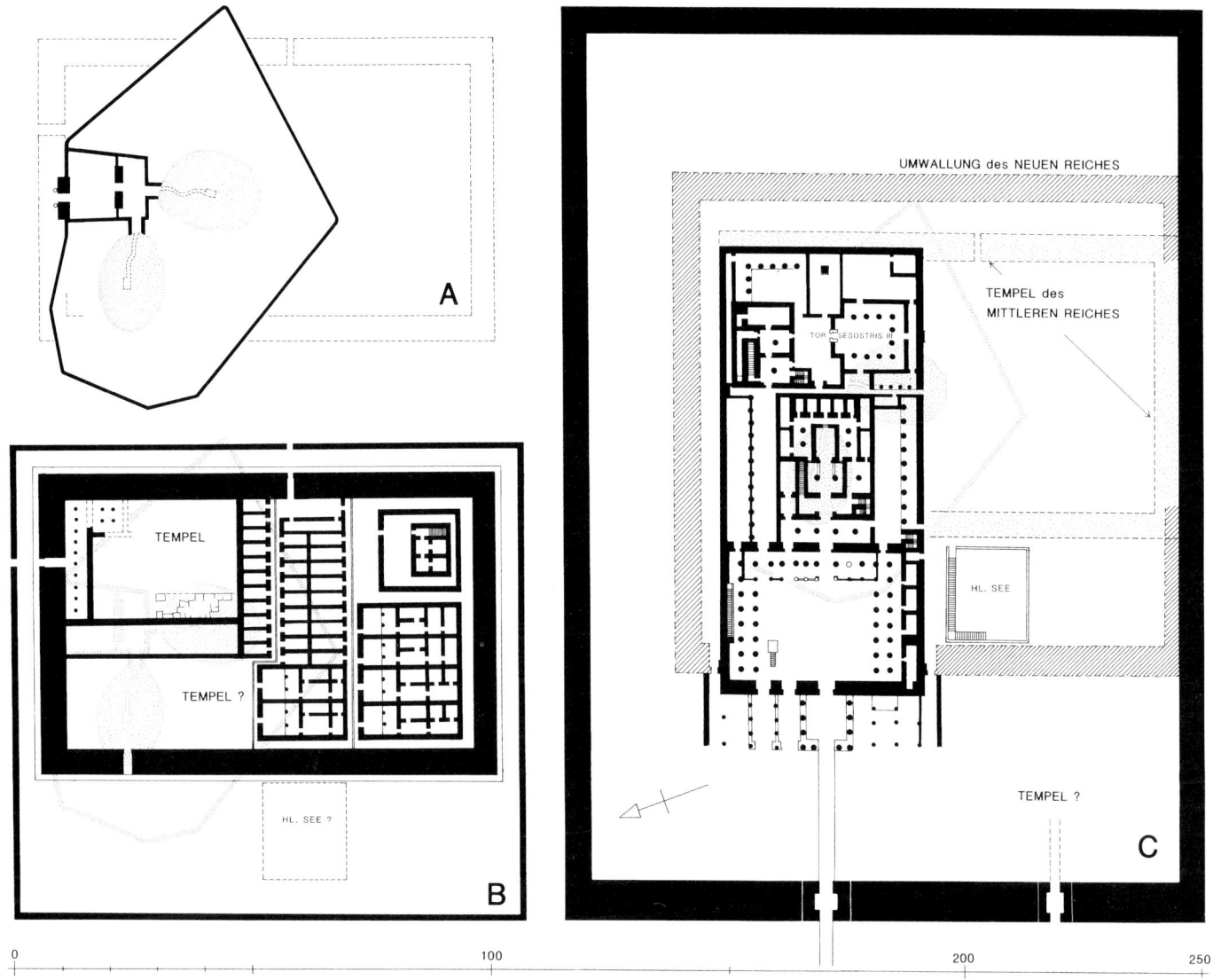

UMWALLUNG des NEUEN REICHES

TEMPEL des
MITTLEREN REICHES

A

TEMPEL

TEMPEL ?

HL. SEE ?

B

TOR SESOSTRIS III

HL. SEE

TEMPEL ?

C

0   100   200   250

Unter Thutmosis III. wurde über der Stelle des westlichen Kulthügels ein steinerner Neubau errichtet. Ob die dahinter im Osten gelegenen Teile des Tempels Sesostris' III. mit der zweiten Kultstätte weiterbestanden oder abgebrochen wurden, ist nicht bekannt. Der thutmosidische Neubau blickte nach Westen zum Nil.

In ptolemäischer Zeit wurde der 1200 Jahre alte Tempel abgebrochen und durch ein 21 × 32 Meter großes Tempelhaus ersetzt. Sein Grundriß weist ein Hypostyl von vier Säulen, einen Gastgötterraum mit dem Zugang zu den Dachtreppen, einen Opfertischsaal und ein Barkensanktuar auf, das an drei Seiten von einem Korridor mit acht Kultbildkammern umgeben war. In der Nordostecke lag ein selbständiger Kultraum mit eigenem Zugang, vielleicht für den Kult des vergöttlichten Herrschers. Der Türrahmen stammt noch aus der Zeit Amenhoteps II. Auffällig ist der Grundriß des Tempels mit relativ dünnen Wänden und ungewöhnlich vielen Räumen, die so weit sind, daß ihre Decken von Säulen getragen werden mußten. Östlich des Tempelhauses wurde auf einem unüblichen Grundriß ein zweites Heiligtum errichtet, das wahrscheinlich die Tradition des zweiten der beiden alten Kulthügel fortsetzte und möglicherweise die Orakelstätte des heiligen

Plan mit den Bauphasen des Month-Tempels von Medamud. A: Frühes Heiligtum; B: Tempel des Mittleren Reiches; C: Tempel der Ptolemäerzeit.

Stieres darstellt. Die Selbständigkeit dieses zweiten Tempels wird durch einen eigenen von Westen her am Haupttempel entlang führenden Zugang unterstrichen. Eine zweite Nord-Süd-Achse wird durch eine Stele an der südlichen Außenwand markiert.

Vor der Fassade wurde unter Ptolemäus VIII. Euergetes II. ein prachtvoller Pronaos von 2 × 11 Säulen errichtet, von denen noch fünf mit ihren Architraven aufrecht stehen.

Davor wurde unter Antoninus Pius ein weiter Hof mit doppelten Säulenreihen angelegt, der den Tempel auf eine Größe von 42 × 75 Metern brachte. Die Frontmauer bezog drei von Ptolemäus XII. Auletes stammende Säulenkioske mit ein, die die Zugänge zu den drei Kultstätten schützen.

In der Südwestecke der Umfassung befindet sich der heilige See. Daneben muß ein zweiter, frühptolemäischer Tempel mit einem eigenen Tor in der großen (ptolemäischen) Umfassungsmauer gestanden haben. Von dieser führte eine Sphinx-Allee zu einer Kaianlage mit zwei Obelisken.

Literatur: Bisson de la Roque, *Rapport sur les fouilles de Médamoud 1925–26, 1927–28, 1929–32* (Institut français d'archéologie orientale, Kairo 1926–1933); C. Robichon und A. Varille, *Médamoud. Fouilles du Musée du Louvre 1938*, in: Cd'É 27 (1939) 82–87; M. C. Robichon und A. Varille, *Description sommaire du temple primitif de Médamoud* (Kairo 1940); F. Gooma, *Medamud*, in LÄ III 1252/53.

73 Qus

In den Ruinenhügeln von Qus liegen die Reste von zwei Pylonen des Haroeris- und Hekat-Tempels von Qus mit Inschriften der Ptolemäerzeit. Aus dem Sanktuar des Tempels stammt ein grüner Basalt-Naos Ptolemäus' II. Philadelphus'.

Bei Schanhur, 6 km südöstlich, liegen die Ruinen eines bedeutenden Tempels der Kaiserzeit (Augustus bis Nero), der der Mut und Isis geweiht war. Er besaß einen breiten Pronaos mit 3 × 8 Säulen und ein Tempelhaus, das in verkleinertem Maßstab die wichtigsten Elemente später Tempel aufwies. In seiner *Uabet* befindet sich eine astronomische Deckendarstellung.

Literatur: Ahmed Bey Kamal, *Le pylone de Qous*, in ASAE 3 (1902) 215–235; C. Traunecker, *Schanhur*, in LÄ V 528–531.

74 Koptos, Quft

Von ältesten Zeiten an war Koptos dank seiner Lage an der Ausmündung der Roten-Meer-Route durch das Wadi Hammamat ein für die Ägypter besonders wichtiger Handelsort, der auch in der ägyptischen Religion dank seines Hauptgottes Min eine besondere Stellung einnahm.

Die mächtige Stadt wurde nach einer Rebellion gegen Diokletian vollständig vernichtet. Der – heute völlig zerstörte – Tempel des Min scheint wie der Tempel von Kom Ombo ein Doppeltempel gewesen zu sein mit zwei parallel zueinander geführten Zugängen. In einer größeren Ziegelumwallung stand das etwa 170 Meter lange und 70 Meter breite Heiligtum mit zwei Pylonen und einem auf einer Terrasse erhöhten heute völlig verschwundenen Tempelhaus der Ptolemäerzeit. Darunter lagen die Fundamentreste und Bauteile von Vorgängerbauten des Alten und Mittleren Reiches (besonders Sesostris' I.) und der 18. Dynastie. Von großem Interesse waren die Reste von drei 4,3 Meter hohen

Säulen des Pronaos des Month-Tempels von Medamud.

Min-Kolossen, die nach ihrer urtümlichen Form in frühdynastische Zeit datiert werden. *Der Tempel Deir el-Hagar in der Oase Dachla.*

Im vergangenen Jahrhundert lagen noch riesige Schutthügel des antiken Koptos südöstlich des modernen Ortes. Sie sind seitdem zum größten Teil der *Sebbach*-Gewinnung, dem Antikenraub und moderner Überbauung zum Opfer gefallen.

Literatur: W. M. Flinders Petrie, *Koptos* (London 1896); Sir Gardner Wilkinson, *Modern Egypt and Thebes* (London 1843) 129/30.

75   El-Qala

800 Meter nördlich des Min-Tempels von Koptos liegt ein kleiner, 16 × 24 Meter messender Isis-Tempel aus der Zeit des Kaisers Claudius. Der wohlerhaltene Bau enthält in kleinstem Maßstab alle aus größeren Tempeln bekannten Innenräume bis hin zur *Uabet*. Eine Merkwürdigkeit seiner Architektur ist eine Querachse mit einem breiten Seiteneingang, der auf ein zweites Sanktuar führt.

Literatur: C. Traunecker, *El Qala,* in: LÄ V 38–40; Laure Pantalacci und Claude Traunecker, *Le temple d'El-Qal'a* (Kairo 1990).

76 Dendera

Der Kult der Göttin Hathor von Iunu (Tentyris) läßt sich anhand einiger Quellen und Funde bis zurück zu einem sagenhaften Tempel des Cheops und schließlich bis in prähistorische Zeit verfolgen. Bauliche Reste dieser frühen Anlagen sind jedoch – mit Ausnahme eines kleinen Ka-Hauses des Mentuhotep Nebhepetre – nicht bekannt. Denn in spätptolemäischer Zeit wurden jene älteren Bauten abgebrochen und durch den heute noch stehenden Tempel ersetzt. Wie so oft blickt der Tempel zum Nil, der hier allerdings von Ost nach West fließt, so daß der Tempel süd-nördlich orientiert ist. Am Nilufer erhob sich noch im vergangenen Jahrhundert ein Landekiosk, von dem aus die Prozessionsstraße an den Tempeln für Schai und Thermuthis vorüber zum Hathor-Heiligtum führte. 400 Meter östlich des Hathor-Tempels stand das Heiligtum des Ihi, des Sohnes des Hathor und des Horus. Dazwischen erstreckte sich die Stadt Tentyris.

Eine 280 × 280 Meter messende Ziegelumwallung (Zeit des Schabaka oder römisch?) umschloß das Heiligtum mit einem Eingangspylon in der Mitte der Nordseite. Die Prozessionsstraße setzt sich im Innern fort und war von zwei Geburtshäusern und einem Sanatorium flankiert.

Knapp 100 Meter hinter dem Eingang erhebt sich die eindrucksvolle Säulenfront des Hathor-Tempels. Der 35 × 81 Meter große Bau ist der besterhaltene Tempel Ägyptens. Nur die Bemalung, die bis in das 19. Jahrhundert noch teil-

Plan des Hathor-Tempels von Dendera.

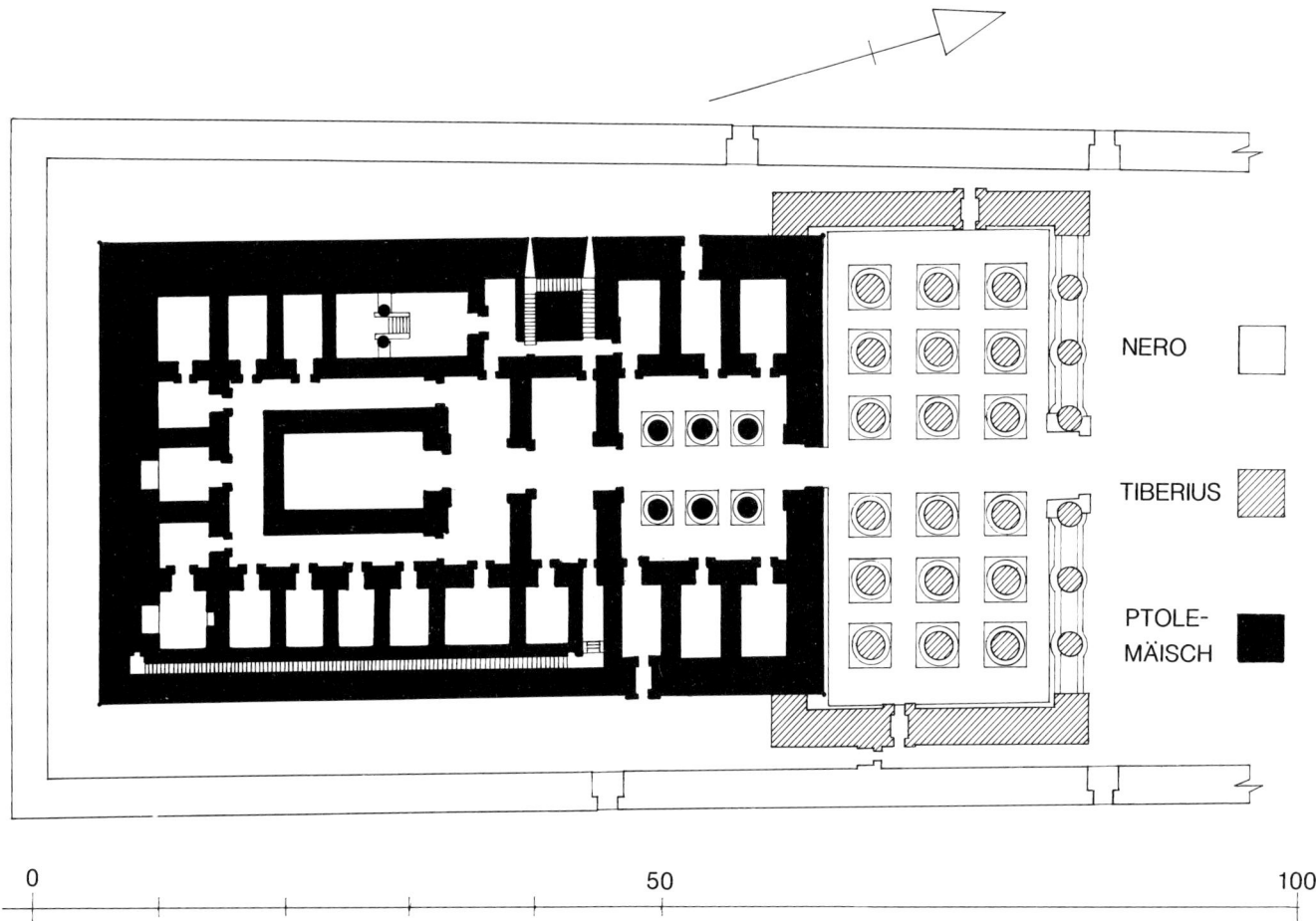

NERO

TIBERIUS

PTOLE-MÄISCH

0   50   100

Rekonstruktion einer Kultbildprozession im Pronaos des Hathor-Tempels von Dendera.

weise sichtbar war, ist inzwischen verschwunden. Der Tempel wurde in drei Etappen errichtet. In der ersten wurde der Kernbau wohl entweder von Ptolemäus VIII. Euergetes II. oder – wie neuerdings angenommen wird – erst 54 v. Chr. von Ptolemäus XII. als ein in sich geschlossener und vollständiger Tempel errichtet. Der Pronaos mit seinen berühmten Hathor-Kapitell-Säulen wurde in römischer Zeit (wahrscheinlich unter Tiberius) vorgelegt. Vermutlich unter Nero sollte der gesamte Tempel – wohl in Nachahmung des in engerer Beziehung zu Dendera stehenden Edfu-Tempels – mit einer starken Ummauerung versehen werden, die vorn in einen Säulenhof und ein Eingangstor übergehen sollte. Diese dritte Etappe kam jedoch nicht über die untersten Steinlagen hinaus. Bei der Fundamentlegung dafür wurde das alte, aus der Zeit Nektanebos' I. stammende *Mammisi* zerschnitten und unter Nero durch einen Neubau ersetzt, der auch jetzt noch aufrecht steht und auch die Kartuschen der Kaiser Trajan und Antoninus Pius trägt.

Hinter dem Pronaos beginnt der Kernbau mit einem Erscheinungssaal, an den sich seitlich Räume zur Aufbewahrung von Kultobjekten und Ausgängen zu den außerhalb gelegenen heiligen Brunnen öffnen. Eine kleine Rampe leitet in den Opfertischsaal. Dahinter folgt der Saal der Götterneunheit. Ein Tor in der Rückwand führt zu dem kleinen Innenhof für die Weihung des Festopfers und zu der dahinter auf einer Stufe stehenden *Uabet,* mit ihrer Zweisäulenfront, die durch Schrankenwände verschlossen ist. Hier wurde die Wirksamkeit des Hathor-Bildes durch Krönungs- und Bekleidungszeremonien erhöht. Um dem Vorgang kosmische Dimensionen zu verleihen, ist an der Decke die Geburt der Sonne dargestellt.

Die Rückwand des Saales der Götterneunheit ist von der Front des Barkensanktuares eingenommen, der «großen Stätte». Hier standen, den gesamten Raum ausfüllend, vier Götterbarken, die des Horus von Edfu, der Hathor von

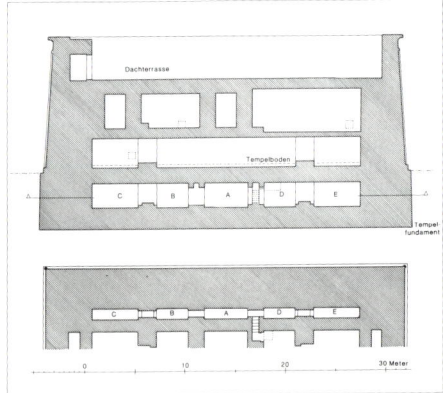

Schnitt durch das Kryptensystem in der Rückwand des Hathor-Tempels von Dendera.

Die Dachkapelle des Hathor-Tempels von Dendera.

Dendera, des Harsomtus und der Isis von Dendera. Das Barkensanktuar war von einem umlaufenden Korridor umgeben, an den sich die Sanktuare verschiedener Kulte reihten. Von hier an war der Tempel in völliges Dunkel gehüllt, da kein Lichtschlitz feindlichen Kräften Zugang zum Allerheiligsten ermöglichen durfte. Dieses «Großhaus» in der Mitte der Tempelrückwand enthielt die heiligen Kultbilder und Symbole der Göttin, das heiligste hoch oben in einer Wandnische verwahrt. Die gesamten Außenwände des Tempelhauses sind von einem in der ägyptischen Architektur einmaligen System von Krypten ausgehöhlt, die bis tief in die Tempelfundamente hinabreichen. Sie sind nur durch kleine Einstiege im Boden oder in den Mauern zugänglich, die mit einer Platte verdeckt waren. Hier waren Kultobjekte und Kultbilder untergebracht, die nur bei besonderen Festen Kult empfingen, die restliche Zeit aber im Verborgenen ruhten und sicher Gegenstand geheimnisvoller Ausdeutungen waren. In einigen Krypten wurden jedoch auch die Reste von Mumien heiliger Kühe gefunden. Aus Darstellungen und Inschriften wissen wir, daß im Tempel 162 Kultbilder verehrt wurden, nicht nur der Göttin, sondern auch anderer Gottheiten. Einige dieser Figuren wurden 1918 am heiligen See wiedergefunden (Ägyptisches Museum Kairo, Journal d'entrée 46351 bis 46383).

An den Wänden der beiden Dachtreppen ist eine Prozession dargestellt, die am Neujahrstag auf das Tempeldach zog, ein phantastischer Aufmarsch von Priestern mit Standarten, Kultsymbolen, Götterfiguren und geheimnisvollen Gerätschaften. Auf dem Tempeldach wurden dann in einem schönen 12-Säulen-Kiosk in der Südwestecke des Daches der Ritus der Vereinigung der Kultbilder mit der Sonnenscheibe vollzogen.

In die Tempeldecke war im Nordwesten und Nordosten je eine dreiräu-

Das römische Mammisi von Dendera.

mige Osiris-Kultstätte eingebaut, in denen der Gott nach seinem gewaltsamen Tode ruhte und der Auferstehung harrte. Diese wurde im Monat Choiak feierlich begangen. In einem der Räume befand sich das berühmte Deckenbild mit der Darstellung des Zodiak (Original in Paris), das dazu beitrug, die zyklische Wiederkehr von Tod und Auferstehung des Osiris an das kosmische Geschehen anzuknüpfen.

Neben dem Neujahrsfest, den Osiris-Mysterien und zahlreichen weiteren Festen wurde in Dendera vor allem die Reise der Göttin nach Edfu zur Vereinigung mit Horus von Edfu am Neumondstag des Monats Epiphi feierlich begangen.

Im Westen neben dem Haupttempel stand die oben erwähnte Kapelle des Mentuhotep Nebhepetre (jetzt im Ägyptischen Museum Kairo). Im Südwesten ist bis heute der Heilige See noch vollständig erhalten. An der Südseite des Haupttempels schließt sich das *Jdtj* an, ein bedeutendes, als Geburtsstätte der (Hathor-)Isis gedeutetes Heiligtum.

Der Tempel steckte im vergangenen Jahrhundert noch bis zu den Kapitellen im Schutt und wurde erst ab 1859 durch Mariette freigelegt.

Wie sein ebensogut erhaltener Parallelbau in Edfu zog auch der Hathor-Tempel mit einer nahezu unübersehbaren Fülle von Inschriften Generationen von französischen Forschern in Bann. Die Dendera-Texte gewähren uns Einblick in den komplizierten Kosmos eines späten ägyptischen Tempelbetriebes, in dem sich die Tradition und das religiöse Wissen von nahezu dreitausend Jahren angesammelt hatte.

Literatur: *Description*, Bd. IV, Taf. 2–34; Auguste Édouard Mariette, *Dendérah. Description générale du Grand Temple de cette ville*, Text und Tafelbd. (Paris, Kairo 1875); Émile Chassinat, *Le temple de Dendara*, 6 Bde. (Kairo 1934–1972); François Daumas, *Le sanatorium de Dendara*, in: BIFAO 56 (1956) 35–37; idem, *Les Mammisis de Dendera* (Kairo 1959); idem, *Dendara et le temple d'Hathor, notice sommaire* (Kairo 1969); idem, *Le temple de Dendara*, in: Textes et langages (Kairo 1972) 267–273; Sylvie Cauville, *Les statues culturelles de Dendera d'après les inscriptions pariétales*, in: BIFAO 87 (1987) 73–117; idem und Anni Gasse, *Fouilles de Dendara*, in BIFAO 88 (1988) 25–32; idem, *Le temple de Dendera*. Guides archéologiques de l'Institut français d'archéologie orientale du Caire (Kairo 1990); E. Winter, *A Reconsideration of the Newly Discovered Building Inscripton on the Temple of Denderah*, in: Göttinger Miszellen 108 (1989) 75–85.

77   Hiw, Diospolis parva

Die 85 × 190 m große Tempelumwallung wurde in der Römerzeit in ein Kastell verwandelt. In ihrem Innern standen noch zur Zeit der Napoleonischen Expedition die Mauern eines ptolemäischen und eines römischen Tempels (Nerva) aufrecht. Sie wurden im Verlauf des vergangenen Jahrhunderts abgetragen. Sie mögen der Hathor-Bat und/oder dem Amun geweiht gewesen sein. Blöcke mit dem Namen Ptolemäus' VI. Philometors wurden in der Festung verbaut gefunden.

Literatur: W. M. Flinders Petrie, *Diospolis Parva* (London 1901) 54–56.

78   Abydos: Tempel Sethos' I.

Seit der Dynastie 0 ist Abydos der Begräbnisplatz der Könige aus dem benachbarten This (Thinis). Aus dieser Vorrangstellung erwächst die Bedeutung des abydenischen Totengottes, der zunächst als Chontamenti, der «Erste der Westlichen», verehrt, dann aber ab der 6. Dynastie durch den unterägyptischen Erd- und Schöpfergott Osiris fast verdrängt wird. Erst ab der 12. Dynastie werden beide Jenseitsgötter als Osiris-Chontamenti miteinander verbunden. Seine Hauptgrabstätte wird nun auch in Abydos angenommen und mit dem Grab des Königs Djer identifiziert. Kultbauten für diese Gottheit lassen sich bis in früheste Zeiten zurückverfolgen.

An dieser heiligen Stätte begraben zu werden oder zumindest durch ein Zweitbegräbnis präsent zu sein, war ein Ziel vieler Ägypter. Denn die Teilnahme an den jährlich vollzogenen Auferstehungsmysterien eröffnete ihnen einen direkten Weg zur Osiris-Werdung. Auch Könige folgten diesem Brauch. Archäologisch oder durch Quellen sind mindestens zwölf königliche Kultanlagen von der 12. bis zur 26. Dynastie nachgewiesen. Sie sind – als Vereinigungsstätten des Königs mit der Gottheit – echte «Millionenjahrhäuser».

Das bedeutendste Millionenjahrhaus ist das Sethos' I., das als Teil jenes Bauprogrammes aufzufassen ist, das auch das thebanische Millionenjahrhaus und das berühmte Grab Sethos' I. im Tal der Könige umfaßte. Der Tempel lag in einer 220 × 273 Meter großen, mit Türmen bewehrten Ziegelumfassung, mit der Front nach Osten gewandt. Das aus Kalkstein errichtete Hauptgebäude ist 56 Meter breit und 157 Meter lang. Wie bei keinem zweiten ägyptischen Tempel sind alle Nebenräume in einen nach Süden ausbuchtenden Nebentrakt verschoben. Der Grund dafür mag sein, daß der Tempel sieben parallel angeordnete Sanktuare besitzt, deren Zugangswege die gesamte Tempelbreite benötigen. Der Tempelbezirk

Die Front des Pronaos von Dendera.

schloß in der Südostecke eine Gruppe von Tempelspeichern und nördlich des Tempelhauses jenen heiligen See ein, von dem es heißt:

«Ein See ist vor ihm wie das Meer, ohne daß man beim Betrachten seinen Umfang erkennt, klar wie die Farbe des Lapislazuli. In seiner Mitte wächst in täglichem Überfluß Papyrus, Schilf und Lotusblumen; ein Vogelschwarm läßt sich zum Vergnügen darin nieder. Ringsum wachsen Bäume, die in den Himmel ragen, indem sie wie Zedern auf ihrem Bergland [= im Libanon] gedeihen. Die große Neschmet-Barke befährt den See um den Vater [= Schöpfer?] seines Denkmales zu befördern, wenn er darauf fährt.»

Die Mitte des westlichen Areales hinter dem Tempelhaus nahm das Osireion ein (s. u.). Der Tempel steigt in mehreren dem Wüstenabfall folgenden Terrassen an. Auf der untersten liegt – wahrscheinlich hinter einem künstlichen See mit Kaianlage – der erste Pylon mit seinem Hof. Dahinter führt eine Rampe zum zweiten Pylon und zweiten Hof hinauf. Von hier wiederum leitet eine weitere Rampe auf das Plateau, auf dem der Hauptteil des Tempels steht. Die Fassade des zweiten Pylons und des Tempelhauses wird durch offene Pfeilerhallen gebildet. Im Innern folgen sich zwei Säulensäle, die der Zahl der Sanktuare gemäß durch sieben Tore verbunden sind. Die Sanktuare 1–4 enthielten Kultbild und Barke des mit Osiris identifizierten Königs und der drei Reichsgötter der Ramessidenzeit: Ptah, Reharachte, Amunre. Die Sanktuare 5–7 sind der abydenischen Triade Osiris, Isis und Horus geweiht. Die Rückwände der Sanktuare werden von Scheintüren gebildet, aus denen die Gottheit hervortreten kann, um sich mit dem Kultbild des Königs zu vereinen. Nur die Rückwand der Osiris-Kapelle ist offen und bildet den Zugang in

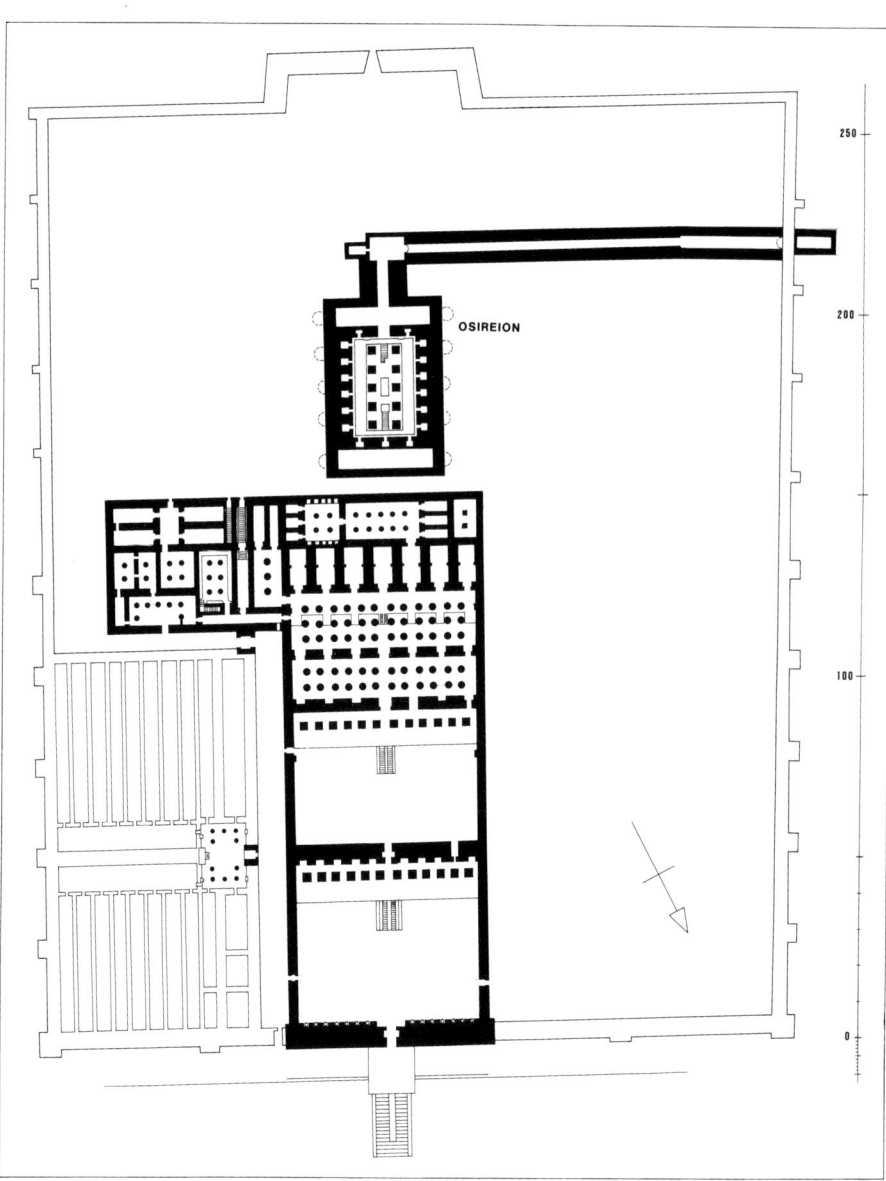

Plan des Millionenjahrhauses Sethos' I. von Abydos.

einen querliegenden Tempeltrakt, in dem die Auferstehungs-Mysterien des Osiris begangen wurden. Im südlichen Anbau sind eine Kapelle für Nefertem und Ptah-Sokar untergebracht, ein besonderer Abstellraum für die Götterbarken (eine ganz ungewöhnliche Einrichtung), ein Schlachthof, eine Salbenküche, Magazine und ein Treppenausgang nach dem Osireion. Stellen bereits Grundplan und Höhengliederung den Architekten des Baues ein besonderes Zeugnis aus, so zeichnet sich die Wanddekoration durch einen aus der Amarna-Zeit herübergeretteten eleganten Linienfluß, weiche abgerundete Formen und liebevoll aus dem feinen Kalkstein geschnittene Details aus. Diese selbst mit ihrer ursprünglichen Bemalung noch wohlerhaltenen Darstellungen und Inschriften gewähren einen einzigartigen Einblick in die Funktion der einzelnen Räume und die hier vollzogenen Riten, besonders in das in den Sanktuaren durchgeführte tägliche Opferritual. Ein weiteres Wandrelief war für die Rekonstruktion der ägyptischen Geschichte von außerordentlicher Bedeutung: die «Königsliste von Abydos», eine chronologische Aufreihung der Kartuschen aller wichtigen Könige von Menes bis Sethos I.

Der erste Hof und die Pfeilerfront des Millionenjahrhauses Sethos' I. von Abydos.

Weniger gut erhalten sind die Kapellen des Osiris-Kultes, wodurch uns eine vermutlich einzigartige Quelle zu den Osiris-Mysterien verschlossen wurde. Die Mysterienspiele wurden einmal im Jahr durchgeführt und bezogen wahrscheinlich auch das Osireion mit ein. Dieses größte uns bekannte Monumentalgrab für einen mit Osiris identifizierten König liegt direkt hinter der Westwand der Osiris-Kultstätte. Über dem Grab erhob sich wohl ein Osiris-Grabhügel. Baumgruben bezeugen einen ihn umgebenden heiligen Hain. In der westlichen Umwallung liegt ein 58 Meter breiter Pylon, der vermutlich die Verbindung zwischen dem Osireion und der Nekropole, dem Land der «Westlichen», herstellen sollte. Der Eingang in die unterirdische Anlage befindet sich im Norden außerhalb der Umfassungsmauer, von wo ein 128 Meter langer Korridor zur Krypta führt. Am Südende des Korridores wendet sich die Achse um 90° zurück nach Osten. Hier liegt, von einem tiefen Wassergraben umgeben, eine gewaltige künstliche Insel mit dem Sarkophag des Osiris-Sethos, die Decke des Raumes mit einer Spannweite von sieben Metern, getragen von 2 × 5 gigantischen Granitpfeilern, die je 55 Tonnen wiegen. Der Wassergraben wird auch heute noch durch einen unterirdischen Kanal gespeist, der offenbar von Osten unter dem Tempel hindurchläuft. Von Ost und West führen steile Treppen aus dem Wasser zur Inselplattform hinauf, die nur mit Barken oder Planken erreicht werden konnte. Östlich und westlich der Insel liegen noch 27 Meter lange Querhallen, die mit einem Satteldach bedeckt sind.

Der phantastische Gedanke, eine echte unterirdische Insel zu schaffen, ist wohl schon älter, konnte aber wegen technischer Probleme nicht früher verwirklicht

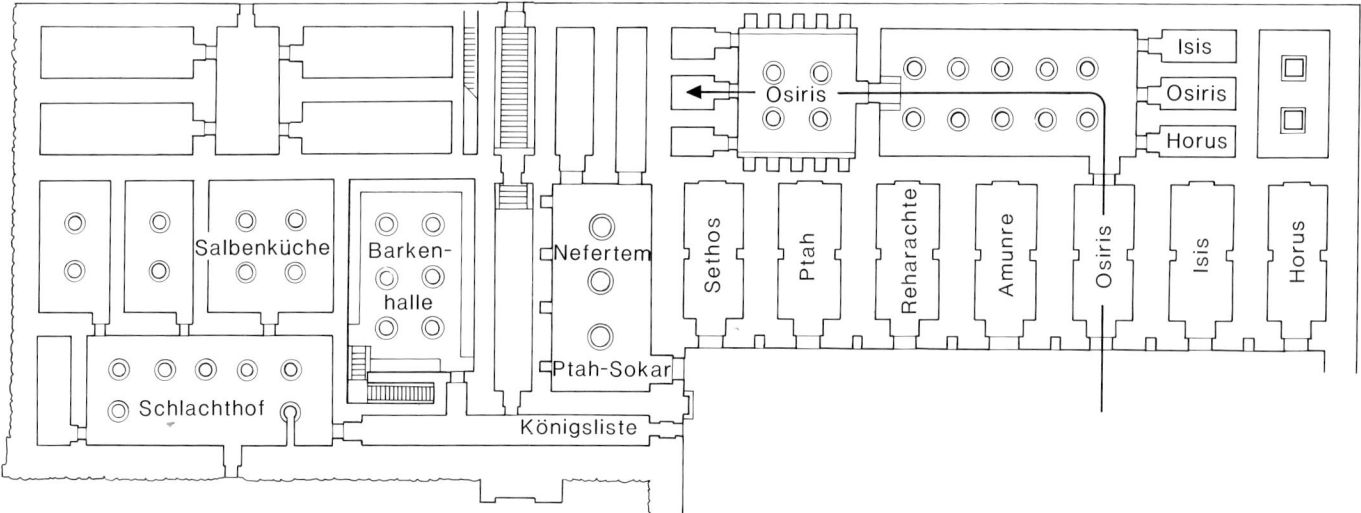

Labels within the plan:
Isis · Osiris · Horus · Osiris · Salbenküche · Barkenhalle · Nefertem · Sethos · Ptah · Reharachte · Amunre · Osiris · Isis · Horus · Schlachthof · Ptah-Sokar · Königsliste

werden. Die Sage von einer solchen Schöpfung erhielt sich noch tausend Jahre und wurde Herodot in Zusammenhang mit den Pyramiden von Giza berichtet:

«... unterirdische Kammern, die er [König Cheops] sich als Grabstätte verfertigte auf einer Insel, indem er einen Durchstich des Niles hineinleitete.» Und:

«Weder sind [bei Chefren] unterirdische Kammern vorhanden, noch mündet ein Durchstich des Niles in sie [die Pyramide], wie er in die andere [Pyramide des Cheops] fließt; durch einen gemauerten Graben umfließt er eine Insel, auf der Cheops liege, wie sie sagen.»

Strabo scheint das Osireion selbst noch besucht zu haben. Denn er berichtet:

«... auch eine Quelle, die in großer Tiefe liegt, so daß man zu ihr durch Korridore mit Gewölben aus Monolithen von erstaunlicher Größe und Kunstfertigkeit hinabsteigt. Ein Kanal führt vom großen Fluß dahin...»

Erstaunlich ist, daß in den nur 15 Regierungsjahren Sethos' I. ein derartiges Werk geschaffen und nahezu vollendet werden konnte. Der Abschluß der Arbeiten erfolgte in den ersten Regierungsjahren Ramses' II. Der Tempel versandete wohl rasch, so daß nur die aus dem Sand herausragenden Teile abgetragen, der Rest aber bestens konserviert wurde. Mariette begann 1863 mit den Freilegungsarbeiten.

Literatur: Herodot, II. Buch, 124, 128; Strabo, *Geographie*, XVII. Buch, 1.42; H. Frankfort, A. de Buck und B. Gunn, *The Cenotaph of Seti I at Abydos*, 2 Bde. (London 1933); A. H. Gardiner, A. M. Calverley und M. F. Broome, *The Temple of King Sethos I at Abydos*, 4 Bde. (London und Chicago, Bd. I 1933, II 1935, III 1938, IV 1958); E. B. Ghazouli, *The Palace and Magazines attached to the Temple of Sety I at Abydos and the Facade of this Temple*, in: ASAE 58 (1964) 99–186; A. Rosalie David, *Religious Ritual at Abydos (c. 1300 BC)* (Warminster 1973); idem, *A Guide to Religious Ritual at Abydos* (Warminster 1981).

79   Abydos: Tempel Ramses' II.

Ramses II. errichtete 270 Meter nordwestlich des großen Tempels seines Vaters einen einfacheren, den abydenischen Göttern und dem «Barkenkult der regierenden Dynastie» gewidmeten Stationstempel. Nach K. P. Kuhlmann spielte der Kult für Ramses II. gegenüber Osiris eine bescheidenere Rolle als im Sethos-Tempel. Das Hauptinteresse für den heutigen Besucher liegt in den besonders fein ausgeführten Reliefs, die in der Tradition des Sethos-Tempels ausgeführt sind und einen

Plan der Haupträume des Millionenjahrhauses Sethos' I. von Abydos mit der Bezeichnung der Raumfunktionen.

Linke Seite: Der Eingang in den Säulensaal des Millionenjahrhauses Ramses' II. von Abydos.

Das Osireion hinter dem Millionenjahrhaus Sethos' I. von Abydos.

Blick von Westen über das Millionenjahrhaus
Ramses' II. in Abydos.

guten Eindruck von der einst prachtvollen Bemalung ägyptischer Tempelwände
vermitteln. An den Außenwänden sind beträchtliche Reste der Darstellung der
Schlacht von Kadesch erhalten. Die oberen Wandteile und Decken sind fast alle
verloren. Die Baureste lassen einen ausgewogenen, straff gegliederten Grundriß
erkennen, der geradezu als «Muster» eines ägyptischen Tempels des Neuen Reiches gelten kann mit Pylon, Pfeilerhof, erhöht stehender Rückhalle, auf die sich
vier Barkenschreine öffnen, einem Erscheinungssaal und einem großen Opfertischsaal, um den sich an drei Seiten je drei Statuenkammern der Haupt- und Gastgötter legen. K. P. Kuhlmann bezweifelt, daß hinter dem Tempel noch ein zweites
Osireion Ramses' II. im Sand begraben sein könnte.

Literatur: K. P. Kuhlmann, *Der Tempel Ramses' II. in Abydos,* in: MDAIK 35 (1979) 189–193 und 38 (1982) 355–362.

80   Achmim, Panopolis

Den arabischen Reiseschriftstellern des Mittelalters (z. B. El-Idrisi, um 1150
n. Chr.) galt der Tempel des Min und der Triphis von Achmim wegen seiner
Größe, seiner Steinformate und seiner wohlerhaltenen prachtvollen Dekoration
als ein Weltwunder, das alle anderen Tempel Ägyptens übertraf. Ibn Gubair (1183
n. Chr.) schildert den Tempel noch folgendermaßen:

«Zu den bemerkenswerten Tempeln der Welt zählt, wenn es um besonders
Ungewöhnliches geht, ein gewaltiger Tempel im Osten der genannten Stadt, am
Fuße ihrer Mauer, dessen Länge 220 Ellen und dessen Breite 160 Ellen beträgt [ca.
115–119 × 85–86 Meter]... Dieser gewaltige Tempel ruht, mit Ausnahme seiner
Wände, auf 40 Säulen. Jede Säule hat einen Umfang von 50 Handspannen [schät-
zungsweise 10 Meter]. Der Abstand zwischen Säule und Säule beträgt 30 Handspannen [6 Meter]. Ihre Kapitelle, von extremer Größe und Perfektion, sind hervorragend gearbeitet; sie besitzen eine einzigartige, eckige Form, noch so, wie sie

Sethos I. als Priester beim Bekleiden des Kultbildes des Amunre im Millionenjahrhaus von Abydos.

von den Steinmetzen geschaffen wurden. Alle sind mit verschiedenen Farben, Blautönen und anderen, bemalt. Die gesamte Dekoration ist von oben bis unten in Relief ausgeführt. Auf dem Kapitell jeder Säule liegt, zwischen den Kapitellen benachbarter Säulen, ein gewaltiger, bearbeiteter Steinbalken. Von den größten unter ihnen gab es solche, an denen wir 56 Handbreiten Länge, 10 Handbreiten Breite und 8 Handbreiten Höhe gemessen haben [11,2 × 2 × 1,6 Meter]. Die Decke dieses Tempels besteht zur Gänze aus verschiedenen Steinblöcken, die einzigartig arrangiert und zusammengefügt sind, so daß der Eindruck wie von einer einheitlichen Fläche entsteht. Die einzigartigen Darstellungen und wundervollen Farben bilden ein so geschlossenes Ganzes, daß der Betrachter sie für eine geschnitzte Holzdecke hält ... [Es folgt eine Beschreibung der Deckenbilder] ... Das Tempeldach bildet eine Fläche aus den gewaltigen steinernen Deckenblöcken der erwähnten Art. Und da es in schwindelnder Höhe liegt, gerät man darüber vollends durcheinander und verirrt sich bei dem Versuch, vom Verstande her eine Vorstellung darüber zu gewinnen, wie man sie hochgeschafft und plaziert haben könnte. Das Innere des Tempels besteht aus Empfangshallen, kleinen Kammern, Ein- und Ausgängen, Rampenaufgängen, Treppen, Gängen und Eingangsöffnungen, so daß sich in ihm selbst ganze Gruppen von Leuten verlaufen; nur durch lautes Rufen kann man einander den Weg weisen. Die Dicke der Wände beträgt 18 Handbreiten [3,6 Meter]. Sie bestehen allesamt aus den enggefügten Steinblöcken, die wir schon beschrieben haben. Allein die Tatsache, daß dieser Tempel existiert, ist großartig. Sein Erscheinungsbild macht ihn zu einem der Weltwunder, dem keine Schilderung je gerecht werden könnte und mit dem man niemals zu Ende kommen würde.»

Hieraus läßt sich entnehmen, daß der Tempel dem Tempel von Edfu ähnlich gewesen sein muß, mit einem Steinpylon und einem gewaltigen Pronaos. Da wir über letzteren Maßangaben besitzen, läßt sich seine Gestalt halbwegs rekonstruieren. Seine vierzig Säulen dürften in vier Reihen zu je zehn angeordnet gewesen sein. Die Breite des Pronaos müßte 86 Meter, seine Tiefe (außen) 30 und die Höhe seiner Säulen 21 Meter betragen haben. Hat sich Ibn Gubair nicht verrechnet? Denn der Pronaos hätte somit nicht nur – wie allerdings auch andere Schriftsteller bestätigen – alle anderen uns bekannten Pronaoi weit übertroffen, sondern an die Dimensionen des Hypostyls von Karnak herangereicht. Daß Herodot – um 450 v. Chr. – nur die Größe der Pylone betont, bestätigt die naheliegende Vermutung, daß der Pronaos erst in ptolemäischer Zeit (wohl unter Ptolemäus IV. Philopator) errichtet wurde:

«Die Pylone dieses Heiligtums sind aus Stein erbaut und sehr groß, dabei stehen zwei große Statuen, ebenfalls aus Stein. In diesem umschlossenen Bezirk liegt der Tempel, und darin steht die Statue des Perseus [= Min].»

Der Wunderbau wurde im Jahre 1350 n. Chr. zerstört und als Baumaterial verwendet. 1828 sah Champollion auf einem Block noch die Kartusche Ptolemäus' IV. Philopators.

1981 kamen bei Sondagen im Stadtgelände die Reste einer monumentalen Toranlage ramessidischer Zeit zutage, davor lag eine ursprünglich 10 Meter hohe Kalksteinstatue von Merit-Amun, einer Tochter Ramses' II., sowie die Reste einer Statue des Königs selbst. Möglicherweise war dieses Tor der Eingang in die Umwallung des Min-Bezirkes, und vielleicht sind dahinter wenigstens noch die Fundamente des Tempels erhalten.

9 Kilometer östlich von Achmim öffnet sich hoch oben am Berghang über Salamuni mit weitem Blick über das Niltal ein kleiner Felstempel König Ajas und seines Architekten Nachtmin, der möglicherweise in Zusammenhang mit dem nahen Steinbruch stand. Der Tempel wurde nachträglich stark verändert.

Literatur: Herodot, II. Buch, 91, 6–11; S. Sauneron, *Le temple d'Akhmim décrit par Ibn Jobair,* in: BIFAO 51 (1952) 123–135; K. P. Kuhlmann, *Der Felstempel des Eje bei Akhmim,* in: MDAIK 35 (1979) 165–188; idem, *Materialien zur Archäologie und Geschichte des Raumes von Akhmim* (Sonderschrift 11 des Deutschen Archäologischen Instituts Kairo, Mainz 1983).

Der Tempel von Qaw el-Kebir im Zustand vor 1813.

81   Athribis, Wannina

10 km südwestlich von Achmim liegt der Tempelbezirk der löwengestaltigen Göttin Triphis (Repyt). Gegen die Felswand gelehnt steht der Haupttempel aus der Zeit Ptolemäus' VIII. Euergetes' II. (Physkon). Von ihm haben sich nur die Fundamente erhalten sowie die Reste eines Pylons in einer Ziegelumwallung. Daneben dürfte ein noch älterer Granittempel aus der Zeit des Apries gestanden haben. Quer zur Achse wurde unter Ptolemäus XII. (Auletes) ein gewaltiges Geburtshaus errichtet, von dem sich unter hohem Siedlungsschutt bedeutende Reste mit besonders reichem und interessantem Reliefschmuck erhalten haben. Der Bau, dessen Decke eingestürzt ist, reichte mit etwa 45 × 75 m an die Dimensionen der Tempel von Edfu oder Dendera heran. Der Bau besaß einen Pronaos von 2 × 6 Säulen. Sein Rückteil war entweder von einem Säulenumgang umgeben oder bestand aus einem offenen Säulenhof, in den das Sanktuar und seine Nebenräume eingestellt waren. Die Tempelruinen wurden zwar 1907 von Flinders Petrie angegraben, sind aber keineswegs befriedigend erforscht.

Literatur: W. M. Flinders Petrie, *Athribis* (London 1908); Ludwig Borchardt, *Ägyptische Tempel mit Umgang* (Kairo 1938) 11.

82   Qaw el-Kebir, Antaeopolis

Am östlichen Wüstenrand bei Qaw el-Kebir wurden 1923–1925 die Ruinen eines 16,8 × 28 Meter großen Ziegeltempels des frühen Neuen Reiches gefunden. Darunter lagen die Reste eines 20 Meter langen Ziegeltempels aus der 1. Zwischenzeit mit einem Altarhof und zwei folgenden Sanktuarräumen. Weiter am Flußufer standen noch innerhalb einer großen Ziegelumfassung ansehnliche Ruinen des 45 × 60 Meter großen Kalksteintempels Ptolemäus' IV. Philopator und der Arsinoe. Vorhanden war noch der 4 Meter hohe Granitnaos des Sanktuares, vor allem aber der spätere Pronaos des Tempels. Er bestand aus 3 × 6 Palmkapitellsäulen mit ihren Architraven und Deckbalken. Über der 18,6 Meter hohen Fassade befand sich eine griechische Widmungsinschrift Ptolemäus' VI. Philometors und Kleopatras. Der Tempel wurde zwischen 1813 und 1821 von den Fluten des Nils, der sich schon 1798 bis auf 15 Meter herangearbeitet hatte, weggespült. Die restlichen Steine wurden von Ibrahim Pascha für einen Palast in Asjut weggeschafft.

Herodot II 91 könnte sich auf diesen Tempel beziehen:

«In dieser Stadt [Chemmis, später Panopolis] gibt es einen viereckigen Tempel des Perseus, des Sohnes der Danae, und rings um ihn herum sind Palmbäume gewachsen. Die steinerne Vorhalle des Tempels ist besonders groß; bei ihr stehen zwei große steinerne Statuen. In diesem Bezirk befindet sich der Tempelraum, und in ihm steht eine Statue des Perseus.»

Literatur: *Description*, Bd. IV, 89 Taf. 38–42; Sir Gardner Wilkinson, *Topography of Thebes and General View of Egypt* (London 1835) 391.

MITTELÄGYPTEN

83   Tell el-Amarna

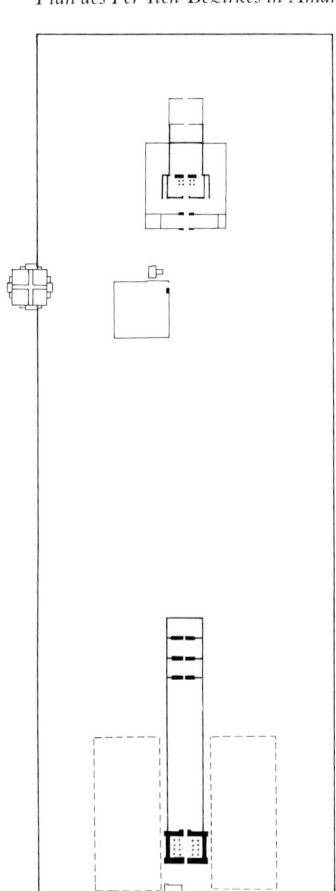

Plan des Per-Iten-Bezirkes in Amarna.

Es ist ein besonderer Glücksfall, daß durch günstige Umstände ausgerechnet «Der Horizont der Sonnenscheibe», die Residenzstadt des ungewöhnlichen Königs Echnaton, relativ gut erhalten geblieben ist. Erforscht wird der Ort seit 1883 (Flinders Petrie, gefolgt von der Deutschen Orientgesellschaft 1911–1914 und der Egypt Exploration Society 1921–1936 und wieder ab 1977).

Bei der Gründung der Stadt im Jahr 5 des Königs hatte man in aller Eile aus Ziegeln einige temporäre Aton-Kultstätten, meist im Freien gelegene Hochaltäre, geschaffen, die erst im Laufe der Zeit durch größere Steinbauten ersetzt wurden. Diese Umsetzung in Stein war noch nicht abgeschlossen, als die Bauarbeiten beim Tod Echnatons nach zwölf Jahren eingestellt wurden. Die Tempel standen nun über zwei Generationen in der langsam wieder verfallenden Stadt, bis sie unter Ramses II. als nutzlose Requisiten eines längst vergangenen Sonnenwahns zur Gewinnung von Baumaterial abgetragen wurden. Heute sind am Ort nur noch die Fundamentgräben sichtbar. Für die Rekonstruktion der Bauten helfen die detailreichen, allerdings nicht immer ganz zuverlässigen Darstellungen von Tempeln in den Felsengräbern von Amarna selbst. Von der Dekoration der enormen Wandflächen läßt sich mit Hilfe von 1500 im nahen Hermopolis zutage geförderten Amarna-Blöcken ein gewisser Eindruck gewinnen (s. S. 183). Die dort erhaltenen Reliefs zeichnen sich durch einen Stil aus, der sich von den Reliefs in Karnak durch besonders weiche Linienführung, feine Ausarbeitung von Details und unmittelbarer Naturbeobachtung unterscheidet.

Der größte Bezirk, im Zentrum der Stadt, östlich der Königsallee gelegen, war das *Per-Iten*, ein Bezirk von 270 × 760 Metern Ausdehnung. Sein gewaltiger Innenraum enthielt jedoch nur wenig überbautes Gelände; wahrscheinlich blieb die Anlage unvollendet. Zwei Tempel stehen in seiner Mittelachse, 350 Meter voneinander entfernt. Der vordere ist erst in einer späteren Bauphase hinzugefügt

Der vordere Teil des Per-Iten von Amarna (das Per-haji) im Grab des Merire.

worden. An seiner Stelle führte vorher eine von Bäumen flankierte Sphinx-Allee auf den hinteren, eigentlichen Tempel zu. Der vordere Bau mit den Namen *Per-haji* und *Gem-pa-Iten* ist ein langgestreckter Bau von 32 Metern Breite und 210 Metern Länge, der durch sechs Pylonpaare in sieben Abschnitte unterteilt ist. Hinter dem ersten Pylon ergänzen die Ausgräber eine Säulenhalle. Statt eines überhöhten Mittelschiffes ist der Mitteldurchgang jedoch oben offen. Die folgenden Abschnitte waren ebenfalls offen und gänzlich mit kleinen Altären gefüllt, der zweite und dritte Abschnitt mit je 224 Exemplaren. Im fünften Abschnitt war die Rückhälfte wieder von einem Säulenbaldachin überbaut. In den letzten beiden Sektionen waren entlang der Wände durch Schrankenmauern kapellenartige Kultstellen geschaffen. In der Mitte des sechsten und siebten Abschnitts erhoben sich monumentale, begehbare Altäre. Aus verschleppten Reliefblöcken, die im benachbarten Aschmunein gefunden wurden, läßt sich eine Ahnung von der Pracht der Wanddekoration der Kapellen im 1. und 2. Hof des *Per-haji* gewinnen. Innerhalb der Tempelumwallung, zu beiden Seiten des vorderen Tempels, waren mehrere hundert Altäre errichtet. Im Hof hinter dem Tempel erhob sich auf einem Podium der *Benben*-Stein, in diesem Fall kein Obelisk, sondern eine oben abgerundete Stele aus Quarzit. Logischerweise stand er nicht im Mittelpunkt der Anlage wie etwa der Sonnenobelisk von Abu Gurob; denn das Kultziel Echnatons war ja die Sonnenscheibe selbst.

Der hintere Tempel, das Hauptsanktuar des *Per-Iten,* war in zwei Hauptabschnitte gegliedert und besaß keine Pylone. Statt dessen war der Vortempel seitlich durch merkwürdige Mauern eingefaßt. Solche Flankierungsmauern scheinen auch im Tempel von Heliopolis existiert zu haben. Denn Strabo beschreibt – etwas schwer verständlich – die Anlage dort wie folgt:

«Auf beiden Seiten des Portikus treten die sogenannten Flügel hervor: Sie sind gleich hoch wie der Tempel selbst und voneinander entfernt, zuerst wenig mehr als die Breite des Sockels des Tempels, aber dann, nach vorn hervortretend, wenden sich die Mauern wieder einander zu bis auf 50 oder 60 Ellen Abstand. Diese Mauern tragen Reliefs von kolossalen Figuren wie die Werke der Etrusker und der alten Griechen.»

Der Vortempel bestand aus einem quadratischen Hof, in dessen Säulenhallen

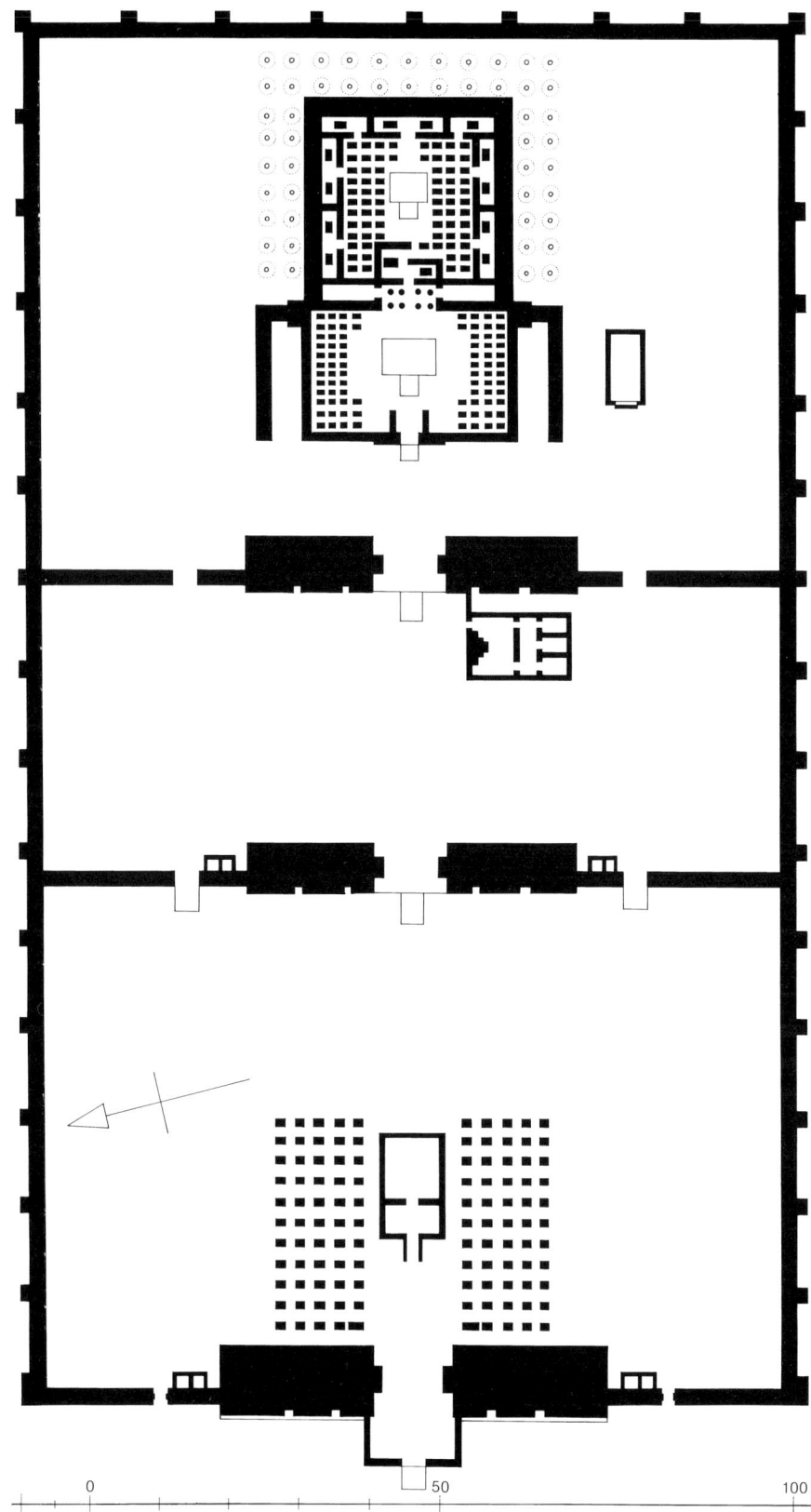

Plan des Pa-hut-Iten in Amarna.

0   50   100

insgesamt 16 Statuengruppen standen, die Echnaton mit Nofretete darstellten. Im Zentrum erhob sich wieder ein begehbarer 6 × 6 Meter großer Hochaltar. Der auf einer erhöhten Terrasse gelegene Haupttempel wurde durch eine ungewöhnliche Torkonstruktion eingeleitet und war durch zahlreiche oben offene Kapelleneinbauten unterteilt. In seinem innersten Abschnitt stand ein offener Schrein erhöht auf einem Podium, zu dem eine Rampe emporführt, also vergleichbar mit dem Hochaltar des Sonnenheiligtums von Sesebi (S. 72). Auch in diesem Tempelabschnitt standen zahlreiche Statuen und Statuengruppen des Königs und der Königin. Fragmente dieser Skulpturen sind gefunden. In einem früheren Stadium bestand der Tempel wohl nur aus dem Hochaltar mit einem davorgelegenen Baumgarten. B. Kemp rekonstruiert den Vortempel als eine offene, von 2 × 48 Altären bedeckte Terrasse, den Haupttempel als einen von einer niedrigen Mauer umgebenen Hof, auf einem sich über dem Vortempel erhebenden Podium. Der Tempel war das Hauptkultziel des gesamten Heiligtums, zumindest in seinem früheren Stadium, und alles spricht dafür, daß er mit jenem *Schut-Re,* dem «Re-Schatten», identisch ist, der in einem Wandbild im Grab des Hujja dargestellt ist[40].

Außer diesen Altären befanden sich innerhalb des Tempelbezirkes wiederum ein *Benben*-Stein, Weinmagazine sowie ein großes Schlachthaus. Wahrscheinlich wird man auch weitausgedehnte Gärten ergänzen dürfen.

Wenige hundert Meter südlich lag, ebenfalls auf der Ostseite der Königsallee, der zweite große Tempel, das *Pa-hut-Iten.* Er war etwas kleiner als der *Per-Iten*-Bezirk (108 × 191 Meter). Seine Umfassungsmauer war wie bei den Millionenjahrhäusern mit bastionsartigen Mauervorsprüngen zu einer Festung ausgebildet, die deutlich an die Millionenjahrhäuser der übrigen Könige des Neuen Reiches erinnert. Es mag daher kein Zufall sein, daß die Tempelachse genau auf die Wadi-Mündung zeigt, in der das Grab Echnatons liegt. Der Bezirk war durch drei Ziegelpylonpaare in drei Höfe unterteilt. Der erste Pylon besaß einen 8,8 Meter breiten Durchgang, der merkwürdigerweise durch einen podiumsartigen Stufenbau für einen Altar (?) blockiert war. Ein von 108 kleinen Altären umgebener großer Hochaltar stand im ersten Hof. Im dritten Hof lag das eigentliche Heiligtum, das mit dem inneren Tempel des *Per-Iten* große Ähnlichkeit hat, aber in den Wandbildern so unzureichend repräsentiert ist, daß sich keine zuverlässige Rekonstruktion gewinnen läßt. Aus den Fundamentgräben läßt sich erschließen, daß es einen vorderen und hinteren Abschnitt besaß und daß in beiden wiederum eine große Anzahl von Altären stand. Wie der «Re-Schatten» des *Per-Iten* war der vordere Teil des Baues von Flügelmauern flankiert. Die Umfassungsmauern aller Tempel und einige Pylone waren wie üblich aus Ziegeln erbaut, die Tempelhäuser aus Kalkstein. Einige der Reliefblöcke dieser Anlage wurden im nahen Aschmunein verbaut gefunden. Vor der Erbauung des Tempels stand an der Stelle des ersten Hofes ein monumentaler Hochaltar, 9,35 × 14,4 Meter groß.

Am südlichen Ende von Amarna befanden sich zwei *Maru-en-pa-Iten* genannte Gartenheiligtümer. Das größere der beiden wird zu einem guten Teil von einem 60 × 120 Meter großen See und von Gärten eingenommen. Nur in die Nordostecke war ein langgestreckter Pfeilerhof mit elf T-förmigen Wasserbassins eingefügt. Die Fußböden und die Seitenwände der Becken waren mit Pflanzen bemalt. Vor diesem «Gewächshaus» lagen Blumenbeete und eine kleine von Kanälen eingefaßte Insel. Auf ihr standen drei Pavillons. Der größere, kioskartige Mittelbau war vielleicht der Sonnenschatten der Königin Nofretete. Die gesamte Anlage wird als verkleinerte Wiedergabe des Kosmos zur Abhaltung des Geburtsfestes des Aton erklärt mit der Darstellung von elf Wasserläufen, die der Sonnengott auf sei-

Das Pa-hut-Iten von Amarna. Rekonstruktionsvorschlag von B. Kemp.

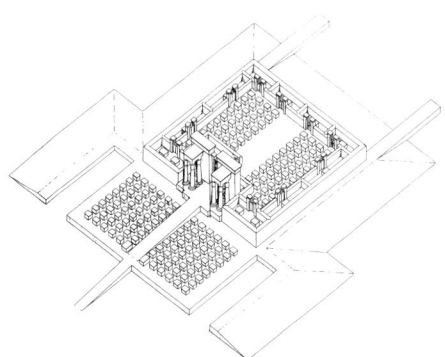

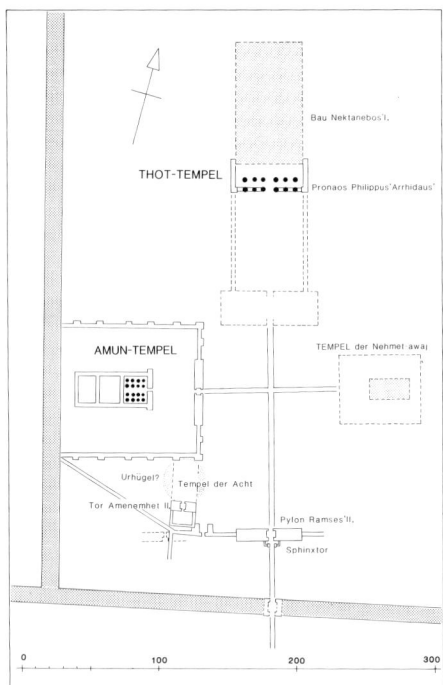

Plan des südlichen Teils des Tempelbezirkes von Hermopolis/Aschmunein.

ner Nachtfahrt zu durchqueren hätte, mit dem 12. ringförmigen Becken als Kulminationspunkt, aus dem dann das Inselheiligtum wie auf einem Urhügel emportauchte.

Literatur: J. D. S. Pendlebury, *The City of Akhenaten*, Teil III (London 1951); R. Stadelmann, *šwt-R'w als Kultstätte des Sonnengottes im Neuen Reich*, in: MDAIK 25 (1969) 159–178; Günther Roeder, *Amarna-Reliefs aus Hermopolis* (Hildesheim 1969); Rainer Hanke, *Amarna-Reliefs aus Hermopolis. Neue Veröffentlichungen und Studien* (Hildesheim 1969); A. Badawy, *Le symbolisme de l'architecture à Amarna*, in: L'Égyptologie en 1979 (Paris 1982) 187–194; B. J. Kemp, *The Sanctuary of the Great Aten Temple*, in: Amarna Reports IV (London 1987) 103–114; M. Mallinson, *Report on the 1987 excavations investigation of the Small Aten Temple*, in: Amarna Reports V (1989) 115–141.

84   Hermopolis

Bei Aschmunein liegen die weitausgedehnten Ruinen des alten Hermopolis magna, benannt nach den acht Urgöttern, durch die nach lokaler Tradition die Welt entstanden sein soll. Denn Hermopolis steht wie Theben, Memphis und Heliopolis im Mittelpunkt einer eigenen Weltschöpfungslehre. Hauptgott des Ortes war zunächst Amun, der Herr der Achtheit. Dazu tritt Thot, der Gott des Wissens und des Heilens, der Herr der Schreiber mit seinen beiden heiligen Tieren, dem Ibis und dem Pavian. Die Anfänge der Tempel von Hermopolis gehen wohl bis in das Alte Reich zurück. Aus Quellen des Mittleren Reiches erfahren wir, daß der Gaufürst Aha 600 Mann in die Steinbrüche schickte, um Alabaster für den Thot-Tempel zu brechen. Vom gleichen Ort ließ der Gaufürst Djehutihotep in der Zeit Sesostris' II. eine in seinem Grab in Bersche dargestellte, kolossale Sitzfigur aus den Alabasterbrüchen nach Hermopolis schaffen.

Jährlich wurde hier in einem mehrtägigen Fest die Entstehung der Welt gefeiert mit der Darstellung des Kampfes zwischen dem Sonnengott und den Mächten der Finsternis, der natürlich mit der Niederlage der Feinde an der «Richtstätte des Re» endete. In religiösen Texten sind zahlreiche derartige Stätten des alten Hermopolis überliefert, lassen sich aber trotz intensiver Grabungstätigkeit nicht lokalisieren. Zum Beispiel kennen wir weder die Lage des berühmten «Messersees» noch der «Flammeninsel» mit der heiligen Akazie von Hermopolis noch des «Hauses des Netzes» (wo Thot die Feinde des Sonnengottes mit Netzen eingefangen haben soll).

Eine 637 × 637 Meter große und 15 Meter dicke Umwallung, wohl aus der 30. Dynastie, war durch eine Trennmauer in zwei ungleiche Hälften geteilt. Der Ostteil schloß die Heiligtümer der zwei Hauptgötter Amun und Thot ein.

Von Süden führte wohl ein Tor durch die große Umfassungsmauer. Dahinter folgte auf der zum Tempel führenden, mit Platten belegten Prozessionsstraße ein großer Pylon Ramses' II. Vor seiner Front wurden von Nektanebos I. ein Vorbau mit Obelisken, Königsstatuen, zwei Stelen und vier Sphingen errichtet. Weiter im Norden lag der Thot-Tempel, über dessen vorderen Teil – wohl Pylon und Vorhof? – nichts bekannt ist. Im Zentrum der Anlage erhob sich noch zur Zeit der französischen Expedition der grandiose, aus 2 × 6 Kalksteinsäulen bestehende Pronaos des Philippus Arrhidäus. Seine abgedrehten Papyrussäulen trugen sogar noch ihr Gebälk und die Dachplatten. Die Fassade war mit 40 Metern breiter als die des Hathor-Tempels von Dendera, die Säulen etwa 13 Meter hoch und noch bunt bemalt. Der Pronaos legte sich ursprünglich gegen die Front des wahrscheinlich von Nektanebos I. errichteten Tempelhauses von 55 × 110 Metern Größe. Amenhotep III. stiftete vier kolossale Quarzitstatuen von Pavianen, die neben dem Ibis die heiligen Tiere des Thot bildeten.

Der Pronaos des Thot-Tempels des Philippus Arrhidäus von Hermopolis im Zustand vor 1825.

Im rechten Winkel zum Thot-Tempel liegen die Reste des nach Osten blicken-den Amun-Heiligtums Ramses' II. Dieser Tempel war in der Art eines Millio-nenjahrhauses mit einer turmbewehrten Festungsmauer umgeben, mit einem Ein-gangspylon in der Frontseite. Vor dessen Nordturm stand ein Koloß Ramses' II. Innerhalb der Südostecke der Festungsmauer lag eine Gebäudegruppe, vergleich-bar den «Palästen» der Millionenjahrhäuser. In einer ausführlichen Weihinschrift heißt es vom Amun-Bezirk unter anderem:

«Er ist mit allen fruchttragenden Bäumen bepflanzt und mit Blumen geschmückt. Seine Gärten tragen Lotus und Blüten, Schilf, Knospen und Papyrus, die als tägliche Opfergaben zum Vorhof des Thot geschafft werden.»

Südlich des Amun-Tempels ist ein monumentales Tempeltor Amenemhets II. teilweise erhalten, wohl der Zugang zu einem älteren Tempel des Thot und der Urgötter. Er stand wohl auf jenem für Hermopolis schriftlich bezeugten Urhügel, von dem bisher allerdings keine Spuren gefunden wurden. Der alte Tempel der Urgötter wurde unter Nektanebos I. durch einen Neubau ersetzt.

Der Pronaos des Thot-Tempels wurde um 1825 abgebrochen und zu Kalk ver-brannt. Von 1929 bis 1939 grub die Deutsche Hermopolis-Expedition in Hermo-polis, 1980 bis jetzt die British-Museum-Expedition. Dabei wurden 1929/30 im Tempelbezirk – und besonders in den Pylonen Ramses' II. an der Prozessionsstraße und am Amun-Tempel – 1500 dekorierte Blöcke von abgetragenen Aton-Tem-peln Echnatons entdeckt. Nach den Inschriften der Reliefblöcke läßt sich eine Her-kunft aus dem *Pa-hut-Iten, Per-haji* und *Maru-en-pa-Iten* von Amarna kaum aus-schließen (s. oben). Der Kom ist heute stark durch *Sebbach*-Abbau und steigendes Grundwasser in Mitleidenschaft gezogen.

Literatur: *Description*, Bd. IV, Taf. 50–52; Günther Roeder, *Der Urzeit-Bezirk und die Urgottheiten von Hermopolis*, in: ZÄS 67 (1931) 82–88; G. Roeder, *Zwei hieroglyphische Inschriften aus Hermopolis*, in: ASAE 52 (1952) 315–442; D. Kessler, *Hermupolis magna*, in: LÄ II 1137–1147; A. J. Spencer, *Excavations at El-Ashmunein*, Bd. II, *The Temple Area* (London 1989); *British Museum Expedition to Middle Egypt Ashmunein (1980) bis Ashmunein (1985)* (London 1982–1986).

85 Tuna el-Gebel

Aus Tuna el-Gebel stammen die Reste zweier von Ptolemäus I. Soter für den Kult heiliger Thot-Affen gestifteter Kapellen. Zwei reich dekorierte Wände der einen Kapelle sind im Pelizaeus-Museum Hildesheim wiedererrichtet.

Literatur: Philippe Derchain, *Zwei Kapellen des Ptolemäus I. Soter in Hildesheim,* in: Zeitschrift des Museums zu Hildesheim, NF 1961.

86 Speos Artemidos, Istabl Antar

In Reichweite der Gräber von Beni Hasan liegt in einem einsamen Wüstental ein Felsenheiligtum der Löwengöttin Pachet. Die Ursprünge reichen wohl bis in das Mittlere Reich zurück und wurden unter Hatschepsut ausgebaut und (unvollständig) dekoriert. Das Sanktuar wurde erst unter Sethos I. dekoriert. Der Tempel ist in seiner Form dem Haremhab-Heiligtum von Gegel Silsila vergleichbar und besitzt eine 15 Meter breite Felsfront von vier Pfeilern und fünf Durchgängen. Die Decke des Querraumes dahinter wird von vier Pfeilern getragen. In der Rückwand öffnet sich das Sanktuar.

Literatur: Richard Lepsius, *Denkmäler,* Text II, 108–112.

87 Antinupolis, Antinoe, Scheich Abade

Auf dem Ostufer des Nils gegenüber Hermopolis liegen am Westrand der Römerstadt Antinupolis die geringen Reste eines Tempels Ramses' II. Seine Zuweisung an die Götter von Heliopolis ist zweifelhaft. Beobachtet wurden die Säulen des Vorhofs und Hypostyls.

Literatur: A. Gayet, *L'exploration des ruines d'Antinoë et la découverte d'un temple de Ramsès II,* in: Musée Guimet. Annales 26 (Paris 1897).

88 El-Babein

24 km oberhalb von Minia liegt auf dem Ostufer in der alten Steinbruchslandschaft von El-Babein eine kleine Felskapelle des Merenptah. In der Kultnische sitzen Figuren des Königs, der Hathor und einer weiteren Gottheit.

Literatur: Hourig Sourouzian, *Une chapelle de Merenptah dédiée à la déesse Hathor, maîtresse d'Akhouy,* in: MDAIK 39 (1983) 207–223.

89 El-Hiba

In den Ruinen des alten Ankyronpolis liegen die Reste eines kleinen, halbzerstörten Amun-Tempels Scheschonks I. und Osorkons I. Der Bau ist architekturgeschichtlich von Interesse, weil er das früheste Beispiel eines echten, an der Front geöffneten Pronaos besaß. Er wurde 1913/14 von einer badischen Expedition ausgegraben. Weiter südlich, in den Ruinen von *Hut-nesut* entdeckte der polnische Ägyptologe Tadeusz Smolensky 1907 zahlreiche wiederbenutzte Blöcke eines Kalksteintempels Ptolemäus' I. Soters und Ptolemäus' II. Philadelphus', der dem lokalen Horus und seinen Eltern Osiris und Hathor/Isis geweiht war. Die schön dekorierten Blöcke des Baues befinden sich heute in Budapest, Wien und Krakau. Bisher ließ sich – trotz intensiver Sucharbeiten – zwar der Fundort der Blöcke, nicht aber die Lage des Tempels lokalisieren.

Literatur: Hermann Ranke, *Koptische Friedhöfe bei Karara und der Amontempel Scheschonks I bei el Hibe* (Berlin 1926) 58–68; V. Wessetzky, *Reliefs aus dem Tempel Ptolemaios' I. in Kom el-Ahmar-Sharuna in der Budapester und Wiener Ägyptischen Sammlung*, in: MDAIK 33 (1977) 133–141; L. Gestermann et alii, *al-Kôm al-ahmar/Sâruna 1988*, in: Göttinger Miszellen 104 (1988) 53–56 und *1989*, in: ibid. 111 (1989) 10–12.

90 Ehnasja el-Medina, Herakleopolis

Der Ort Herakleopolis war während der Ersten Zwischenzeit Sitz eines Königshauses. Wegen unzureichender Ausgrabungen ist er jedoch nur mit einem Tempel vertreten, dem des lokalen Gottes Herischuf. Die Baugeschichte der Anlage zu klären ist Flinders Petrie nur bis zu einem gewissen Grade gelungen. Demnach wurde unter Ramses II. aus Baumaterial von Vorgängerbauten des Mittleren Reiches und der 18. Dynastie ein Neubau geschaffen. Bemerkenswert ist der Vorhof, in dem vor jeder Säule der seitlichen Hallen eine Kolossalfigur des Königs stand. Die 50 Meter breite Rückhalle des Hofes bestand aus einer Reihe von acht Palmsäulen aus Granit (Höhe 5,25 Meter), wie sie in dieser Zeit so unüblich sind, daß man eher an eine Herkunft aus dem Alten oder Mittleren Reich denken möchte, also etwa aus dem Pyramidentempel Sesostris' II. im relativ nahen Illahun.

Literatur: W. Flinders Petrie, *Ehnasya 1904* (London 1905).

91 Medinet el-Faijum, Krokodilopolis, Arsinoe

Krokodilopolis war das Zentrum der Krokodilskulte, die das religiöse Leben des Faijums beherrschten. Im vergangenen Jahrhundert bedeckten noch über 25 Meter hohe Ruinenhügel ein Areal von 1200 × 1700 Metern. Heute ist davon nicht viel mehr als eine Müllhalde geblieben. Flinders Petrie grub noch 1888 in den Resten

Der Pronaos des Herischuf-Tempels von Herakleopolis. Rekonstruktionsvorschlag von Flinders Petrie.

eines 250 × 350 Meter großen ptolemäischen Heiligtums. Er beschreibt die Ruine eines gewaltigen Tores, das aus bis zu 2 × 7,5 Meter großen Granitblöcken bestand, die ursprünglich aus einem Bau Amenemhets III. entnommen waren. Der ägyptische Archäologe Labib Habachi fand 1937 einen Kilometer weiter südlich 16 Schäfte von gebündelten Granitsäulen mit geschlossenem Papyruskapitell mit Inschriften Amenemhets III., umbeschriftet von Ramses II. und VI. Ob sie noch am Ort ihrer ursprünglichen Aufstellung lagen, konnte nicht mehr ermittelt werden. Mit 7,2 Metern Höhe deuten sie – wie die möglicherweise dazugehörenden Granitblöcke des Tores – auf einen Tempel der 12. Dynastie, von einer Größe, wie man ihn in dieser Zeit kaum erwartet hätte. Der Bau war dem krokodilsköpfigen Sobek (Suchos) Schedeti geweiht. Beim Sobek-Tempel muß auch der Teich mit dem «lebenden Kultbild» des Sobek gelegen haben, über das noch Strabo berichtet:

«Unser Gastgeber, einer der Beamten, die uns dort in die Mysterien einführten, ging mit uns zum See und trug vom Essen eine Art Kuchen und etwas gebratenes Fleisch und einen Krug mit honigvermischtem Wein. Wir fanden das Tier am Rande des Sees liegend, und als die Priester zu ihm hingingen, öffneten einige sein Maul, und ein anderer gab den Kuchen und das Fleisch hinein und schüttete die Honigmixtur hinunter. Das Tier bewegte sich dann in den See hinein und schwamm hinüber auf die andere Seite; aber als ein anderer Fremder kam, ebenfalls ein Erstlingsopfer tragend, nahmen die Priester es, gingen um den See herum, erfaßten das Tier und fütterten es auf die gleiche Weise.»

Literatur: Strabo, *Geographie*, XVII. Buch 1.38; W. M. Flinders Petrie, *Hawara, Biahmu, and Arsinoe* (London 1889) 56–59, Taf. 29; L. Habachi, *Une «vaste salle» d'Amenemhat III à Kiman-Farès (Fayoum)*, in: ASAE 37 (1937) 85–95.

92   Abgig, Begig

Drei Kilometer südwestlich von Medinet el-Faijum stand in einem Kulthof eine 12,9 Meter hohe Granitstele Sesostris' I. auf einem mächtigen Kalksteinsockel. Die Stele hatte einen rechteckigen Querschnitt, verjüngte sich leicht nach oben und war oben abgerundet und von einer Figur, vielleicht einem Falken, bekrönt. Aus den spärlichen Resten der Dekoration an der Front geht hervor, daß sie Monthre/Amunre und Ptah/Reharachte und zahlreichen anderen Göttern geweiht war, die in fünf Registern abgebildet waren. Unterhalb des Reliefs befand sich ein vierzehnzeiliger historischer Text von gewaltiger Länge, dessen Verlust besonders zu beklagen ist. In welche Art von Heiligtum diese Stele einbezogen war, ist nicht bekannt, da noch keine ausreichenden Grabungen am Aufstellungsort durchgeführt wurden. Heute steht die Stele im Zentrum eines Kreisverkehrs von Medinet el-Faijum.

Literatur: *Description*, Bd. IV, Taf. 71; Richard Lepsius, *Denkmäler*, Bd. II, Taf. 119; M. Chaaban, *Rapport sur une mission à l'obélisque d'Abguig (Fayoum)*, in: ASAE 26 (1926) 105–108.

93   Medinet Madi, Narmuthis

Im Kern eines Tempelkomplexes der Erntegöttin Ermuthis-Isis (Renenutet, Termuthis) und des Sobek entdeckten Archäologen der Universität Mailand 1936 einen kleinen Schrein Amenemhets III. und IV. Der nur 8,5 × 10,7 Meter große

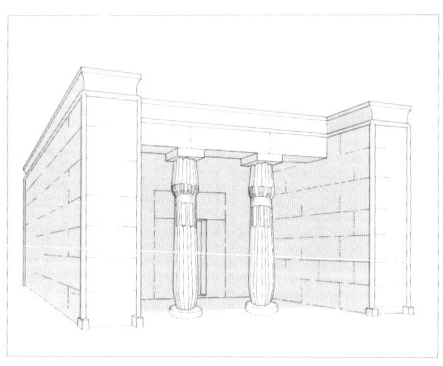

Der Renenutet-Tempel Amenemhets III. von Narmuthis/Medinet Madi. Rekonstruktionsvorschlag von R. Naumann.

Tempel aus Kalksandstein bestand – ähnlich dem Qasr-es-Sagha-Tempel – aus drei parallel angeordneten Kultbildschreinen, die sich auf einen gemeinsamen Opfertischraum öffnen. Unmittelbar davor liegt eine Vorhalle mit zwei Papyrusbündelsäulen mit Knospenkapitellen. Der wohlerhaltene Bau wurde von Amenemhet III. und IV. beschriftet und dekoriert.

Literatur: Rudolf Naumann, *Der Tempel des Mittleren Reiches in Medinet Madi,* in: MDAIK 8 (1939) 185–189.

94 *Biahmu*

«Ungefähr mitten im See stehen zwei Pyramiden, beide den Wasserspiegel je 50 Klafter überragend, und was unter dem Wasserspiegel gebaut ist, ist noch einmal soviel, und auf beiden befindet sich oben ein Kolossalbild aus Stein, auf einem Thron sitzend. So sind also die Pyramiden 100 Klafter hoch . . .»

So beschreibt Herodot das am ehemaligen Seeufer gelegene Statuenheiligtum Amenemhets III. von Biahmu, 7 Kilometer nördlich von Medinet el-Faijum.

1245 n. Chr. schreibt Abu Osman el-Nabulsi es-Safadi esch-Schafai: «[Biahmu] besitzt zwei Idole aus großen, alten Blöcken fremden Steins. Das Gesicht des einen blickt nach Westen, das Gesicht des anderen südwärts in der Richtung zum Sand. Sie sind im Fruchtland. Alte Schriften sind daran ähnlich denen der Pyramiden und Tempel. Manche Leute glaubten, sie enthielten Schätze, und brachten einige Steine der oberen Teile zu Fall, aber man fand nichts . . .»

1672 sah der Reisende Vansleb nur noch «den Rumpf einer Riesenstatue aus Granitstein ohne Kopf und Arme auf einem Sockel sitzend». Heute sind nur noch Reste der Statuensockel erhalten. Die Grabungen Petries erbrachten 1888 einige Fragmente der Quarzitstatuen, aus denen sich eine Gesamthöhe der Monumente von 18 Metern errechnen läßt.

Die beiden Figuren waren in je einem Kulthof aufgestellt, der von einer geböschten Steinmauer umgeben war. Das Heiligtum stand offenbar auf dem von

Die Reste der Sockel für die beiden Kolosse Amenemhets III. von Biahmu.

Das Statuenheiligtum von Biahmu.
Rekonstruktionsvorschlag des Verfassers.

Amenemhet III. angeschütteten Damm direkt am Ufer des damals noch wesentlich größeren Faijum-Sees. Vom Ufer scheint zwischen den Tempeln hindurch ein Dromos direkt nach Krokodilopolis geführt zu haben, wodurch die Kultstätte mit dem dortigen Haupttempel in Beziehung gesetzt wurde. Sicher waren die beiden Statuen keine reinen Denkmäler für die Urbarmachung des Faijums, sondern lebende Abbilder des Königs und Empfänger eines Kultes, in dem Amenemhet III. wahrscheinlich als Schöpfer- und Fruchtbarkeitsgott verehrt wurde.

Literatur: Herodot, II. Buch, 149; W. M. Flinders Petrie, *Hawara, Biahmu and Arsinoe* (London 1889); L. Habachi, *The Monument of Biahmu,* in: ASAE 40 (1941) 721–739.

95 Qasr Qarun, Dionysias

In der Ptolemäerzeit wurden am Rande des Faijums zahlreiche Siedlungen gegründet. Dank ihrer abseitigen Lage sind dort mehrere ptolemäische Tempel wohlerhalten, wie zum Beispiel in Kom Auschim/Karanis, Tell Umm el-Breigat/Tebtynis, Medinet Madi/Narmuthis und Dime/Soknopaiu Nesos. Der bedeutendste steht am Südende des Qarun-Sees inmitten der Ruinen der Militärsiedlung Dionysias. Der nicht ganz kleine Bau (19 × 28 Meter) ist bis zu den Hohlkehlen hinauf unversehrt erhalten. In der Tradition der Bauten der Spätzeit ist der festungsartige Bau von seiner hohen Außenmauer völlig eingeschlossen. Nur in der Front öffnet sich ein kleines Portal. Das Innere besitzt drei Hauptsäle, in deren letztem sich das Sanktuar mit einem Wandrelief des Sobek erhebt. Auf beiden Seiten begleiten zahlreiche Nebenräume und Dachtreppen die Mittelsäle. Etwa 360 Meter vor dem Tempel und mit ihm durch eine Prozessionsstraße verbunden liegen die Ruinen einer Barkenstation.

Literatur: *Description*, Bd. IV, Taf. 69/70; J. Schwartz und Henri Wild, *Qasr-Qarun/Dionysias 1948* (Kairo 1950); J. Schwartz, Alexandre Badawy und Henri Wild, *Qasr-Qarun/Dionysias 1950* (Kairo 1969).

96 Qasr es-Sagha

Abseits der Touristenwege entdeckte 1884 Schweinfurth in der Wüste westlich des Qarun-Sees auf einer Anhöhe am ehemaligen Seeufer einen kleinen, wohlerhaltenen Tempel der späten 12. Dynastie. Er besteht aus dunkelbraunem widerstandsfähigem lokalem Kalksandstein und besitzt eine Reihe von sieben parallel angeordneten Kultbildschreinen, die sich auf einen gemeinsamen Opfertischraum öffnen (Breite 21, Tiefe 7,8 Meter). Der zu erwartende vordere Tempelteil (Hof, Säulensaal?) ist nie errichtet worden; auch blieb die Kapellenreihe unbeschriftet, so daß wir weder den Bauherrn noch die im Tempel residierenden Götter kennen; lediglich Sobek kommt vor. Der Bau mag in Zusammenhang stehen mit einer nahen Truppensiedlung des späten Mittleren Reiches und den Transporteinrichtungen für den Basaltabbau am nahen Vulkanschlot des Gebel el-Qatrani.

Literatur: Dieter Arnold, *Der Tempel Qasr el-Sagha* (Mainz 1979).

Längs- und Querschnitte durch den ptolemäischen Tempel von Dionysias/Qasr Qarun.

Der Tempel der 12. Dynastie von Qasr es-Sagha am Westufer des Qarun-Sees.

OASE BAHARIJA

Die Denkmäler der Oase Baharija lassen sich bedeutungsmäßig nicht mit denen der Oase Charga vergleichen. Einige Tempelruinen verdienen jedoch gewisses Interesse.

97 El-Qasr

Im Zentrum der Ruinen des einstigen Oasenhauptortes liegen die Reste eines Tempels der 26. Dynastie und – innerhalb einer größeren Anlage – vier beschriftete Kapellen des Apries.

98 Ain el-Muftilla

In einem noch unausgegrabenen auf das Neue Reich zurückgehenden Stadt- und Tempelbezirk wurden die Reste von vier Kapellen aus der Zeit des Amasis festgestellt.

190

99   Et-Tibbanija

1938/39 wurden in der Nähe von Et-Tibbanija die Ruinen einer steinernen Kapelle Qasr el-Migysba ausgegraben, die Alexander dem Großen geweiht war. Der zweiräumige, kleine Tempel stand in einem länglichen Tempelbezirk, der zahlreiche Priesterwohnungen und dergleichen enthielt.

100   Qasr el-Miysra

Die Reste eines kleinen römischen Tempels wurden 1938 unausgegraben abgeräumt.

Literatur: Ahmed Fakhry, *The Egyptian Deserts. Bahria Oasis*, Bd. II (Kairo 1950); idem, *The Oases of Egypt*, Bd. II, *Bahariyah and Farafra Oases* (Kairo 1974) 78–115.

OASE SIWA

101   Ammoneion von Siwa

500 Kilometer westlich des Niltales und 300 Kilometer südlich der Mittelmeerküste liegt am Schnittpunkt wichtiger Karawanenstraßen die fruchtbare Oase Siwa, einst die Residenz ägyptisierter libyscher Oasenkönige. Hier erhebt sich auf einem 10 Meter steil aufragenden «Berg» der berühmte Orakeltempel des Amun. Der Tempel nimmt den höchsten Platz auf dem Bergplateau ein und teilt das Areal in zwei Hälften. Westlich neben dem Tempel lagen die Palastanlagen des Oasenkönigs, in der Nordostecke wohl der Frauenbezirk für die Königin und den Harem, davor im Südosten die Priesterwohnungen und Kasernen. Heute breiten sich über den Tempelberg die Ruinen des ausgestorbenen Ortes Aghurmi aus. Grabungen größeren Stils wurden wegen der abseitigen Lage des Ortes noch nicht unternommen. Dank einer eingehenden Studie von K. P. Kuhlmann gewinnen wir jedoch eine Vorstellung des antiken Ammoneion. Die Bedeutung des Tempels liegt weniger in seiner Architektur als in Kult und Geschichte. Wahrscheinlich waren es die thebanischen Amun-Priester des Neuen Reiches, die hier eine Zweigstation ihres Gottes bauen ließen. Der heute erhaltene Bau wurde wahrscheinlich erst unter dem großen Tempelstifter Amasis um 570 v. Chr. errichtet. Trotz seiner ägyptischen Grundzüge sprechen viele Einzelbeobachtungen (Bautechnik, fehlende Eckrundstäbe, vertikale Wände usw.) dafür, daß der Bau von griechischen Handwerkern aus der Kyrenaika, jedoch in der Tradition der ägyptischen Oasenheiligtümer hergestellt wurde. Das Tempelhaus ist 15 × 51,6 Meter groß. Es weist wie alle Oasentempel einen auffällig langgestreckten Grundriß auf. Vorweg befindet sich ein offener Vorhof, auf den sich die Tempelfassade in Gestalt eines Säulenpronaos öffnet. In Hof und Pronaos standen wohl die literarisch erwähnten Votive dankbarer Orakelempfänger. Dahinter folgte ein Innenraum mit zwei Pfeilern und das Sanktuar. Westlich schließt sich ein Saal an, in dem möglicherweise die Orakel verkün-

Das Ammoneion von Siwa.

det wurden. Denn die Orakel wurden nicht von einem «sprechenden» Kultbild, sondern vielmehr (wie auch sonst in Ägypten) schriftlich oder bei Prozessionen durch die Bewegungen der Barke erteilt. Um solche Anfragen zu belauschen und passende Antworten vorzubereiten, war über dem Sanktuar ein über einen Geheimgang zugängliches Versteck angelegt. Der Tempel war 331 v. Chr. Ort des denkwürdigen Besuchs Alexanders des Großen, der hier von der Priesterschaft als Sohn Gottes begrüßt wurde, was ihm die unmittelbar danach erfolgte Übernahme der ägyptischen Königswürde erleichterte. Welche Frage er Amun vorlegte und welche Antwort er darauf erhielt, ist ein Geheimnis geblieben.

Wenige hundert Meter südlich sind die Reste eines zweiten Tempels, Umm Ubayda, mit einem Säulenpronaos und mehreren dahinter folgenden Räumen erhalten. Beide Tempel waren wohl mit einer Prozessionsstraße verbunden und kultisch aufeinander bezogen.

Literatur: Klaus P. Kuhlmann, *Das Ammonieion* (Mainz 1988).

102   Ptah-Tempel

Praktisch vom Beginn der ägyptischen Geschichte an war Memphis der bedeutendste Ort des Landes, Sitz der Zentralverwaltung, Residenz zahlreicher Dynastien, die sich hier im Bereich zwischen Giza und Dahschur ihre Paläste und Pyramiden erbauten. Sein antiker Name «Der Tempel des Ka des Ptah» scheint als
Hauet-ka-Pitah, He-ko-ptah gesprochen, dem Land seinen Namen Aigyptos-Ägyp-
ten gegeben zu haben.

   Dieser hochberühmte, nach der Überlieferung auf König Menes zurückgehende
Tempel des Ptah war eines der wichtigsten Heiligtümer des alten Ägypten. Er war
wie kein anderer Tempel auch ein Ort historischer Begebenheiten, von Krönungs-
feierlichkeiten, Sed-Festen bis zu Machtergreifungen, Triumphzügen, Eroberun-
gen und Plünderungen.

   Der heutige Besucher des Kerngebietes von Memphis, dem heutigen Ort Mit-

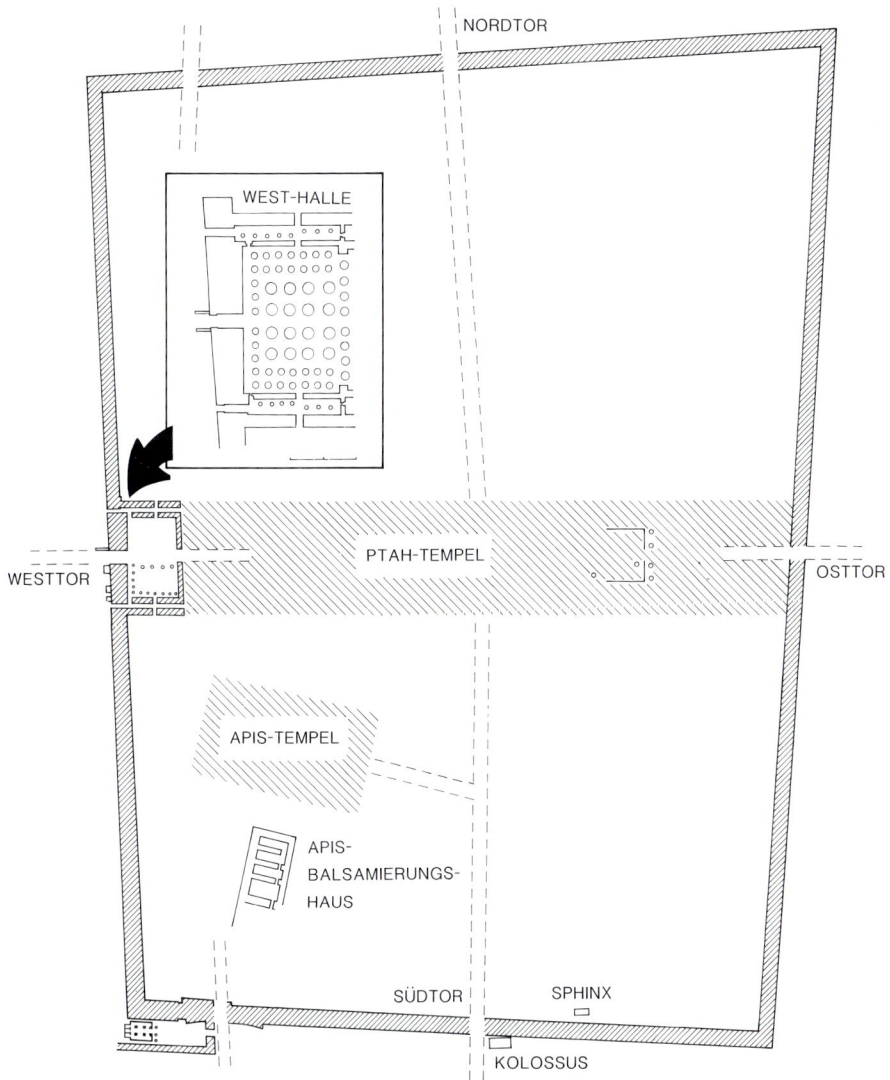

Plan des Ptah-Tempels von Memphis.

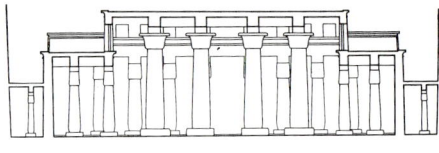

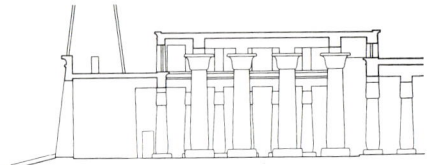

Querschnitt durch die Westhalle des Ptah-Tempels von Memphis nach G. Haeny.

rahina, sieht sich in einer von Palmen bewachsenen und von modernen Ansiedlungen überwucherten Landschaft graubrauner Staubhügel. Kein Stein der «Weißen Mauer» der Stadtumwallung des Menes, kein Stein des Ptah-Tempels steht mehr aufrecht. Nicht einmal der Archäologe vermag sich ein Bild vom Aussehen eines der größten Tempel des alten Ägypten zu machen. Dafür verantwortlich war die Nähe der Stadt Kairo mit ihrem unersättlichen Bedarf an Bausteinen. Nicht zuletzt haben auch Grabungsmethoden der Archäologen des 19. Jahrhunderts mit ihren verheerenden Suchgräben dazu beigetragen, die letzten Spuren zu beseitigen.

In seinem Endstadium war das Heiligtum von einer trapezförmigen, 410 × 580 × 480 × 630 Meter großen Umfassungsmauer aus ptolemäischer Zeit eingeschlossen. Das Innere war durch ein Kreuz sich schneidender Tempelachsen gegliedert mit den Hauptzugängen im Osten und Westen und Nebentoren an den übrigen Seiten. Was sich heute noch dem Besucher an Ruinen präsentiert, sind lediglich die enttäuschend geringen Reste des westlichen Zuganges des Ptah-Tempels. Diese Westhalle Ramses' II. bestand aus einem 74 Meter breiten steinernen Pylon, vor dessen Fassade drei oder vier Kolosse dieses Königs standen. Dahinter folgte die «Westhalle», ein riesiges basilikales Hypostyl von 4 × 4 13 Meter hohen Papyrussäulen, allseitig umgeben von einer Doppelreihe von niedrigeren Säulen. Diese Halle wurde einem an der Front sich mit Säulen öffnenden Tempelteil vorgelegt. Ramses II. hat darüber hinaus den Vorbauten der Nordachse des Tempels einen Vorhof mit einem Pylon zugefügt und das Sanktuar des Ptah neu erbaut, zählte Ptah doch in dieser Zeit neben Amunre und Reharachte zu den «Reichsgöttern» des Landes. Irgendwo, weiter im Osten, muß dieser Westteil des Ptah-Tempels mit dem ost-westlich orientierten Haupttempel zusammengestoßen sein. Über diesen schon vor 1850 völlig verschwundenen Hauptteil des Tempels ist nichts bekannt. In ihm müssen sich alle großen Bauherren vom Alten Reich bis zu den Ptolemäern durch Sanktuare, Säulensäle, Vorhöfe, Pylone und Kolossalstatuen verewigt haben. Außer den Resten des Tores Ptolemäus' IV. Philopators aus rotem Granit in der östlichen Umfassungsmauer haben sich jedoch keine Baureste erhalten. Nach einem Modell zu schließen war der Kernbau des Tempels mit einer hohen Mauer eingefaßt, die mit Schießscharten und vorspringenden Türmen bewehrt war.

Am Nordtor wurden Statuenreste sowie ein vermutlich wiederbenutzter Quarzitarchitrav Amenemhets III. gefunden.

Vor dem Südtor standen ursprünglich mehrere Kolosse Ramses' II., von denen einer aus Kalkstein noch heute am Ort in einer Museumshalle ausgestellt ist. Er war 15 Meter hoch und von hervorragender Qualität. Aus Fragmenten konnte jener Granitkoloß zusammengesetzt werden, der 1989 auf einer Ausstellungsreise in den USA Aufsehen erregte. Es handelte sich ursprünglich um ein von Ramses II. umgearbeitetes Standbild Sesostris' I. Ebenfalls von hier stammt der vom Verkehr umtoste Granitkoloß Ramses' II. auf dem Bahnhofsvorplatz von Kairo. In einem hinter dem Südtor zu vermutenden Vorhof muß jene gewaltige Alabaster-Sphinx aus dem Neuen Reich gestanden haben, die im nahen Museumsgarten von Mitrahina liegt (Länge 8,7, Höhe 4,7 Meter). Reste ähnlicher Skulpturen wurden im gesamten Tempelgebiet beobachtet, und ihre große Zahl fiel bereits antiken Schriftstellern auf. Herodot hebt besonders einen riesigen Koloß des Amasis von 22 Metern Länge hervor, der damals noch am Boden lag und – wie Strabo berichtet – erst später aufgerichtet wurde.

In der Südwestecke des großen Bezirks lag der Tempel des Apis(-Stieres), von dem Strabo berichtet:

Die Reste der Westhalle des Ptah-Tempels von Memphis.

«Vor dem Heiligtum liegt ein Hof, in dem noch ein Heiligtum liegt, das der Mutter des Apis gehört. In diesem Hof wird zu einer festgesetzten Stunde der Apis freigelassen, besonders um ihn Fremden zu zeigen; denn obwohl man ihn durch ein Fenster im Tempel beobachten kann, möchten ihn die Leute auch draußen sehen. Wenn er aber eine kurze Runde von Sprüngen im Hof gemacht hat, bringen sie ihn wieder zurück in den vertrauten Stall.»

Der Hof war von Hallen mit 6 Meter hohen Statuenpfeilern umgeben. Das in der 26. Dynastie erbaute Tempelhaus wurde durch die Ptolemäer mit reichen Stiftungen bedacht. Seine genaue Lage ist allerdings noch nicht bekannt. Dagegen wurde das zugehörige Balsamierungshaus aufgefunden. Seine letzte Version stammt aus der Zeit Nektanebos' II. Es war ein einfacher Ziegelbau mit den allerdings prachtvollen Alabastertischen für die Balsamierung der gestorbenen Stiere. Die Stiermumien wurden unter ungeheurem Pomp auf einer Prozessionsstraße in die Katakomben des Serapeums oben in der Wüste von Saqqara übergeführt. Die an beiden Seiten mit Sphingen und zahlreichen Kapellen und Denkmälern ausgestattete Straße sowie die Stiergrüfte wurden 1850 von Mariette freigelegt. Der von Psammetich I. über den Katakomben errichtete Totentempel ist verschwunden.

Am Südrand des Ptah-Bezirks wurde ein noch hoch anstehender Hathor-Tempel festgestellt, der allerdings wegen des Grundwassers und seiner zersetzenden Wirkung auf die Wandreliefs nicht richtig ausgegraben werden konnte.

Literatur: Herodot, II. Buch, 176; Strabo, *Geographie*, XVII. Buch, 21–32; Rudolf Anthes, *Mit Rahineh 1955* (Philadelphia 1959); idem, *Mit Rahineh 1956* (Philadelphia 1965); Marion T. Dimick, *Memphis the City of the White Wall* (Philadelphia 1956); Gerhard Haeny, *Basilikale Hallen in der ägyptischen Baukunst des Neuen Reiches* (BeiträgeBf 9, Wiesbaden 1970) 68–70; H. S. Smith, *A Visit to Ancient Egypt: Life of Memphis and Saqqara 500–30 BC* (London 1974); Abdulla el Sayeol Mahmud, *A New Temple for Hathor at Memphis* (Warminster 1978); D. G. Jeffreys, *The Survey of Memphis*, Bd. I (London 1985); J. Malek, *The Monuments Recorded at Memphis*, in: JEA 72 (1986) 101–112; M. Jones, *The Temple of Apis in Memphis*, in: JEA 76 (1990) 141–147; D. G. Jeffreys u. a., *Memphis 1984 und folgende*, in: JEA 72 (1986) bis 76 (1990).

103 Der Pyramidentempel des Sahure von Abusir

Zwei Beispiele sollen die insgesamt 18 Pyramidentempel vertreten, die im Verlauf des Alten Reiches errichtet wurden, als frühes Beispiel der Pyramidentempel des Chefren (s. S. 198–201), als späteres der des Sahure von Abusir. Dieser ist nicht nur entwicklungsgeschichtlich von großer Bedeutung, sondern auch relativ gut erhalten. Seine Architektur ließ sich vollständig wiedergewinnen; auch von der Wanddekoration sind wichtige Fragmente erhalten, die die Funktionsbestimmung der Räume erleichtern. Zur Zeit der Freilegung (1902–1907) wäre – wie später an den Tempeln Pepis I. und Pepis II. demonstriert wurde – ein teilweiser Wiederaufbau im Bereich des Möglichen gewesen. Leider wurde diese Chance verpaßt und das wichtigste Material nach Kairo und in deutsche Sammlungen gebracht. In Berlin konnte kürzlich eine Säulenstellung des Tempelhofes rekonstruiert werden.

Der ehemals auf einer Kaianlage stehende Taltempel ist heute im Schilf des Fruchtlandrandes versunken. Er besaß eine sich nach Osten öffnende 2 × 8-Säulenhalle, die in einen kleinen T-förmigen Innenraum und weiter zum Eingang in den Aufweg leitete. Von Süden her wurde nachträglich ein zweiter Zugang mit einer Viersäulenvorhalle angefügt. Vom Taltempel steigt der steile, geschlossene Aufweg, dekoriert mit Wandreliefs, die den König über seine Feinde triumphierend darstellen, zum Pyramidentempel an. Dieser liegt auf dem Wüstenplateau und lehnt sich mit seiner einen Schmalseite gegen die Pyramide. Er besteht aus zwei architektonisch und funktionsmäßig geschiedenen Teilen, die H. Ricke Verehrungs- und Totenopfertempel nannte. In beiden stand der Kult des vergöttlichten Königs im Mittelpunkt. Der Verehrungstempel besteht aus einem von prachtvollen Granitsäulen mit Palmkapitellen umgebenen Altarhof, in dem der König angesichts der Pyramide als Sohn des Sonnengottes verehrt wurde. Die Verbindung zum Aufweg und damit zum Taltempel wird durch eine monumentale, überwölbte Festhalle gebildet, das sogenannte *Per-weru*.

Ein schmaler, langer Korridor trennt den im Westen auf einer Terrasse stehenden «Totenopfertempel» ab. In ihm finden sich, von Sahure an stets wiederkehrend, die Elemente Fünfstatuenraum, Vorraum, Einsäulensaal und Totenopferhalle. Im Statuenraum werden in fünf Granitschreinen Kultbilder verschiedener Erscheinungsformen des Gottkönigs verehrt. Der Raum unmittelbar vor dem Sanktuar ist bei den anderen Pyramidentempeln als Einsäulensaal angelegt; bei Sahure ist es ein überwölbter Korridor. Er ist der Versammlungsort der Götter, der gewöhnlich im Königspalast zur Abhaltung des Sed-Festes eingerichtet ist, um alle ägyptischen Götter um den König zu versammeln. Dahinter schließt sich die Opferhalle an, die wie das *Per-weru* mit einer Tonne überwölbt war. Hier tritt der

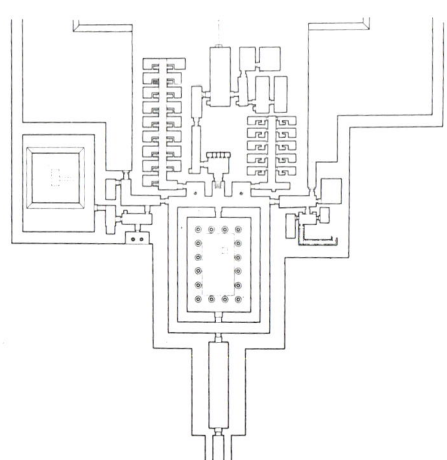

Plan des Pyramidentempels des Sahure von Abusir.

Die Ruine des Pyramidentempels des Sahure nach der Ausgrabung 1907.

König durch die granitne Scheintür aus der Pyramide hervor, um das große Speiseopfer entgegenzunehmen, das an den Wänden dargestellt ist. Mit diesem Element wird der königliche Jenseitspalast an die Totenkulteinrichtungen der zeitgenössischen Privatgräber angeglichen.

Alle aus Kalkstein bestehenden Innenwände des Tal- und Pyramidentempels waren nach einem wohldurchdachten Bildprogramm mit Reliefs versehen. Die Außenwände blieben undekoriert. Der Wandsockel war in wichtigen Räumen aus schwarzen Basalt-Orthostaten gebildet. Türrahmen, Säulen und Architrave bestanden aus rotem Granit und waren mit grün ausgemalten, versenkten Hieroglyphen beschriftet.

Literatur: Ludwig Borchardt, *Das Grabdenkmal des Königs Sahu-Re,* 2 Bde. (Berlin 1910, 1913).

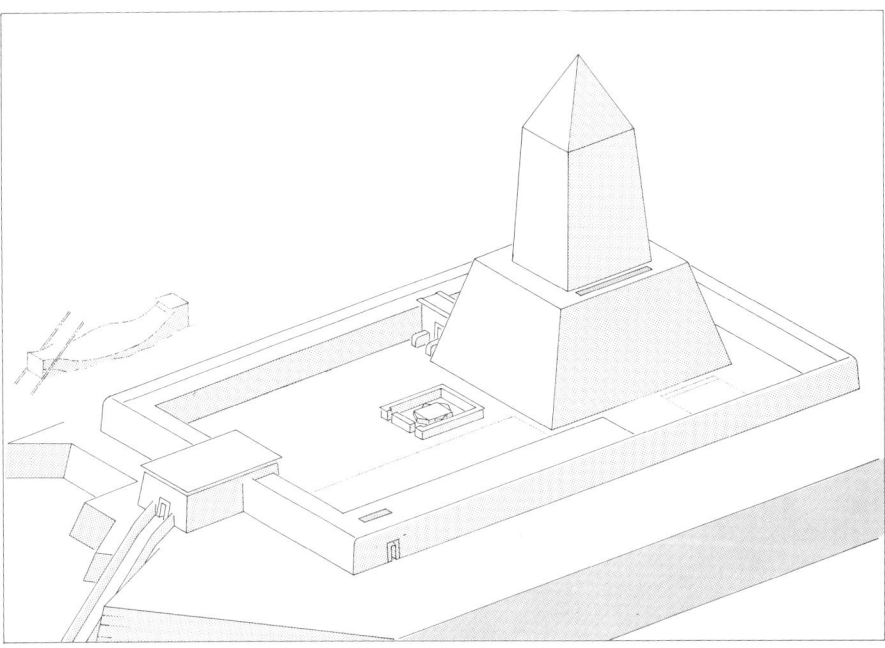

Rekonstruktion des Sonnenheiligtums des Königs
Niuserre, Abu Gurob.

104   Das Sonnenheiligtum des Niuserre von Abu Gurob

Die Ruinen des Sonnenheiligtums des Niuserre liegen auf den flachen Sanddünen am Wüstenrand wenig nördlich von Abusir. Sie sind auch heute noch – auch wenn der zentrale Obelisk gefallen ist und nur noch der Kern seiner hohen Basis aufrecht steht – recht eindrucksvoll. Besonders schön erhalten ist der große Alabasteraltar östlich vor dem Obeliskensockel in Gestalt von vier nach allen Himmelsrichtungen zeigenden Hieroglyphen für «Opfer» sowie die prachtvollen Alabasterbecken zum Auffangen von Wasser und Blut. Von den zahlreichen Fragmenten der Wanddekoration ist am Platz nichts mehr erhalten. Sie wurden in das Ägyptische Museum Kairo, vor allem aber in deutsche Museen verbracht. Denn die Ruine wurde 1898–1901 von der Deutschen Orientgesellschaft ausgegraben und veröffentlicht.

Die Stätte des Sonnenheiligtums des Userkaf befindet sich wenig entfernt im Norden, ist aber heute eine unbedeutende Trümmerhalde. Die Anlage wurde 1954–1957 gemeinsam vom Deutschen und Schweizerischen Institut in Kairo untersucht und veröffentlicht.

Literatur: Friedrich W. von Bissing (Herausgeber), *Das Re-Heiligtum des Königs Ne-woser-Re*, 3 Bde. (Leipzig 1905, 1923, 1928); Herbert Ricke u. a., *Das Sonnenheiligtum des Königs Userkaf*, 2 Bde. (BeiträgeBf 7–8, Wiesbaden 1965, 1969).

105   Die Pyramidentempel des Chefren von Giza

Die frühe Phase der Entwicklung der Pyramidentempel soll hier durch das am besten erhaltene Beispiel, die Anlage des Königs Chefren in Giza, vertreten sein. Sie umfaßt zwei gewaltige Steinbauten, die durch einen monumentalen Aufweg verbunden sind. Der 56,2 × 111,2 Meter große Pyramidentempel liegt auf dem Pyramidenplateau vor der Ostseite der Chefren-Pyramide, mit der Rückwand an die innere Umfassungsmauer gelehnt. Der 45 × 46 Meter große Taltempel liegt

Statuentrümmer am Südtor des Ptah-Bezirks von Memphis.

494 Meter entfernt südöstlich am Wüstenrand. Beide Tempel sind mit ihrem Mauerkern aus dem anstehenden Felsen gemeißelt, der mit Kalkstein und Granit verkleidet war. Die Böden waren mit Alabasterplatten belegt. Monolithe Granitpfeiler trugen die Dachbalken, die mit 20 Kilogramm schweren Kupferdübeln verankert waren, ein bautechnischer Aufwand, der nur durch den der Pyramide selbst übertroffen wurde!

Der Taltempel des Chefren besaß in der 12 Meter hohen Ostfront zwei parallele von riesigen Sphingen oder Löwen geschützte Tore. Sie werden als «Tore des Himmels» bezeichnet, da hinter ihnen der «schöne Westen», das Totenreich, beginnt. Der Hauptinnenraum besteht aus einer auch heute noch sehr gut erhaltenen T-förmigen Pfeilerhalle, in der an den Wänden entlang 23 Kultbilder des Gottkönigs aus feinen Hartgesteinen und Alabaster aufgereiht waren. Eines, den König als Erscheinungsform des Horus darstellend, gehört zu den eindrucksvollsten Bildwerken, die uns aus dem alten Ägypten erhalten sind. Die Wände des Taltempels aus poliertem Granit waren nicht dekoriert. Die Funktion eines Taltempels ist nicht genau bekannt. Von zentraler Bedeutung war vermutlich der Aspekt eines königlichen Statuenpalastes.

Im Vorderteil des Pyramidentempels wird das Thema breite und tiefe Pfeilerhalle wiederholt, beide allerdings durch ein Tor voneinander getrennt. Daß auch in diesen beiden Pfeilersälen Königsbilder standen, ist anzunehmen. Zwölf Kolossalstatuen umgaben den weiten Innenhof, der westlich auf die tiefe Halle folgt.

Taltempel des Chefren und Harmachis-Tempel in Giza.

Hinter dem Hof reihen sich fünf riesige Sanktuare, die – nach ihrer Form zu schließen – Barken beherbergt haben. In ihren Naoi lassen sich wiederum Kultbilder des
Königs vermuten. Sie entsprechen sowohl lage- als auch zahlenmäßig den fünf
Statuenkapellen der späteren Pyramidentempel. Eine eigentliche Totenopferstelle
mit Scheintür wie bei den späteren Pyramidentempeln fehlt noch. Denn das Heiligtum ist nicht dem Kult der in der Pyramide ruhenden sterblichen Hülle des
Königs gewidmet, sondern, wie schon die Lage des Tempels im Osten der Pyramide zeigt, den göttlichen Aspekten des Königs als Horus beziehungsweise Re.
Leider haben nur ganz wenige Fragmente des Reliefschmucks der Wände die Zeiten überdauert, so daß sich daraus keine Schlüsse mehr auf die Funktion ziehen
lassen.

Literatur: Uvo Hölscher, *Das Grabdenkmal des Königs Chephren* (Leipzig 1912); Vito Maragioglio und Celeste Rinaldi,
L'architettura delle piramidi menfite, Teil v, *Le piramidi di Zedefrâ e di Chefren* (Rapallo 1966).

106   Harmachis-Tempel von Giza

Bei Freilegung des Geländes östlich der großen Sphinx von Giza kamen 1925–1932
die Reste eines monumentalen Steintempels des Alten Reiches zutage, die dann
1965–1967 von H. Ricke untersucht und veröffentlicht wurden. Es handelt sich bei
dem 52,5 Meter breiten und 44,7 Meter tiefen Bau um einen ganz wichtigen Zeugen für die Tempelbautätigkeit des Alten Reiches, die wir sonst nur von den Pyramidentempeln und Sonnenheiligtümern kennen. Der Tempel liegt innerhalb des
Vorhofes der großen Sphinx und mit seiner Rückwand nur 8 Meter von den Pran-
ken der Sphinx entfernt, so daß ein kultischer Zusammenhang angenommen werden muß. Da die Sphinx in der 18. Dynastie als Erscheinungsform des «Horus im
Horizont» galt, haben Ricke und Schott den Sphinx-Tempel «Harmachis-Tempel» getauft. Diese Deutung ist wohl nicht falsch, läßt sich jedoch nicht für die Zeit
der Erbauung des Tempels und der Sphinx nachweisen. Auf alle Fälle vereinigen
sich in der Sphinx und ihrem Tempel Aspekte des Sonnen- und Königskultes,
wobei wahrscheinlich der König als eine in Sphinx-Gestalt erschienene irdische
Form des horizontischen Horus *(Hor-em-achet)* und damit als Re verehrt wurde.
Das Innere des Baues besteht aus einem oben offenen Innenhof, einem Element,
das die Einbeziehung des Sonnenlichtes in den Kult vermuten läßt, und um den
Hof waren zehn kolossale Kultstatuen des Gottkönigs versammelt. Im Osten und
Westen des Hofes öffnen sich nach innen abgestufte Hallen aus monolithen Granitpfeilern, die ebenfalls an eine der Sonnenbahn entsprechende Ost-West-Ausrich-
tung der Anlage denken lassen.

Wie beim benachbarten Chefren-Tempel führen zwei Eingänge durch die
breite, ungegliederte und von einer Frühform der Hohlkehle bekrönte Fassade.
Der Kern der Mauern ist teilweise aus dem anstehenden Kalkfelsen gemeißelt und
war mit Granitblöcken verkleidet, die heute größtenteils verschwunden sind. Der
Plattenboden bestand aus poliertem Alabaster. Der Tempel blieb allerdings
unvollendet. Als Erbauer kommen die Könige Cheops und Chefren in Frage. Da
der Harmachis-Tempel in seiner Lage und Ausrichtung deutlich auf den direkt
südlich daneben liegenden und offensichtlich älteren Taltempel der Chefren-Pyramide Bezug nimmt, scheint eine Zuordnung an Chefren wahrscheinlicher.

Literatur: Herbert Ricke und Siegfried Schott, *Der Harmachistempel des Chefren in Giseh* (BeiträgeBf 10, Wiesbaden
1970).

201

Das Innere des Taltempels des Chefren.

DELTA

Das Kernland des ägyptischen Deltas war eine bedeutende Kulturlandschaft des Pharaonenreiches. Seit der im Neuen Reich vollzogenen Öffnung des Landes gegen seine nördlichen Nachbarn entstanden hier bedeutende Städte, deren Tempel sich unter Ramses II. und dann später wieder unter den hier ansässigen Dynastien von Tanis, Bubastis, Sais, Mendes und Sebennytos zu imposanter Größe entfalteten. Aus Beschreibungen des Herodot oder arabischer Schriftsteller läßt sich erschließen, daß die Tempel von Buto, Sais, Xois, Leontopolis, Bubastis einen Vergleich mit den oberägyptischen Heiligtümern nicht zu scheuen brauchten.

Infolge einer intensiven Landwirtschaft und dichten Besiedlung wurden diese Tempel bereits in der Spätantike und im Mittelalter restlos beseitigt. Die im 19. Jahrhundert immer noch gewaltigen Ruinenhügel erweckten das Interesse früher Ausgräber wie E. Naville und Flinders Petrie, die hier noch aufsehenerregende Funde machten. In jüngster Zeit ist die Erforschung des Deltas wieder zu einem Anliegen der Archäologie geworden. Das Interesse hat sich jedoch heute von der Freilegung der Tempelruinen auf die Untersuchung der Wohnsiedlungen verlagert, so daß die Erforschung der Tempel des Deltas kaum über den Wissensstand Navilles und Petries hinausgekommen ist.

Fast alle noch sichtbaren Tempelreste stammen aus Bauten, die frühestens in die Zeit der 21. bis 30. Dynastie datieren. Es wurden jedoch auch an verschiedenen Orten inschriftlich datierte Tempelblöcke aus dem Alten, Mittleren und Neuen Reich gefunden. Zunächst neigte man dazu, dem Delta jegliche frühe Bautätigkeit abzusprechen und in diesen Blöcken nur Baumaterial zu sehen, das unter Amenemhet I. oder in ramessidischer Zeit aus älteren Bauten der memphitischen Gegend herbeigeschafft wurde. Später mehrten sich jedoch auch im Delta Funde von Baumaterial aus dem Alten und Mittleren Reich, so daß man jetzt wohl eher einen Ursprung der Blöcke in frühen Heiligtümern des Deltas erwägen muß.

Unsere Kenntnis der Tempelarchitektur des Deltas ist noch zu gering, um allfällige Unterschiede zur Tempelbauweise anderer Landesteile zu erkennen. Eine Besonderheit der Deltatempel läßt sich jedoch feststellen. Sowohl in Tanis als auch in Sais und wohl auch in Sebennytos waren die Königsgräber der 21. bis 30. Dynastie in die Tempelbezirke integriert. Sie besaßen eigene Grabtempel und einen entsprechenden Totenkult. Mit einer solchen Kombination von Göttertempel und Königsgrab lassen sich in Oberägypten am ehesten noch die Grabanlagen der Gottesgemahlinnen der 25./26. Dynastie im äußeren Hof des Tempels von Medinet Habu vergleichen (s. o.).

Ferner ist zu vermuten, daß einige Deltatempel eine Besonderheit aufwiesen, die bisher in anderen Landesteilen noch nicht beobachtet wurde. In Mendes und Bubastis und wohl auch in anderen Heiligtümern waren die Sanktuare mit mehreren (4 und 7) Naoi von einer solchen Größe bestellt, daß es unmöglich war, diese Räume einzudecken. Ganz im Gegensatz etwa zum oberägyptischen Dendera, wo das Sanktuar in völliges Dunkel gehüllt sein mußte, besaßen einige Deltatempel statt eines mystisch verdunkelten Sanktuares einen hypäthralen Kapellenhof. Die Ursprünge solcher Kultstätten gehen in Ägypten bis in das Alte Reich und wahrscheinlich in die Frühzeit zurück. Wir kennen solche Kapellenhöfe vom Hekaib-Heiligtum auf Elephantine (S. 94) und vor allem aus der Architektur der Amarna-Zeit, in der die ungedeckt offenen Sanktuare zwar nicht mit Kultbildschreinen, aber immerhin mit offenen Hochaltären angefüllt waren. Es ist jedoch auffällig, daß zur Zeit der Erbauung des Tempels von Mendes nicht nur in Ionien ebenfalls hypäthrale Tempel entstanden[41], sondern daß König Amasis, der Stifter des Kapellenhofes von Mendes, selbst auf Samos weilte, als dort das ältere Heraion errichtet wurde, daß er in griechischen Tempeln opferte und daß er Griechen nach Ägypten holte und in Naukratis ansiedelte.

Im Delta fällt ferner die reiche Verwendung von Hartgesteinen als Baumaterial für Tempelbauten auf. Dies mag damit zusammenhängen, daß im Delta zahlreiche Reste von Tempeln der 25. und 30. Dynastie liegen, die im Stil jener Zeit in Hartgestein errichtet waren. Tempel aus dieser Epoche fehlen in Oberägypten weitgehend und damit auch Hartgesteinsarchitektur. Außerdem spielten bei der Verwendung von Hartgestein im Delta die Transportkosten keine Rolle, da auch Kalk- und Sandstein aus größerer Entfernung herangeschafft werden mußte. Andererseits stammen diese Bauten aus Hartgestein aus einer Zeit, in der die Ägypter das hohe Alter ihrer Kultur, aber auch die Vergänglichkeit der Werke ihrer Vorfahren zu fühlen begannen und auf Mittel sannen, diesem Verfall Einhalt zu gebieten. Sollte vielleicht Hartgestein der Architektur größeren Bestand verleihen?

Die nachfolgende Beschreibung einiger Deltaheiligtümer kann keinen Eindruck mehr vom Reichtum der Tempelanlagen des Deltas vermitteln. Sie kann auch keine vollständige Denkmälerliste darstellen. Denn an zahllosen Orten wurden Denkmäler oder verworfene Steinblöcke gefunden, die lediglich auf die Existenz eines Heiligtums schließen lassen, aber keine hier interessierenden Aussagen machen.

Literatur: Sir Gardner Wilkinson, *Modern Egypt and Thebes* (London 1843) 399–455.

107 Letopolis, Kom Ausim

Der einst bedeutende Horus-Tempel der Saitenzeit und der 30. Dynastie ist heute völlig zerstört. Seine Reste sind unausgegraben und von modernen Ansiedlungen überbaut. Nur einige beschriftete Hartgesteinsblöcke haben als Spolien überlebt und geben Zeugnis von der verlorenen Pracht.

108 Heliopolis

Die Sonnenstadt Heliopolis ist trotz ihrer einstigen Bedeutung als Zentrum des ägyptischen Re-Kultes (gesprochen *Ri‘iu*) wegen der modernen Feldernutzung und Überbauung eine der am wenigsten erforschten großen Stätten des Landes.

Bisherige Untersuchungen haben lediglich ergeben, daß die zwei Haupttempel von Heliopolis, der des Reharachte und der des Atum, in einer riesigen, etwa 900 × 1000 Meter messenden, über 30 Meter dicken Ziegelumwallung lagen und daß in deren südlicher Hälfte vom Westtor her eine etwa 500 Meter lange Sphinx-Allee wahrscheinlich zu dem nach Westen blickenden Atum-Tempel führte. Ob der Reharachte-Tempel – wohl nach Osten, der aufgehenden Sonne entgegenblickend – mit dem Rücken gegen den Atum-Tempel stand oder vielmehr in der nördlichen Hälfte der großen Umwallung lag, ist leider unbekannt. Eine der Sphingen, aus «feinem gelbem Alabaster», soll über 7 Meter lang gewesen sein. Der Grundriß eines der beiden Tempel, vermutlich der des Reharachte, ist uns auf der sogenannten Inventartafel im Museo Egizio in Turin (wahrscheinlich 25./26. Dynastie) überliefert, wonach der Bau in der Spätzeit drei Pylone mit drei Höfen besaß und

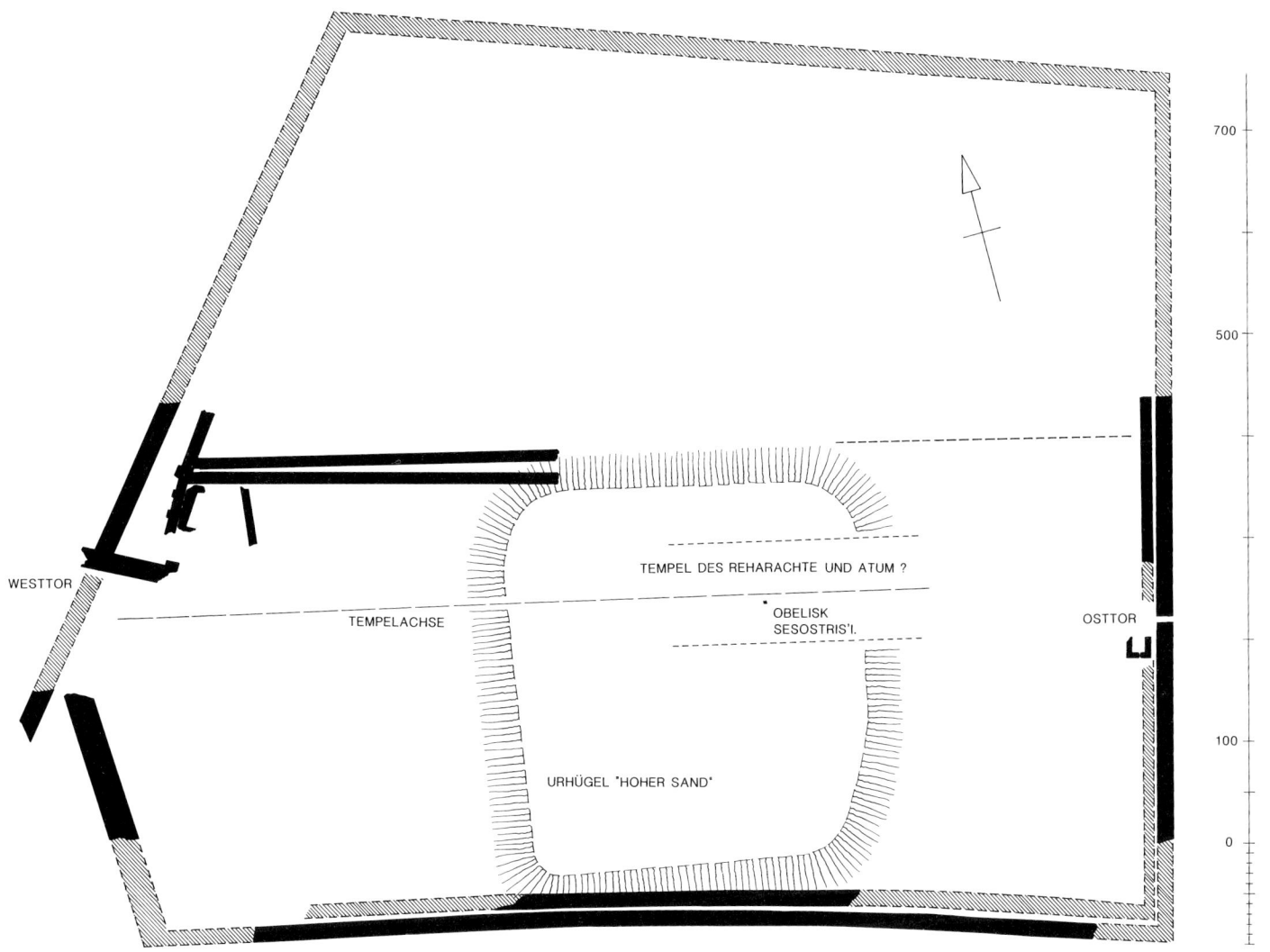

WESTTOR

TEMPELACHSE

TEMPEL DES REHARACHTE UND ATUM ?

OBELISK
SESOSTRIS'I.

OSTTOR

URHÜGEL "HOHER SAND"

700

500

100

0

Plan des Tempelbezirkes von Heliopolis.

ein an der Front mit einer Pfeilerhalle (oder mit vier Obelisken?) geschmücktes Tempelhaus. Dieses selbst, das berühmte *Benben*-Haus, scheint ein freistehender Bau gewesen zu sein, vergleichbar dem Kern der Tempel von Amarna (s. S. 179). Dieser Grundplan des Tempels läßt sich auch aus Strabos Beschreibung entnehmen.

«Hier stand wohl in einem offenen Hof als Kultmal der *Benben*-Stein. An jedem Sonnenaufgang, wenn die ersten Sonnenstrahlen die vergoldete Spitze des *Benben* trafen und sich der Sonnengott hier niederließ, wurde hier die ewige Wiederholung der Weltschöpfung begangen. Nach einer anderen Mythe ließ sich hier, aus einem fernen Gottesland kommend, der stets wiedergeborene Phönix nieder, der damit das Erscheinen des Urgottes auf dem ältesten Land darstellte.»

Wir wissen nicht, ob nur der Atum-Tempel oder auch der des Reharachte auf jenem künstlichen, flachen Hügel stand, der 1903–1906 von E. Schiaparelli und 1911/12 von Flinders Petrie untersucht wurde. Das von einer 65 Meter dicken Ringmauer umgebene, 600 Meter im Durchmesser große Plateau bildete sicher jenen inschriftlich als «Hohen Sand» bekannten Urhügel von Heliopolis. Seine Substruktionen bestanden nach Schiaparelli aus einem komplizierten System von fünf oder sieben neben- und übereinander angeordneten, tonnengewölbten Ziegelkorridoren. Als Zeit der Entstehung hält Petrie den Zeitraum vom Ende des Alten Reiches bis zur 20. Dynastie für möglich. In der Hügelumwallung wurden Fragmente einer Kapelle des Königs Djoser aus der 3. Dynastie gefunden mit der ältesten Darstellung der Götterneunheit von Heliopolis. Da die Oberfläche des Hügels den Sockel des Obelisken Sesostris' I. (s. unten) um 3,3 Meter überragte, müßte man entweder annehmen, daß der Hügel nachträglich um diesen herum aufgeschüttet wurde oder – was wahrscheinlicher ist – daß der Tempel Sesostris' I. in den bereits vorhandenen Hügel eingesenkt wurde.

Der Sonnenkultort Heliopolis war von alters her ein Zentrum des Pfeilerkultes, vor allem der Obelisken. Zu ihrer Glanzzeit waren die Tempel mit einem Wald von mindestens 16 Obelisken ausgestattet. Der älteste uns bekannte Obelisk, das Oberteil eines ehemals nur 3 Meter hohen Denkmals, stammt von König Teti aus der 6. Dynastie. Sesostris I. errichtete anläßlich seines Sed-Festes einen neuen Re-Harachte-Tempel in Heliopolis. Bei dieser Gelegenheit stiftete er für den benachbarten, bei dieser Gelegenheit ebenfalls erweiterten Atum-Tempel ein Paar 20,41 Meter hoher Obelisken aus Assuan-Granit. Sie werden zusammen mit einer Reihe weiterer Obelisken von mehreren spätantiken und arabischen Reiseschriftstellern erwähnt. Nur der eine der beiden steht heute noch aufrecht, sein Pendant stürzte im Jahr 1161 n. Chr. um und zerbrach. Thutmosis III. errichtete vor diesem Tempel an seinem dritten Sed-Fest zwei etwa 21 Meter hohe Obelisken. Sie wurden im Jahr 13/12 v. Chr. nach Alexandria geschafft und im Caesareum aufgestellt. Sie galten dort als die Nadeln der Kleopatra. Der eine stürzte im Jahr 1301 um und wurde 1877 nach London geschafft. Der zweite blieb aufrecht stehen, bis er 1880 nach New York abtransportiert wurde.

Sethos I. errichtete am Reharachte-Tempel einen Kalksteinpylon mit Statuen und Obelisken. Dies ist durch ein antikes Architekturmodell oder Votiv überliefert, das diesen Eingangsbau darstellt. Einer dieser Obelisken, der erst unter Ramses II. aufgerichtet wurde, steht heute auf der Piazza del Popolo in Rom. Von Ramses II. wissen wir, daß er auch mehrere eigene Obelisken nach Heliopolis stiftete. Auch die beiden kleineren Obelisken Ramses' II. auf der Piazza della Rotunda und bei der Villa Celimontana in Rom stammen ursprünglich aus Heliopolis, wie auch der schöne Obelisk Psammetichs II. von Montecitorio.

Heliopolis wurde 525 v. Chr. bei dem Persereinfall unter Kambyses so verwüstet, daß es seitdem nicht mehr besiedelt wurde. Strabo wurden neben umgestürzten und vom Feuer geschwärzten Obelisken auch die Ruinen großer Priesterhäuser gezeigt, in denen die Philosophenschulen des Platon und des Eudoxos untergebracht gewesen sein sollen.

Literatur: Strabo, *Geographie*, XVII. Buch 1. 27–28; H. Ricke, *Eine Inventartafel aus Heliopolis im Turiner Museum*, in: ZÄS 71 (1935) 111–133; idem, *Der Hohe Sand in Heliopolis*, ibidem 107–111; Mohamed I. Moursi, *Die Hohenpriester des Sonnengottes von der Frühzeit Ägyptens bis zum Ende des Neuen Reiches* (Münchner Ägyptologische Studien 26, München 1972); Abdel-Aziz Saleh, *Excavations at Heliopolis*, 2 Bde. (Kairo 1981, 1983); A. Roccati, in: *Dal Museo al Museo, Passato e futuro del Museo Egizio di Torino* (Turin 1989) 167.

109 Tell el-Jahudije

Etwa 15 Kilometer nordöstlich von Heliopolis liegen ausgedehnte Schutthügel, in denen Flinders Petrie eine 450–470 Meter im Quadrat messende Ziegelkonstruktion ausgrub, die er als ein «Hyksos-Lager» ansah. Es war eine Art Ziegelringwall von 60 Metern Stärke und mindestens 11 Metern Höhe mit abgerundeten Ecken.

Modell des Tempels Sethos' I. von Heliopolis im Brooklyn Museum. Rekonstruktionsversuch.

Das Innere war mit Sand ausgefüllt und bildete einen gewaltigen «Urhügel», auf dem vermutlich ein Heiligtum stand. Die Anlage geht wahrscheinlich in das Mittlere Reich oder frühere Zeiten zurück. Unter Ramses II. wurde die Oberfläche des Hügels eingeebnet und mit einem neuen Heiligtum überbaut, von dem sich einige Blöcke aus Kalkstein, Granit sowie Bruchstücke von Kolossalstatuen und Granitsäulen Merenptahs erhalten haben. Leider kennen wir weder den Erbauer dieser imposanten Anlage, noch wissen wir, welcher Gottheit der Urhügel geweiht war.

Direkt an die Ziegelumwallung schließt sich eine befestigte Stadt an, die der exilierte jüdische Oberpriester Onias mit Erlaubnis Ptolemäus' VI. Philometors errichtete und mit einem Tempel ausstattete. Westlich des «Urhügels» lag ein Palastkomplex Ramses' III., in dessen Ruinen noch Tausende von Fayencekacheln gefunden wurden, die als Bauschmuck gedient hatten.

Rekonstruktion des Urhügels von Tell el-Jahudije.

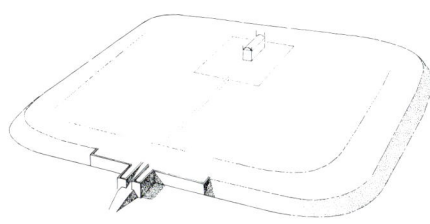

Literatur: É. Naville, *Les fouilles du Delta pendant l'hiver de 1887,* in: RT 10 (1888) 50–56; W. M. Flinders Petrie, *Hyksos and Israelite Cities* (London 1906) 3–7, Taf. 2–4; H. Ricke, *Der Hohe Sand von Heliopolis,* in: ZÄS 71 (1935) 108/09; A.-P. Zivie, *Tell el-Jahudija,* in: LÄ VI 331–335.

207

«Ihr [= der Bastet] Heiligtum sieht so aus: Abgesehen vom Zugang ist das andere eine Insel; denn vom Nil aus ziehen sich Kanäle dorthin, ohne ineinander überzugehen, sondern bis zum Eingang ins Heiligtum läuft jeder der beiden für sich hinein, indem der eine hierum strömt, der andere dort, jeder von beiden 100 Fuß breit und von Bäumen beschattet. Die Vorhalle ist 10 Klafter [= 17,76 m] hoch, mit sechs Ellen [= 2,66 m] hohen, erwähnenswerten Bildwerken ausgestattet. Mitten in der Stadt gelegen, ist das Heiligtum von allen Seiten sichtbar, wenn man in ihr umhergeht. Da nämlich die Stadt auf einer hohen Aufschüttung liegt, das Heiligtum aber aus seiner ursprünglichen Lage nicht entfernt worden ist, ist es von oben gut zu überschauen. Um dieses herum läuft eine steinerne Umwallung, in der die Bilder eingehauen sind; innen befindet sich ein Hain mit sehr hohen Bäumen; er umgibt einen hohen Tempel, in dem natürlich das Götterbild steht; Länge und Breite des heiligen Bezirkes beträgt je ein Stadion. Nach dem Eingang führt denn eine gepflasterte Straße von etwa drei Stadien [= 532,8 Meter]; sie führt über den Markt nach Osten zu und ist etwa vier Plethren [= 120 Meter] breit; beiderseits der Straße sind himmelhohe Bäume gewachsen; sie führt in des Hermes [= Thot] Heiligtum.»

Mit diesen Worten beschreibt Herodot den Bastet-Tempel, wie ihn Osorkon I. und II. in der 22. Dynastie aus altem Baumaterial Ramses' II. errichteten. G. Wilkinson gibt an, noch eine innere Umfassung von 200 Metern im Quadrat und eine äußere von 400 Metern Breite und 313 Metern Tiefe gesehen zu haben. Das Tempelgelände war bei der Ausgrabung durch den Schweizer Archäologen E. Naville 1887–1889 jedoch nur noch eine mit Hartgesteinsblöcken übersäte Trümmerhalde. Leider hat keiner der bisherigen Ausgräber einen Plan der Reste aufgenommen, so daß wir nur aus ihrer *Beschreibung* auf die folgende Anlage schließen können.

Der steinerne Tempel war 180 Meter lang und 50 Meter breit. Hinter dem von Herodot beschriebenen Eingangskiosk, von dem trotz seiner 17 Meter hohen Säulen keine Reste mehr festgestellt wurden, lag der an drei Seiten von Säulen umgebene 24 × 48 Meter große Hof Osorkons I. Hier wurden Blöcke mit den Kartuschen von Cheops, Chefren, Sesostris I., Sesostris III. und anderen Königen gefunden.

An seiner Rückwand öffnete sich der in der Ägyptologie bedeutungsvoll gewordene Torbau Osorkons II. Er war mit einem der ausführlichsten Sed-Fest-Zyklen dekoriert, die je gefunden wurden. Leider hat man damals versäumt, das Tor wiederzuerrichten. Heute sind viele Blöcke in alle Welt zerstreut; der Rest zerfällt im salzigen Grundwasser des Tell Basta. Das Tor vermittelte den Zugang zum dritten Bauabschnitt, dem Hypostyl. Aus den hier gefundenen Säulen kann man auf eine basilikal erhöhte Mittelhalle aus geschlossenen Papyrussäulen von 7 Metern Höhe schließen, die von niedrigeren Säulen umgeben waren, teils mit Hathor-, teils mit Palmkapitellen. Sie waren aus Granit und aus Tempeln des Alten und Mittleren Reiches zusammengeholt. Die Inschriften stammen von Osorkon I. und II.

Der letzte und wichtigste Abschnitt des Tempels war das sechzig Jahre nach Herodots Besuch durch einen Neubau Nektanebos' II. ersetzte eigentliche Tempelhaus. Wir wissen, daß der König – wie zu erwarten – reichlich Hartgesteine wie grauen und roten Granit verwendete. Ein Großteil des Baues bestand aber aus rotem Quarzit und war von einer Hohlkehle mit Uräen-Fries umgeben. Die

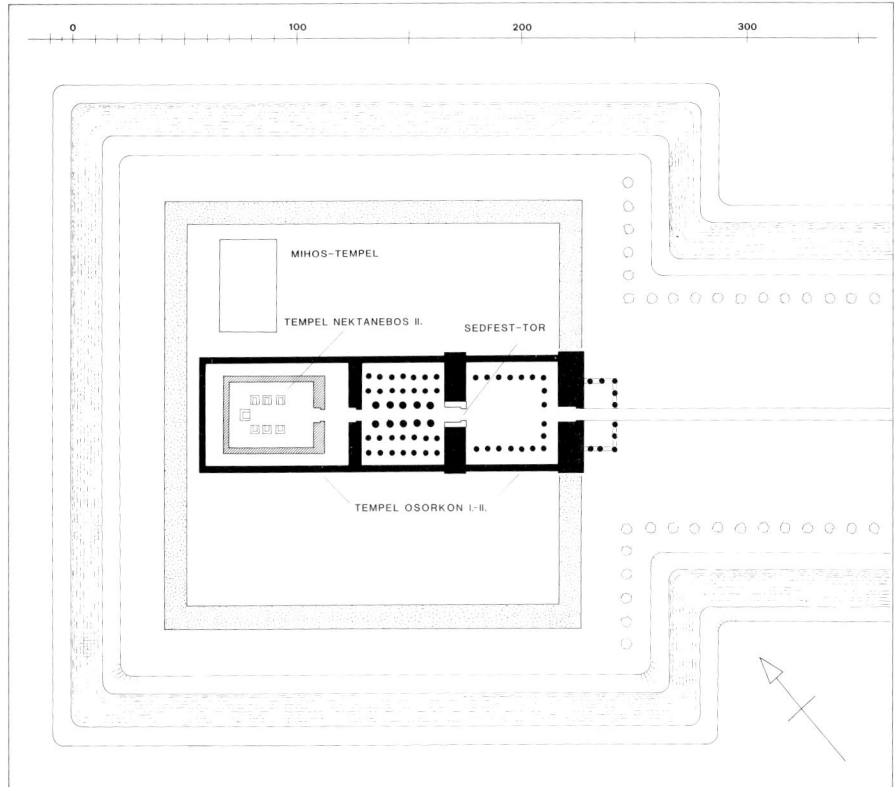

Rekonstruierter Plan des Bastet-Tempels von Bubastis.

Wände waren mit fein ausgearbeiteten und detailreichen Reliefs bedeckt, von denen manche ihren Weg in Museen gefunden haben. Im Sanktuarbereich waren etwa sechs monumentale Naoi um den aus besonders fein poliertem rotem Granit gebauten Naos der Bastet gruppiert. Falls sie im gleichen Raum untergebracht waren, könnte das ganze Tempelhaus – wie in Mendes – ein offener Hof gewesen sein. Zumindest wurden hier keine Säulenreste festgestellt.

Nördlich und im rechten Winkel zur Achse des Tempels grub L. Habachi ein dem Mihos geweihtes *Mammisi* aus. Auch in diesem Tempel wurden granitene Palm- und Papyrusbündelsäulen von 4,25 Metern Höhe mit den Kartuschen Osorkons II. gefunden.

Nicht alle wiederbenutzten älteren Blöcke stammen aus Per-Ramesses. Einige kommen nachweislich aus Bubastis selbst. Die wichtigsten auf ihnen festgestellten Königsnamen sind Cheops, Chefren, Pepi I., Amenemhet I., Sesostris I. und Sesostris III., der einen größeren Bau errichtet haben muß, vermutlich den mit den 7 Meter hohen Papyrussäulen.

Etwa 120 Meter nordwestlich des Tempels wurde ein Ka-Haus Pepis I. ausgegraben, von dem noch die beschrifteten Türumrahmungen erhalten waren (im Ägyptischen Museum Kairo). Die Kapelle stand in einer 75 × 90 Meter messenden Ziegelumwallung. Weiter nördlich liegen die Reste eines ähnlichen, etwas kleineren Bezirks des Königs Teti. Es sind die ältesten in Bubastis noch *in situ* gefundenen Monumente. Es ist anzunehmen, daß viele Blöcke der Tempel von Bubastis in umgebende Orte abtransportiert wurden, wie zum Beispiel nach Bilbeis.

Literatur: Herodot, II. Buch, 138; Édouard Naville, *Bubastis (1887–1889)* (London 1891); idem, *The Festival-Hall of Osorkon II. in the great temple of Bubastis (1887–1889)* (London 1892); Labib Habachi, *Tell Basta*, ASAE Suppl. 22 (Kairo 1957); idem, *Bubastis,* in: LÄ I 873/74; Ahmad el-Sawi, *Excavations at Tell Basta* (Prag 1979).

111 Leontopolis, Tell el-Muqdam

In den gewaltigen Schuttbergen des Tell el-Muqdam (9 km südlich von Mit Gamr) waren die geringen Reste des einst sehr bedeutenden, von Osorkon II. erneuerten Tempels des löwengestaltigen Gottes Miysis erhalten. Grabungen von 1892 erbrachten nur noch Spuren starker Verwüstung der Anlage. Von ihr stammen wichtige Spolien und Statuen, die bis in das Mittlere Reich zurückgehen.

112 Tuch el-Qaramus

In einem ehemals gewaltigen Kom zwischen Abukir und Hehia lag eine 16 Meter starke Tempelumwallung von 454 × 514 Metern Umfang. Sie war innen quergeteilt und enthielt am hinteren Ende in einer eigenen Umwallung die Kalksteintrümmer eines etwa 136 Meter langen Tempelhauses. Der Bau besaß eine höher gelegene hintere Abteilung. Nach Grundsteinbeigaben wurde der Bau unter Philippus Arrhidäus gegründet. Nördlich des hinteren Tempelteiles wurden die unterirdischen Schatzkammern des Tempels freigelegt. Außer Fundamentgräben und großen Lagerhäusern wurde nichts mehr beobachtet.

Literatur: Édouard Naville, *Mound of the Jew* (London 1890) 28; M. C. C. Edgar, *Report on the Excavations at Toukh el-Qaramous*, in: ASAE 7 (1906) 205–212.

113 Pharbaetus, Horbeit

Vom spätzeitlichen Tempel des Falkengottes Harmerti kennen wir nur vereinzelte Blöcke sowie die hier verbauten sogenannten Horbeit-Stelen aus ramessidischer Zeit (jetzt im Pelizaeus-Museum in Hildesheim), die wohl aus der Ramessidenresidenz bei Qantir hierhergeschafft wurden.

114 Ezbet Ruschdi es-Saghira

Im Bereich des alten Avaris wurden 1950/51 die Reste eines 31 × 41,5 Meter großen Ziegeltempels Amenemhets I. ausgegraben. Nur Säulen, Türumrahmungen und vielleicht die drei Statuenschreine bestanden aus Stein. Bemerkenswert ist die im Verhältnis zur bescheidenen Innenraumgröße gewaltige Mauerstärke von bis zu 11 Metern. Sie ist kaum technisch bedingt, sondern sollte vermutlich das Allerheiligste gegen feindliche Einflüsse abschirmen. Diesem Zweck diente wohl auch der mit Sand gefüllte, nicht begehbare «Korridor», der die Sanktuare umgibt. Die Wände waren verputzt.

Literatur: Sh. Adam, *Report on the Excavations of the Department of Antiquities at Ezbet Rushdi,* in: ASAE 56 (1959) 207–226.

115 Avaris, Tell ed-Dab'a

Im Bereich des riesigen Stadtgeländes der einstigen Hyksos-Residenz, das sich im Norden mit dem von Qantir vereint, wurde bisher vor allem im Süden des ehemaligen Hafenbeckens die Reste des 100 × 150 m großen Bezirkes des Seth aus der ausgehenden 18. und 19. Dynastie beobachtet. Der Bezirk war außen mit Baumalleen und Hainen umgeben. Blöcke des heute völlig abgetragenen Tempels wurden vermutlich nach Tanis und nach anderen Deltaorten verschleppt. Von größerem Interesse sind die in jüngster Zeit von Manfred Bietak freigelegten Ziegelreste von mehreren (bis zu 21 × 33 m großen) Totenkulttempeln der Hyksos-Zeit, die mit ihren quer gelagerten Eingangsräumen und breiten Sanktuaren ihre nächsten Parallelen in Tempeln des kanaanäischen Hazor haben.

Literatur: Manfred Bietak, *Tell el-Dab'a*, Bd. II (Wien 1975) 115, 193, 208; idem, *Avaris and Piramesse* (Proceedings of the British Academy 65, London 1979) 247–261; idem, *Ein altägyptischer Weingarten in einem Tempelbezirk* (Anzeiger der Österreichischen Akademie der Wissenschaften 122. Jahrgang 1985, 12).

116 Per-Ramesses, Qantir

Eines der größten ägyptischen Palast- und Tempelareale, das der Ramses-Stadt *Paru-Riʿumasesu* südwestlich von Qantir, ist heute so restlos eingeebnet, daß an der Oberfläche kaum noch ein Stein zu sehen ist. Aus zahlreichen in Tanis und Bubastis wiederverwendeten Blöcken sowie aus inschriftlichen Erwähnungen, Grabungen der dreißiger und vierziger Jahre und neuerlichen Ausgrabungen des Pelizaeus-Museums Hildesheim läßt sich jedoch erschließen, daß die unter Ramses II. zu einer gewaltigen Residenz ausgebaute Stadt einen Größenvergleich mit Niniveh und Babylon nicht zu scheuen brauchte (1000 Hektaren). Es besaß eine Vielzahl größerer Tempel sowie einen Haupttempel, der dem Amun-Re-Harachte-Atum geweiht war. Vor seiner Fassade standen wahrscheinlich vier 21 Meter hohe Kolossalfiguren Ramses' II., von denen Fragmente im Tempel von Tanis verbaut gefunden wurden (s. u.). Diese Kolosse müssen die ganze Stadt überragt haben und wurden – wohl besonders von den in der Stadt untergebrachten Truppen – göttlich verehrt. Für seine zahlreichen Sed-Feste ließ der König in Per-Ramesses auch eine prächtige Festhalle mit Obelisken, Statuengruppen und 12 Meter hohen Säulen errichten. Die Pracht dieser Anlage wiederzugeben wurde in den beiden Filmen «Die Zehn Gebote» versucht.

Die Tempel wurden bereits in der 21. Dynastie ab Siamun und Psusennes abgebrochen, um Material für neue Bauvorhaben in Bubastis und Tanis zu gewinnen.

Literatur: E. P. Uphill, *The Temples of Per Ramesses* (Warminster 1984).

117 Tell Nabescha, Tell Fara'un

1883 untersuchte Flinders Petrie das am äußersten Rand des Deltas in den Salzsümpfen des Menzale-Sees gelegene über 2 Quadratkilometer große Stadtgelände des Tell Nabescha. Der Haupttempel am Westrand der Stadt war von einer 10–15 m dicken, 200 × 210 × 175 × 210 m großen Ziegelmauer umgeben. Das 65 m lange Tempelhaus war der Schlangengöttin Uadjet (oder Buto) geweiht. Ein Hügel aus Granittrümmern markierte den bis in die Fundamente zerstörten Bau. Im rechten Winkel dazu befand sich ursprünglich ein kleinerer Bau des Amasis, wahrscheinlich ein Geburtshaus. Zahlreiche Blöcke und Skulpturen des Mittleren Reiches und der Ramessidenzeit stammen von den älteren Vorgängerbauten.

4,5 Kilometer nordwestlich lagen die Reste eines Tempelbezirkes der Ptolemäerzeit, der Tell Gumaijima oder Gemajemi. Die Ziegelumwallung war 90 × 125 m groß.

Literatur: W. M. Flinders, *Nebesheh (Am) and Defenneh (Tahpanhes)* (London 1888) 8–17; 37–47.

Im Nordosten des Deltas erstreckte sich bis zur Mittelmeerküste eine Einöde aus Sümpfen und Schlamm, die im Winter unpassierbar und im Sommer von einer Salzkruste überzogen war. Sie wird überragt von einem der größten Koms des Landes, Sa el-Hagar, Tanis, dem biblischen Zoan (4. Mose 13, 22). Am Nordrand der 1200 × 1600 Meter großen und 35 Meter hohen Schutthügellandschaft gruben 1860 Mariette, 1883/84 Flinders Petrie und 1929–1951 der französische Archäologe P. Montet einen der größten Tempelbezirke des Deltas aus.

Tanis wurde unter den Königen der 21./22. Dynastie, deren politisches und wirtschaftliches Interesse sich immer stärker dem palästinensisch-syrischen Raum zuwandte, zur Hauptstadt Ägyptens ausgebaut und dementsprechend mit gewaltigen Tempelbauten ausgestattet. Als Baumaterial dienten Blöcke des Alten, Mittleren und Neuen Reiches, die unter Ramses II. bereits im 22 Kilometer weiter südlich gelegenen Per-Ramesses wiederbenutzt worden waren. Man möchte vermuten, daß die auf diese Weise zusammengestückten Bauten daher einen etwas exotischen Eindruck erweckten. Die Odyssee der Denkmäler ist allerdings noch nicht zu Ende. Denn selbst in jüngster Zeit scheute man sich nicht, wiederum Obelisken und Skulpturen aus Tanis zu entfernen. Ein Obelisk wurde am Nilufer in Zamalek, ein zweiter an der Zufahrt zum Flugplatz von Kairo aufgestellt. Durch Steinraub ist das aufgehende Mauerwerk ohnehin schon so weit reduziert, daß nur noch wenige Mauerreste aus Granit die Haufen verworfener Blöcke gliedern.

Der Haupttempel war dem thebanischen Amun geweiht. Eine Prozessionsstraße führte auf seine 370 × 430 Meter große und 15 Meter starke Umwallung zu. Sie wurde von Nektanebos II. bis Ptolemäus II. anstelle einer kleineren Umwallung Psusennes' I. angelegt. Am Eingang stand ein monumentales Tor von Scheschonk III., aus Granitblöcken älterer Bauten erbaut und heute wieder teilweise rekonstruiert. Hier wurden Teile einer kolossalen Granitstatue Ramses' II. gefunden, die 21 Meter hoch und an die 1000 Tonnen schwer gewesen sein muß. Petrie errechnete sogar eine Höhe von über 30 Metern!

Auf der Innenseite des Tores Scheschonks III. folgte eine Halle von vier prachtvollen, über 11 Meter hohen, monolithen Granitsäulen, die durchaus von einem Tempel des Mittleren Reiches stammen könnten. Sie waren von niedrigeren Kalksteinpapyrussäulen umgeben.

Von hier führte eine Prozessionsstraße zum jetzt verschwundenen 1. Kalksteinpylon Osorkons III., der den eigentlichen Tempeleingang bildete. Hinter dem 1. Pylon folgte ein weiter Hof. An seiner Rückseite läßt ein Paar 17 Meter hoher Obelisken Ramses' II. auf die Existenz des II. Pylons schließen. Hinter dem II. Pylon folgte ein zweiter Hof, der durch zahlreiche Denkmäler geradezu in ein «Skulpturen-Museum» verwandelt war. Zunächst lag zu beiden Seiten des Mittelweges je eine kolossale Granit-Sphinx Amenemhets II., von denen sich die besser erhaltene jetzt im Louvre befindet. Wahrscheinlich stammen auch die sogenannten Hyksos-Sphingen Amenemhets III. von hier. Zahlreiche größere und kleinere Statuen, Sphingen und Schreine aus dem Mittleren und Neuen Reich schlossen sich an.

Es folgt der III., von Osorkon III. errichtete Pylon, der offenbar aus Granit (!) bestand und vor dessen Fassade vier Obelisken und vier Sandsteinbilder Ramses' II. standen. Er bildete die Front des eigentlichen Tempelhauses. Dieses stammt noch von Psusennes I. und Siamun und war an den beiden Längsseiten und an der Rückseite von einem System von Umfassungsmauern aus Kalkstein und Ziegeln

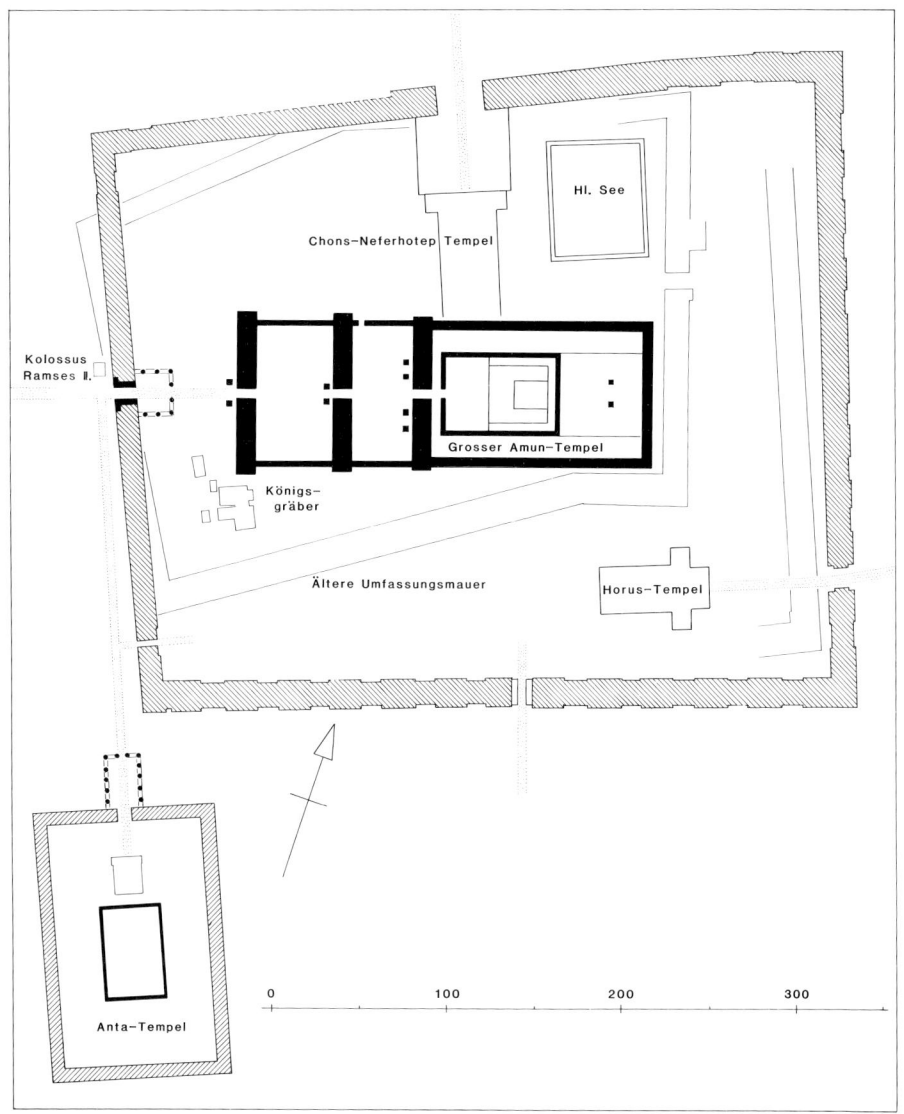

Labels within the plan:
- Hl. See
- Chons-Neferhotep Tempel
- Kolossus Ramses II.
- Grosser Amun-Tempel
- Königs-gräber
- Ältere Umfassungsmauer
- Horus-Tempel
- Anta-Tempel
- 0   100   200   300

Rekonstruierter Plan des Tempelbezirks von Tanis.

eingefaßt. Der Kern des Gebäudes muß – nach den umherliegenden Blöcken zu schließen – auch aus Granit bestanden haben. Die Frontpartie wurde von einer Säulenhalle eingenommen, die aus monolithen Granitsäulen mit geschlossenen Papyruskapitellen gebildet war. Diese Säulen könnten aus einem Tempel des Mittleren Reiches stammen. Möglicherweise standen zwei solche Säulen direkt vor dem Sanktuar. Von diesem und den anderen hier zu ergänzenden Tempelräumen liegen noch reliefierte Blöcke umher, die keinen Zusammenhang mehr erkennen lassen. Hier standen auch – in unklarem Zusammenhang – vier kleinere Obelisken.

Vom 1. Pylon bis zur Rückseite dieser Mauer maß der Tempel etwa 234 Meter. Im Osten war gegen die Rückseite des Tempelhauses ein Gegentempel angebaut, in dem zehn Palmsäulen des Alten Reiches sowie zwei Obelisken gefunden wurden. Insgesamt kamen damit in Tanis 23 Obelisken zutage.

Von Norden schiebt sich ein zweiter kleinerer Tempel Nektanebos' I. gegen den Hauptbau. Dieser Seitenbau besaß einen weiten Säulenvorhof, einen Pylon von immerhin 8 × 45 Metern Grundfläche und einen zweiten, inneren Säulenhof. Über das Tempelhaus ist nichts bekannt. Östlich davon lag der heilige See. Der Haupttempel wurde im Norden unter Nektanebos I. durch einen 30 × 50 Meter messen-

213

Rekonstruierte Partien des Tores Scheschonks III.
in der Umwallung des Amun-Tempels von Tanis.

den Chons-Neferhotep-Tempel ergänzt. Nektanebos II. und Ptolemäus II. Philadelphos errichteten dann im Süden noch einen Horus-Tempel.

Südwestlich außerhalb der großen Umfassungsmauer lag ein bedeutendes Heiligtum der syrischen Göttin Anta (der ägyptischen Mut gleichgesetzt) aus der Zeit des Siamun und Apries, neuerrichtet unter Ptolemäus IV. Philopator. Außer den Fundamenten sind allerdings nur noch die Trümmer von granitenen Palmkapitellsäulen erhalten. Der 41 × 64 Meter große Bau bestand aus Kalkstein und besaß wiederum einen eigenen Eingangskiosk.

Südlich des I. Pylons entdeckte P. Montet 1939 die Gruft der Könige der 21. Dynastie, die wie die von Sais im Tempelbezirk eingeschlossen war. Sie enthielt die Gräber von mehreren Königen (Psusennes I., Amenemope, Osorkon II., Scheschonk III.) und einigen weiteren Personen. Ihr teilweise unversehrter Inhalt wurde an metallener Pracht nur durch den Befund des Grabes des Tutanchamun übertroffen. Vom Oberbau, der sich wahrscheinlich über den Gräbern erhob, ist nichts erhalten.

Die französischen Grabungen in Tanis werden unter J. Yoyotte und Ph. Brissaud fortgesetzt.

Literatur: A. Mariette, *Fragments et documents relatifs aux fouilles à Sân*, in: RT 9 (1887) 1–20; Maspero, ASAE 5 (1905) 203–214; W. M. Flinders Petrie, *Tanis*, Bd. I, *1883–1884* (London 1885); Bd. II (London 1888); Grabungsberichte von P. Montet u. a. in: Kemi 5 (1935), 11 (1950), 12 (1952); J. Yoyotte, *Quatre années de recherches sur Tanis (1966–1969)*, in: BSFE 57 (1970) 19–30; Ph. Brissaud und J. Yoyotte, *Mission française des fouilles de Tanis*, in: BIFAO 78 (1978) 130–140; idem, *Fouilles à Tanis. Résultats et problèmes. L'Égyptologie en 1879* (CNRS Paris 1982) Bd. I, 195–201; Ph. Brissaud u. a., *Cahiers de Tanis* I (Paris 1987); Henri Stierlin, *Tanis, Vergessene Schätze der Pharaonen* (München 1987).

Aus den weitläufigen Schutthügeln der Doppelstadt Timai el-Amdid (Mendes und Thmuis) ragt heute als Wahrzeichen der Stätte allein der rote Granitnaos empor. Er stand im Allerheiligsten des von einer gewaltigen Ziegelmauer umgebenen Haupttempels des Königs Amasis. Im 15. Jahrhundert müssen noch Teile des Tempels bis zum Dach aufrecht gestanden haben. Denn der arabische Geograph Subh al-A'scha schreibt:

«Der Tempel im Norden gegen die Stadt Tumai ist in Trümmern. Das niedere Volk nennt ihn den Tempel von 'Ad. Reste seiner Mauern und des Daches aus großen Steinen sind bis auf den heutigen Tag erhalten. Über dem Eingang ist ein Teil aus Kalkstein und Mörtel. Im Innern sind große Zisternen aus hartem Gestein und von einer außergewöhnlichen Beschriftung [handelt es sich hierbei um die unten beschriebenen Naoi?] . . . Ich sah dort eine Halle mit Säulen aus Hartgestein, aus einem Stück gemacht, von einer Höhe von ungefähr 10 Ellen, errichtet auf einem Fundament aus Hartgestein.» Und: «Ich habe dort Tore gesehen, aus einem einzigen Stücke Granit gemacht, fast 10 Ellen hoch [= zwischen 5 und 7 Metern], auf einem Fundament ebenfalls aus Granit.»

Der Amasis-Naos des Schu von Mendes.

Der Tempel war nord-südlich orientiert mit dem Eingang im Norden und maß etwa 70 × mindestens 120 Meter. Erhalten sind außer dem Naos lediglich einige dekorierte Blöcke, ein großes Papyruskapitell aus schwarzem Granit und einige Fundamentreste. Auffälligerweise ist der erhaltene Amasis-Naos nicht dem Schutzgott von Mendes, dem Widdergott Ba–neb–djet, geweiht, sondern dem Luftgott Schu, die übrigen drei Schreine, die sich durch Inschriftfragmente und Fundamentspuren nachweisen lassen, dem Re, Geb und Osiris. Damit sind die vier Generationen der heliopolitanischen Kosmogenie vertreten (Atum–Re, Schu und Tefnut, Geb und Nut, Osiris und Isis) und der Tempel dadurch deutlich als eine Uranfangstätte gekennzeichnet. Die über 7 Meter hohen, von flachen Pyramiden bekrönten Granitschreine standen in einer Gruppe, im Quadrat angeordnet, im Sanktuar des Tempels. Der Raum mußte eine Mindestweite von etwa 15 × 15 Metern haben, die mit den zur Verfügung stehenden steinernen Flachdächern nicht mehr überdeckt werden konnte.

Gründungsgruben der 18. Dynastie und Granitblöcke mit Kartuschen Ramses' II. zeigen an, daß der Amasis-Bau ältere Vorgänger besaß.

Zwei Papyruskapitelle aus rotem Granit und ein besonders schönes Hathor-Kapitell mit einem Sistrum-Aufsatz aus Granit (im Ägyptischen Museum Kairo) dürften von einem seitlich gelegenen Geburtshaus stammen. Mendes besaß auch ein Osiris-Grab. Die Gräber der heiligen Böcke dürften, wie umherliegende Granitsarkophage anzeigen, in der Südwestecke der großen Umfassung zu finden sein. In der sogenannten «Mendes-Stele» aus der Zeit Ptolemäus' II. Philadelphus' erfahren wir ausführlich über die Prozedur der Suche nach einem neuen Widder und dessen Einsetzung in das Amt des heiligen Tieres von Mendes. Mendes ist Fundort zahlreicher Skulpturen aus der Spätzeit und der Ptolemäerzeit, die in den Tempeln aufgestellt gewesen sein müssen.

Literatur: *Description*, Bd. V, 29; A. Scharff, *Ein Besuch von Mendes,* in: MDAIK 1 (1930) 130–134; Chr. L. Soghor, ARCE 6 (1967) 16–23; Günther Roeder, *Die Ägyptische Götterwelt* (Bibliothek der Alten Welt, Artemis Zürich 1959) 168–188; Herman De Meulenaere und Pierre MacKay, *Mendes*, Bd. II (Warminster 1976).

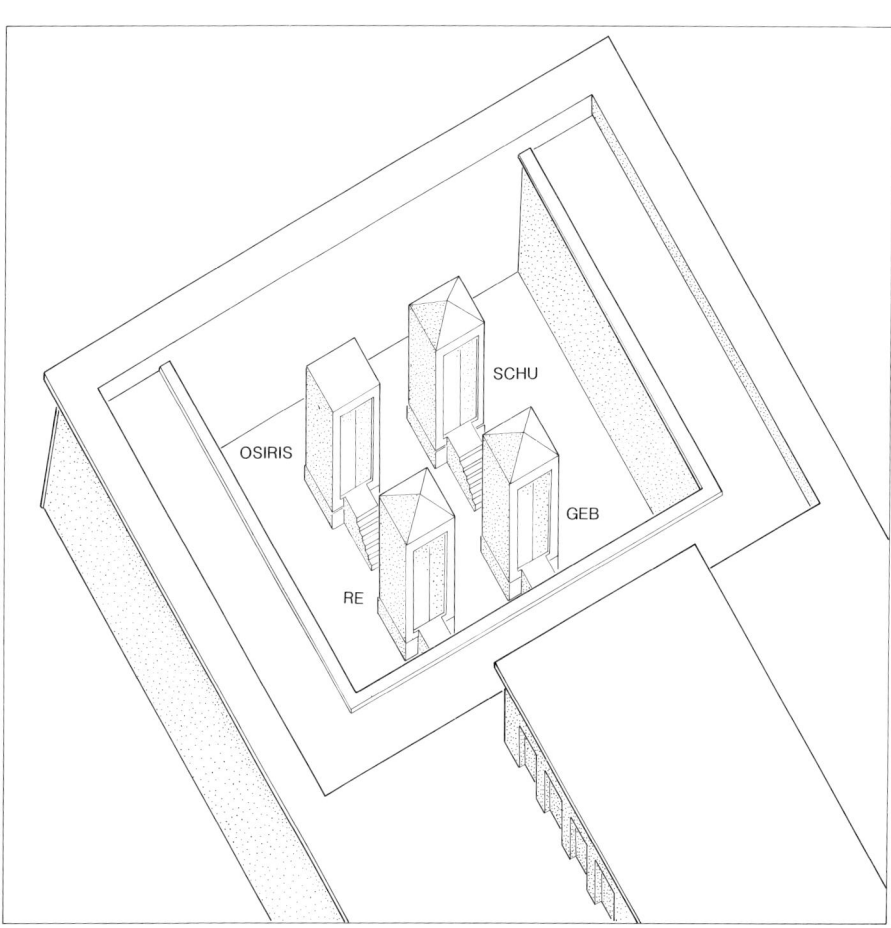

Rekonstruktion des Sanktuares des Tempels von Mendes.

120 Hermopolis parva, Baqlija

5 km südöstlich von Mansura lagen die Reste des alten Hermopolis parva mit den Resten mehrerer völlig zerstörter Tempel. Vor dem Eingang in die 15 m starke und 350 × 384 m große Ziegelumwallung des Thot(?)-Tempels am Tell en-Naqus wurden Ansammlungen von Kalkstein- und Granitblöcken gesehen, mit denen wohl in der 30. Dynastie ein älterer Bau erneuert werden sollte.

Literatur: Édouard Naville, *Ahnas el Medineh* (London 1894) 22–26; Labib Habachi, *Notes on the Delta Hermopolis*, in: ASAE 53 (1953) 441–443.

121 Iseum, Behbeit el-Hagar

Westlich von Mansura liegen inmitten einer 210 × 362 Meter großen und 18–20 Meter dicken Ziegelumwallung die übereinandergestürzten Granittrümmer des Isis-Tempels von Hebet, die eine Fläche von etwa 55 × 80 Metern bedecken. Aus der Lage der teilweise mit prachtvollen versenkten Reliefs versehenen Blöcke und den Untersuchungen von Chr. Favard-Meeks läßt sich erkennen, daß der Tempel wie folgt zu rekonstruieren ist. Die Fassade war in der Art spätzeitlicher Tempel (wie etwa der Hibis-Tempel) völlig geschlossen und mit einem Hathor-Kopffries dekoriert. Im Innern folgte ein Säulensaal, der aus Hathor-Säulen aus rotem Granit bestand. Auf diesen Säulensaal öffnete sich das aus schwarzem und rotem Granit konstruierte Barkensanktuar des Osiris und der Isis. Auf der Südseite befand sich eine Dachtreppe und der Neujahrsfesthof. Wie zu erwarten war das Barkensanktuar an den übrigen Seiten von einem Kapellenkranz umgeben. In der Südostecke führte eine weitere Treppe zu den auf dem Tempeldach stehenden Kulträumen. Der Tempel wurde möglicherweise als Nachfolger einer saitischen Anlage von Nektanebos II. begonnen. Die Arbeiten wurden jedoch durch den letzten Persereinfall von 343 v. Chr. unterbrochen und erst durch Ptolemäus II. Philadelphus wiederaufgenommen und unter Ptolemäus III. Euergetes I. abgeschlossen. Der gesamte Bau war in der Tradition der Deltatempel der Spätzeit vollständig aus Granit erbaut.

Obwohl die Fülle der Bauelemente wie Säulentrommeln und Kapitelle, Hohlkehlen und Treppenstufen einen Wiederaufbau des Tempels wünschenswert und möglich erscheinen lassen, ist bisher kein ernsthafter Versuch, ja nicht einmal eine Aufräumung oder eine Dokumentation unternommen worden. Immerhin handelt es sich bei Behbeit el-Hagar um die einzigen Reste eines Deltatempels, dessen Gestalt sich mit ziemlicher Genauigkeit wiedergewinnen ließe. Die Rekonstruktion dürfte allerdings bereits dadurch erschwert sein, daß die oberen Teile des Steinberges dem Steinraub des 19. und sogar des 20. Jahrhunderts zum Opfer gefallen sind und zahlreiche Blöcke in umliegende Deltaorte verschleppt oder auch in Museen abgewandert sind.

Literatur: G. Roeder, *Der Isistempel von Behbêt*, in: ZÄS 46 (1909) 62–73; C. C. Edgar und G. Roeder, *Der Isistempel von Behbêt*, in: RT 35 (1913) 89–116; A. Lézine, *État présent du temple de Behbeit el Hagar*, in: Kêmi 10 (1949) 49–57; B. V. Bothmer, *Ptolemaic Reliefs*, in: Bulletin of the Museum of Fine Arts, Boston 51 (1953) 1–7; Christian Favard-Meeks, *Un temple d'Isis à reconstruire*, in: Archeologia 263 (1990) 28–33; idem, *Le temple de Behbeit el-Hagara* (Hamburg 1991).

122   Sebennytos, Samannud

Sebennytos war nicht nur Heimatort des Geschichtsschreibers Manetho (um 290 v. Chr.), sondern wurde auch unter Nektanebos I. Hauptstadt Ägyptens. Von hier aus versuchten die Könige der 30. Dynastie ein «Egyptian revival» gegen die Perser und überzogen das ganze Land mit einer Kette wichtiger Tempelbauten.

Der bedeutende Onuris-Schu-Tempel, der Phersos (= *Per-Schu*), wurde von Nektanebos I. erbaut. Die unter Nektanebos II. begonnene Dekoration des Tempels wurde wegen des Persereinfalls von 343 v. Chr. nicht mehr vollendet und erst unter Philippus Arrhidäus und Ptolemäus II. Philadelphus abgeschlossen. Der Phersos wurde von El-Maqrizi (1364–1442 n. Chr.) als ein Wunderwerk Ägyptens beschrieben, in dem sogar noch die Königsstatuen mit «turbanartiger Kopfbedeckkung» aufrecht standen. Bis in die Neuzeit lagen davon noch etwa vierzig große Quarzit-, Basalt- und Granitblöcke, teilweise mit Inschriften, zwischen den Ruinen der alten und der neuen Stadt. Einige Granitblöcke wurden in der modernen Stadt verbaut gesichtet, andere haben wie die ganz ähnlichen Reliefblöcke des Tempels Behbeit el-Hagar (s. oben) ihren Weg in ausländische Museen gefunden. Die Stätte selbst ist bisher archäologisch nicht untersucht worden, und über die im Tempelbezirk zu vermutenden Königsgräber der 30. Dynastie ist nichts bekannt.

Literatur: C. C. Edgar und Günther Roeder, *Der Isistempel von Behbêt*, in: RT 35 (1913) 89–116; Ahmed Bey Kamal, *Sébennytos et son temple*, in: ASAE 7 (1906) 87–94; idem, *The Temple of Samanoud*, in: ASAE 11 (1911) 90–96; Georg Steindorff, *Reliefs from the temples of Sebennytos and Iseion in American Collections*, in: Journal of the Walter's Art Gallery 1944/45, 39–59.

Sais, die Hauptstadt Ägyptens während der mächtigen 26. Dynastie, mit dem berühmten Neith-Tempel wurde so vollständig zerstört, daß selbst seine Lage nicht mehr genau bekannt ist. Im vergangenen Jahrhundert lagen bei Sa el-Hagar gewaltige, von einer noch 15 Meter hoch anstehenden Ziegelmauer umgebene Schuttberge. In ihnen sah man die Reste des antiken Sais. Auch diese Schuttberge sind heute vollständig abgetragen. Nur wenige Gesteinstrümmer liegen in einer sumpfigen Niederung, und kein Archäologe hat je ernsthafte Grabungen an diesem Ort angestellt. Dennoch kamen hier immer wieder Statuen, Stelen, Naoi und Sarkophage zutage. R. Lepsius zeichnete auf seinem Plan noch die Spuren eines zentralen Tempelhauses von 230 × 150 Metern Größe innerhalb einer ca. 675 × 675 Meter großen Umfassung auf. Diese soll 28 Meter dick gewesen sein. Es besteht jedoch der Verdacht, daß die Reste des Neith-Tempels weiter nördlich, im Kom Farrays, verborgen liegen.

Somit schöpfen wir unser ganzes Wissen über den einst so bedeutenden Tempel aus den Angaben Herodots, der berichtet:

«[Die Ägypter] töteten ihn [König Apries], und dann begruben sie ihn in den väterlichen Gräbern. Die liegen im Heiligtum der Neith, ganz nahe dem Allerheiligsten, wenn man hineingeht, links. Es begruben die Saiten alle aus dem Gau stammenden Könige drin im Heiligtum. Denn auch das Grab des Amasis liegt – zwar etwas weiter vom Allerheiligsten als das des Apries und seiner Vorväter –, es liegt jedoch auch dieses im Tempelhof, eine große steinerne Kapelle, ausgeschmückt mit Säulen, die Palmbäume darstellen, und dem übrigen Aufwand. Innerhalb der Kapelle stehen Flügeltüren, und hinter ihnen befindet sich der Sarg. Es befindet sich auch das Grab eines, von dem nicht einmal den Namen auszusprechen ich bei einer solchen Gelegenheit für fromm halte [also ein Osiris-Grab], in Sais, im Heiligtum der Neith, hinter dem Tempelgebäude, dicht an der ganzen Wand des Neith-Tempels. Und in dem heiligen Bezirk stehen große steinerne Obelisken, und ein See liegt dort, sich anschließend, mit einer steinernen Umfassung geschmückt, ringsherum gut ausgeführt und so groß, wie mir schien, wie der sogenannte ‹kreisrunde› auf Delos.»

Und weiter:

«Und zunächst errichtete er [= König Amasis] in Sais zu Ehren der Neith eine ganz wunderbare Vorhalle; weit übertraf er damit alle an Höhe und Größe, und aus was für gewaltigen Steinen ist sie gebaut und aus was für prächtigen! Sodann stellte er große Kolosse auf und überaus lange Männer-Sphingen, und noch andere Steine zur Ausstattung, schier übernatürlich an Größe, ließ er herbeischaffen. Bringen ließ er von ihnen die einen aus den bei Memphis befindlichen Steinbrüchen, die überaus großen aber aus der Stadt Elephantine, die sogar eine Fahrt von zwanzig Tagen entfernt ist von Sais. Was ich aber nicht am wenigsten hiervon, vielmehr am meisten bewundere, ist folgendes: Einen Naos aus einem einzigen Stein ließ er aus der Stadt Elephantine herbeischaffen, und daran schufen sie drei Jahre lang, 2000 Männer aber waren es, die zum Transport eingesetzt waren, und diese alle waren Matrosen. Dieses Naos Länge beträgt an der Außenseite 21 Ellen, die Breite 14 Ellen, die Höhe 8 Ellen. Das sind die Maße an der Außenseite des aus einem einzigen Stein bestehenden Naos; aber innen beträgt die Länge 18 Ellen und 20 Finger, die Breite 12 Ellen, die Höhe 5 Ellen. Er befindet sich am Eingang zum Heiligtum.»

Der beschriebene Naos des Amasis wurde im 14. Jahrhundert zerstört. Teile

davon wurden in der Moschee des Emirs Cheicho in Kairo vermauert. Fünfzig beschriftete und weit mehr unbeschriftete Blöcke des Tempels wurden nach Rosetta und anderen Orten geschafft. Die Existenz einer Familiengruft der Könige der 26. Dynastie wird auch von Strabo (17. 802) und durch die Auffindung des Sarkophages Psammetichs II. in der näheren Umgebung bestätigt. Nach Herodot III 16 wurde die Grabanlage durch das Perserheer des Kambyses geschändet.

Die Trümmer des Isis-Tempels von Behbet el-Hagar.

Literatur: Herodot, II. Buch, 169/70, 175; LD I 55, Text 3–4; L. Habachi, *Sais and its Monuments*, in: ASAE 42 (1943) 369–376; J. Leclant, in: Orientalia 35 (1966) 132; J. Malek, *Sais*, in: LÄ V 355–357; T. el-Sayed, *Documents relatifs à Sais et ses divinités* (Kairo 1975); idem, *La déesse Neith de Sais* (Kairo 1982).

124   Buto, Ibtu, Tell el-Fara'in

Von der uralten Deltaresidenz zeugt heute noch eine weitausgedehnte Kom-Landschaft, ohne daß noch irgendwelche aufrecht stehenden Denkmäler das Auge fesseln könnten. Zwischen zwei Siedlungsschutthügeln, die wahrscheinlich der antiken Zweiteilung der Doppelstadt Dep und Pe entsprechen, wurden zwar die Reste des Uadjet-Tempels (Uto, Leto) festgestellt. Die Schlangengöttin Uadjet an der Stirn des Königs war als unterägyptische Kronengöttin Herrin des «unterägyptischen Gottespalastes». Leider sind jedoch weder Spuren dieses uralten Heiligtums noch solche der Kapellen der «Seelen von Buto» am Ufer des gewundenen Kanals gefunden.

Den Ergebnissen der englischen Grabungen gemäß blickte der Tempel nach Südwesten und war 31 × 65 Meter groß. Er war von einer äußeren Umfassungsmauer von etwa 174 × 260 × 234 × 306 Metern und zwei inneren Umfassungsmauern umgeben. Die innerste aus Kalkstein war mit Quarzitplatten verkleidet. Auch die Decke des Tempels bestand aus mit Sternen dekorierten Quarzitplatten. Dieser Bau war wohl saitisch (Amasis?) und wurde von den Persern gründlich zerstört. Unter den frühen Ptolemäern wiederaufgebaut, verfiel das Heiligtum schon rasch wieder.

Herodot berichtet von dem Tempelbezirk folgendes:

«... Dieses Orakel nämlich in Ägypten ist ein Heiligtum der Uadjet, bei einer großen Stadt angelegt an der sogenannten sebennytischen Nilmündung, wenn man vom Meere aus stromaufwärts fährt. Der Name dieser Stadt, in der sich das Orakel befindet, ist Buto, wie schon vorher von mir genannt. Es gibt in diesem Buto auch ein Heiligtum des Horus und der Bastet. Und der Tempel der Uadjet, in dem ja die Orakelstätte ist, ist selbst groß, und die Vorhalle ragt zehn Klafter [= 17,76 Meter] in die Höhe. Was aber mir von dem dort Sichtbaren das größte Staunen erweckte, will ich sagen. Es befindet sich in diesem heiligen Bezirke der Uadjet-Schrein, aus einem einzigen Stein gemacht nach Höhe und nach Länge, und jede Wand ist diesen gleich; von 40 Ellen [= 17,76 Meter][42] ist ihrer jede. Als Bedachung liegt eine andere Steinplatte darüber, die hat einen vorstehenden Sims von 4 Ellen. So nun ist der Schrein unter dem bei diesem Heiligtum Sichtbaren das Wunderbarste, von dem zweiten aber, eine Insel, die sogenannte Chemmis. Sie liegt in einem tiefen, breiten See neben dem Heiligtum in Buto, und erzählt wird von den Ägyptern, es sei diese Insel eine schwimmende ... Auf dieser nun also befindet sich ein großer Horus-Tempel, und drei Altäre sind auf ihr errichtet, und gewachsen sind auf ihr zahlreiche Palmen und auch andere Bäume, fruchttragende und unfruchtbare, in Menge.»

Seit 1985 untersucht das Deutsche Archäologische Institut Kairo mit Bohrungen und Grabungen die tief im Grundwasser gelegenen archaischen Schichten des alten Buto. 1988 kamen die Überreste eines palastähnlichen Ziegelbaues der 3. Dynastie zutage.

1989 wurden durch die Ägyptische Altertümerverwaltung eine Gruppe von mehreren Statuen, darunter Ramses' II. und eine Stele Tuthmosis' III., gefunden (im Museum von Tanta).

Literatur: Herodot, II. Buch, 155/56; W. M. Flinders Petrie, *Ehnasya 1904* (London 1905) 36–38, Taf. 43/44; C. C. Edgar, *Notes from the Delta, Buto and Chemmis*, in: ASAE 11 (1911) 87–90; Berichte der englischen Grabung von M. V. Seton-Williams, in: JEA 51 (1965) bis 56 (1970); Berichte über die deutschen Grabungen von T. von der Way, in MDAIK 42 (1986) bis 44 (1988).

125 Kom Firin

Südwestlich von Naukratis lagen die (jetzt abgetragenen) enormen Schutthügel des Kom Firin mit den Resten eines großen Tempels des Neuen Reiches und der 26. Dynastie, von dem im vergangenen Jahrhundert noch das Kalksteinfundament, Säulenbasen und eine Sphinx-Allee erhalten waren.

126 Kom el-Hisn

Aus einem großen Sachmet-Hathor-Tempel des Mittleren und Neuen Reiches und der Ptolemäerzeit stammen zahlreiche Spolien, darunter das hier verbaute Dekret Ptolemäus' III. Euergetes' I. aus Canopus, dessen dreisprachige Inschrift bei der Entzifferung der Hieroglyphenschrift von großer Bedeutung war.

127 Rosetta

Vom Atum-Tempel von Rosetta sind nur noch vereinzelte Blöcke erhalten, darunter die 1799 bei Schanzarbeiten im Fort St-Julien gefundene schwarze Basaltstele Ptolemäus' V. Epiphanes', der sogenannte «Rosetta-Stein», mit Hilfe dessen dreisprachiger Inschrift Jean François Champollion 1822 die Hieroglyphenschrift entzifferte.

128 Canopus, Abukir

Außerhalb der Stadt (nordöstlich des Forts Taufiq) lag der große unter anderem wegen seines Orakels berühmte ptolemäische Tempel der Isis und des Serapis. Von diesem 391 n. Chr. zerstörten Bau sind nur noch wenige Blöcke zutage gekommen, darunter Spolien älterer Tempel. In diesem Tempel stand ursprünglich das «Canopus-Dekret», siehe unter Kom el-Hisn.

129 Taposiris magna, Abusir

45 Kilometer westlich von Alexandria erheben sich direkt an der Küste des Mittelmeeres die vom Wind zerfurchten Ruinen eines Osiris-Tempels aus ptolemäischer Zeit. Ein Pylon gewährt Zutritt in eine 84 × 84 Meter messende Steinumfassung. Das eigentliche Tempelhaus ist zerstört.

Literatur: E. L. Ochsenschlager, *Taposiris Magna: 1975 Season*, in: First International Congress of Egyptology (Kairo 1976) (Berlin 1979).

Die Prozessionsstraße des Hathor-Tempels von Serabit el-Chadim.

SINAI

130   Serabit el-Chadim

Einer der merkwürdigsten Tempel Ägyptens ist das Hathor-Heiligtum Serabit el-Chadim in der wilden Felslandschaft des südwestlichen Sinai. Es war das Zentrum des Türkisabbaues, den vor allem die Pharaonen der 12. Dynastie hier betreiben ließen. Das Heiligtum ist zwar von ägyptisch geschulten Handwerkern erstellt, zeigt aber deutlich, daß die Bauleute keinen axial-symmetrischen Tempel errichten konnten, sondern in dieser unwirtlichen Gegend sich den Umständen anpassen mußten. Die Anlage besteht aus einem unregelmäßigen Rechteck von etwa 100 Metern Länge, das von einem gewaltigen Ringwall aus Bruchsteinen eingefaßt wird und in dessen innerstem Winkel die Kultgrotten der Hathor und des Gottes Sopdu, des «Herrn des Ostens», liegen. Der (spätere) Haupteingang befindet sich an der westlichen Schmalseite und wird von zwei Stelen Ramses' II. und Sethnachts flankiert. Statt offener Vorhöfe durchwandert der Besucher des Heiligtums eine Folge von 14 aus zurechtgehauenen Blöcken aufgemauerten Pfeilerräumen und sogar einen kleinen Pylon, bis er den eigentlichen Innenhof des Tempels betritt. Diese Vorräume sind – nach den dort angebrachten Inschriften zu urteilen – erst in der 18. bis 20. Dynastie angefügt worden. Der größere Innenhof dürfte dagegen bereits aus dem Mittleren Reich stammen. Die beiden Kultgrotten liegen mit ihren Vor- und Nebenräumen nebeneinander in der Südostecke des Hofes und wurden – nach der Häufung von Inschriften aus der Zeit Amenemhets III. und IV. zu schließen – bereits im Mittleren Reich angelegt.

Untersuchungen Petries förderten zahlreiche königliche und private Skulpturen, Stelen und Opferständer zutage, die bis in die Zeit des Königs Snofru hinaufreichten. Der Boden des Tempels war von einer dicken Schicht zerbrochener Alabaster- und Fayencevotive bedeckt, die sich im Laufe der Jahrtausende hier ange-

Rechte Seite: Gesamtansicht des Hathor-Tempels von Serabit el-Chadim.

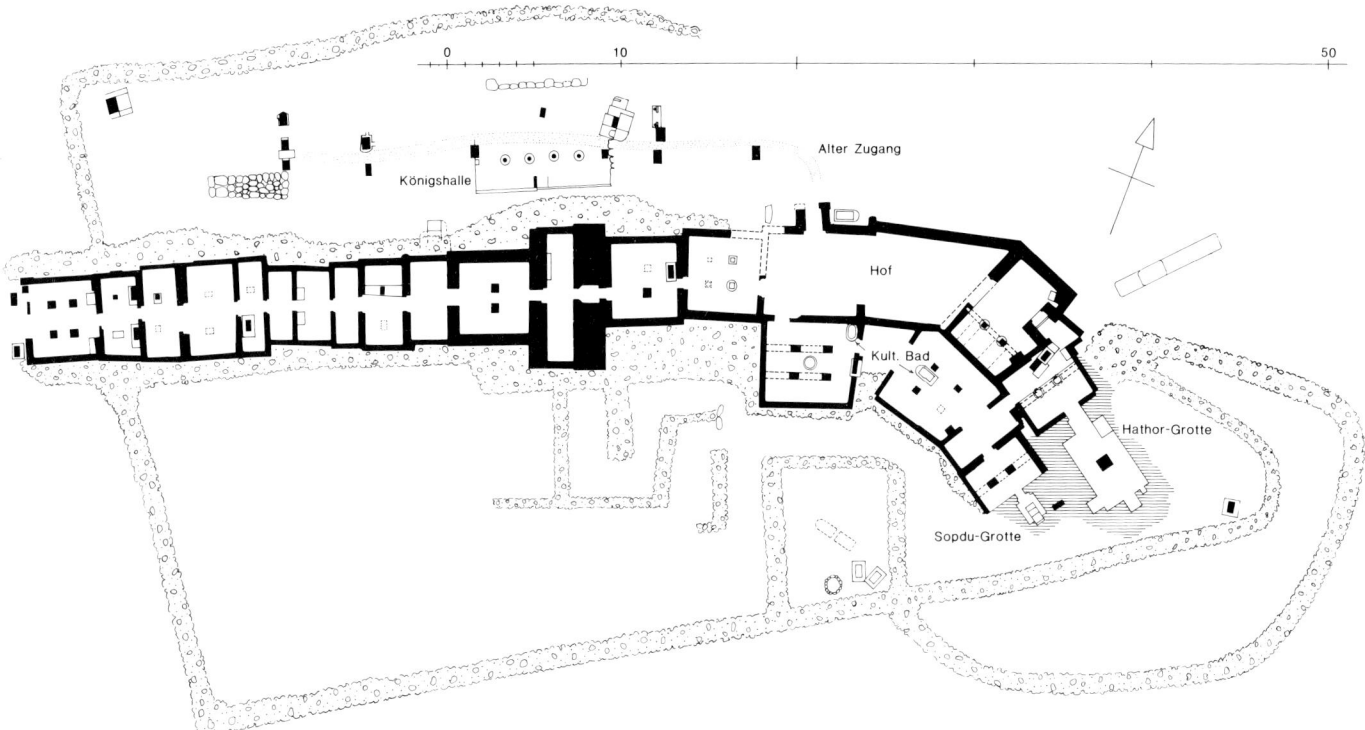

Plan des Hathor-Tempels von Serabit el-Chadim.

sammelt hatten. Für den Ägyptologen war die Entdeckung des Heiligtums vor allem wegen der zahllosen Stelen und Votivinschriften wichtig, die wesentlich zu unserer Kenntnis der Expeditionstätigkeit der Ägypter in dieser Region beigetragen haben. Große Wasserbecken in den Vorräumen der Sanktuare weisen auf religiöse Waschungen, wie sie in den Kulten des benachbarten Kanaan häufig waren. In die gleiche Richtung weisen die dicken, unter dem Heiligtum des Neuen Reiches festgestellten Schichten von Nadelholzasche. Sie zeigen, daß in diesem Tempel viel stärker geräuchert wurde als in Tempeln des Niltales.

Literatur: W. Flinders Petrie, *Researches in Sinai* (London 1906) 72–108, Taf. 85–113, Plan 4.

Anhang

ZEITTAFEL

Nachdem die ägyptische Chronologie für lange Zeit als gesichert angesehen wurde, sind in jüngster Zeit so viele Bedenken angemeldet worden, daß die nachfolgende Liste (nach Jürgen von Beckerath, Handbuch der ägyptischen Königsnamen [München/Berlin 1984]) nur noch mit Vorbehalt benutzt werden darf.

FRÜHDYNASTISCHE ZEIT	3000–2600
1. Dynastie	3000–2820
2. Dynastie	2820–2670
3. Dynastie	2670–2600
Djoser	
ALTES REICH	2600–2195
4. Dynastie	2600–2475
Snofru	
Cheops	
Djedefre	
Chefren	
Mykerinus	
Schepseskaf	
5. Dynastie	2475–2345
Userkaf	
Sahure	
Neferirkare Kakai	
Niuserre Iny	
Djedkare Isesi	
Unas	
6. Dynastie	2345–2195
Teti	
Pepi I.	
Merenre	
Pepi II.	
ERSTE ZWISCHENZEIT	2195–2040
8. bis Mitte 11. Dynastie	
MITTLERES REICH	2040–1781
11. Dynastie	2160–1994
Mentuhotep Nebhepetre	2065–2014
Reichseinigung	2040
Mentuhotep Seanchkare	2014–2001
12. Dynastie	1994–1781
Amenemhet I.	1994–1964

Sesostris I.	1974–1929
Amenemhet II.	1932–1898
Sesostris II.	1900–1881
Sesostris III.	1881–1842
Amenemhet III.	1842–1794
13. Dynastie	1781–1650

ZWEITE ZWISCHENZEIT	
(HYKSOS-HERRSCHAFT)	1650–1550
14.–17. Dynastie	

NEUES REICH	1550–1075
18. Dynastie	1550–1291
Ahmose	1550–1525
Amenhotep I.	1524–1504
Thutmosis I.	1504–1492
Thutmosis II.	1492–1479
Hatschepsut	1479–1458
Thutmosis III.	1479–1425
Amenhotep II.	1428–1397
Thutmosis IV.	1397–1387
Amenhotep III.	1387–1350
Amenhotep IV.	
(Echnaton)	1350–1333
Tutanchamun	1333–1323
Aja	1323–1319
Haremhab	1319–1291
19. Dynastie	1291–1185
Ramses I.	1291–1289
Sethos I.	1289–1278
Ramses II.	1279–1212
Merenptah	1212–1202
20. Dynastie	1185–1075
Sethnacht	1187–1184
Ramses III.	1184–1153
Ramses IV.	1153–1147
Ramses V. – Ramses XI.	1147–1075

DRITTE ZWISCHENZEIT		1075–650
21. Dynastie		1075–945
Smendes	Osochor	
Amenemnisu	Siamun	
Psusennes I.	Psusennes II.	
Amenemope		
22. Dynastie (in Tanis)		945–718
Scheschonk I.	Takeloth II.	
Osorkon I.	Scheschonk III.	
Scheschonk II.	Pimai	
Takeloth I.	Scheschonk V.	
Osorkon II.	Osorkon IV.	

23. Dynastie	820–718
24. Dynastie	730–712
25. Dynastie (Kuschiten)	775–653

Alara	Schabitko
Kaschta	Taharqa
Pianchi	Tanutamun
Schabaka	

SPÄTZEIT	664–332
26. Dynastie	664–525
Psammetich I.	664–610
Necho	610–595
Psammetich II.	595–589
Apries	589–570
Amasis	570–526
Psammetich III.	526–525
27. Dynastie (Perser)	525–404/01
28. Dynastie	404–399
29. Dynastie	399–380
30. Dynastie	380–342
Nektanebos I.	380–362
Teos	362–360
Nektanebos II.	360–342
Zweite Perserherrschaft	343–332
Alexander der Große	332–323
Philippus Arrhidäus	323–317

PTOLEMÄER	310–30 v. Chr.
Ptolemäus I. Soter	310–382
Ptolemäus II. Philadelphus	285–246
Ptolemäus III. Euergetes I.	246–222
Ptolemäus IV. Philopator	222–205
Ptolemäus V. Epiphanes	205–180
Ptolemäus VI. Philometor	180–145
Ptolemäus VII. Neos Philopator	145
Ptolemäus VIII. Euergetes II.	
(Physkon)	170–116
Ptolemäus IX.	
Soter II., Lathyros	116–80
Ptolemäus X. Alexander I.	110–88
Ptolemäus XI. Alexander II.	80
Ptolemäus XII. Neos Dionysos,	
(Auletes)	80–51
Kleopatra VII. Philopator	51–30
Ptolemäus XIII.	51–47

RÖMERHERRSCHAFT	30 v. Chr.–395 n. Chr.

ABKÜRZUNGSVERZEICHNIS

ÄA	Ägyptologische Abhandlungen
ÄgFo	Ägyptologische Forschungen (Glückstadt)
ASAE	Annales du Service des Antiquités de l'Égypte (Kairo)
Beiträge Bf	Beiträge zur Ägyptischen Bauforschung und Altertumskunde (Kairo)
BIFAO	Bulletin de l'Institut français d'Archéologie orientale (Kairo)
BMMA	Bulletin of the Metropolitan Museum of Art (New York)
Cd'É	Chronique d'Égypte (Brüssel)
Description	Commission des monuments d'Égypte, 10 Bde. (Paris 1809–1828)
FIFAO	Fouilles de l'Institut français d'Archéologie orientale (Kairo)
Gau, Antiquités	François Christian Gau, Antiquités de la Nubie (Stuttgart 1922)
GM	Göttinger Miszellen (Göttingen)
JARCE	Journal of the American Research Center in Egypt (New York)
JEA	Journal of Egyptian Archaeology (London)
JNES	Journal of Near Eastern Studies
LÄ	Lexikon der Ägyptologie, 6 Bde. (Wiesbaden 1975–1986)
LD	Carl Richard Lepsius, Denkmaeler aus Aegypten und Aethiopien, 12 Bde. Tafeln (Berlin 1849–1859), 5 Bde. Text (Leipzig 1897–1913)
MDAIK	Mitteilungen des Deutschen Archäologischen Instituts, Abteilung Kairo (Kairo)
MIFAO	Mémoires publiés par les membres de l'Institut français d'Archéologie orientale du Caire (Kairo)
OIP	Oriental Institute Publication (Chicago)
RdÉ	Revue d'Égyptologie (Paris)
RT	Recueil de Travaux Rélatifs à la Philologie et à l'Archéologie Égyptiennes et Assyriennes
SAK	Studien für altägyptische Kultur (Hamburg)
SSEA	Society for the Study of Egyptian Antiquities (Toronto)
TT	Theban Tombs
UGAÄ	Untersuchungen zur Geschichte und Altertumskunde Ägyptens
ZÄS	Zeitschrift für Ägyptische Sprache und Altertumskunde (Berlin)

ANMERKUNGEN

1 Allgemeine Literatur: Rochemonteix, *Le temple égyptien, Œuvres Diverses* (Paris 1894) 1–139; Margaret A. Murray, *Egyptian Temples* (London 1931); E. Baldwin Smith, *Egyptian Architecture as Cultural Expression* (New York und London 1938); Herbert Ricke, *Bemerkungen zur ägyptischen Baukunst des Alten Reiches* (Beiträge zur ägyptischen Bauforschung und Altertumskunde 4, Zürich 1944); Herbert W. Fairman, *Worship and Festivals in an Egyptian Temple,* in: Bulletin of the John Thylands Library Manchester 37 (1954) 165–203; Frank Teichmann, *Der Mensch und sein Tempel. Ägypten* (Stuttgart 1978); F. Daumas, *L'interprétation des temples égyptiens anciens à la lumière des temples Gréco-Romains,* in: Karnak 6 (1980) 261–284; Patricia Spencer, *The Egyptian Temple. A Lexicographical Study* (London, Boston usw. 1984).

2 Die Abschließung nach außen ist natürlich eine generell im Wohnbau des Altertums zu beobachtende Erscheinung, die – klimatisch bedingt – in Ägypten besonders stark ausgeprägt war.

3 Der Ka ist das Symbol einer unsterblichen, göttlichen Lebenskraft, die durch Umarmung – dargestellt durch die beiden erhobenen Arme des Ka-Symbols – vom Vater auf den Sohn, vom Gott auf den König und vom König auf den Menschen übertragen wird.

4 Siehe dazu ausführlich: Jan Assmann, *Ma'at, Gerechtigkeit und Unsterblichkeit im Alten Ägypten* (München 1990).

5 In Palästina im Chalkolithikum (4300–3300 v. Chr.) und der frühen Bronzezeit (3300–3050 v. Chr.) z. B. in En-Gedi, Megiddo, 'Ai und Jarmuth. Auf Malta in der Gigantija-Phase (3500–2500 v. Chr.). In Mesopotamien in der Obeid-Kultur (um 5400 v. Chr.). In Anatolien sogar im 8. und 7. Jahrtausend (Nevali Çori und Chatal Huyuk).

6 G. Jéquier, *Les temples primitifs et la persistance des types archaïques dans l'architecture religieuse,* in: BIFAO 6 (1908) 25–41; Alexandre Badawy, *Le dessin architectural chez les anciens Égyptiens* (Kairo 1948) 10ff.

7 Allgemein zu den Tempeln der Ptolemäer- und Römerzeit siehe Serge Sauneron und Henri Stierlin, *Die letzten Tempel Ägyptens* (Genf 1975).

8 Dieter Kurth, *Die Dekoration der Säulen des Tempels von Edfu* (Göttinger Orientforschungen IV. Reihe, Bd. 11, Wiesbaden 1983) 349–355.

9 Beatrix Gessler-Löhr, *Die heiligen Seen ägyptischer Tempel* (Hildesheimer Ägyptologische Beiträge 21, Hildesheim 1983).

10 Zum Beispiel Neferhotep (Theban Tomb 49), Minnacht (TT 87), Panehesy (TT 16), Ipui (TT 217) oder Amenmose (TT 19) in Theben oder Merire in Amarna.

11 *Urkunden* IV 99.

12 Gerhard Haeny, *Basilikale Anlagen in der Baukunst des Neuen Reiches* (Beiträge Bf. 9, Wiesbaden 1970) 15/16, 91/92; D. Arnold, *Vom Pyramidenbezirk zum Millionenjahrhaus,* in: MDAIK 34 (1978) 1–8; R. Stadelmann, *Tempelpalast und Erscheinungsfenster in den Thebanischen Totentempeln,* in: MDAIK 29 (1973) 221–242; idem, *Tempel und Tempelnamen in Theben-Ost und -West,* in: MDAIK 34 (1978) 171–180; G. Haeny, *La fonction religieuse des «châteaux de millions d'années»,* in: *L'égyptologie en 1979. Axes prioritaires de recherches* I (Paris 1982) 111–116.

13 A. Badawy, *Maru-Aten: Pleasure Resort or Temple?,* in: JEA 42 (1956) 58–64; R. Stadelmann, *šwt-Rc als Kultstätte des Sonnengottes im Neuen Reich,* in: MDAIK 25 (1969) 159–178; L. Bell, *Aspects of the Cult of the Deified Tutankhamun,* in: *Mélanges Gamal Eddin Mokhtar* (Kairo 1985) 31–59.

14 Ludwig Borchardt, *Ägyptische Tempel mit Umgang* (Kairo 1928); François Daumas, *Les mammisis des temples égyptiens* (Paris 1958).

15 Zusammenfassend: J.-C. Golvin und J.-C. Goyon, *Les Bâtisseurs de Karnak* (Paris 1987) 28–31; Doha M. Mostafa, Varia Aegyptiaca 5 (1989) 103–118.

16 Vandier, *Manuel d'Archéologie égyptienne,* Bd. III (Paris 1954) 147.

17 Paul Barguet, *Le temple d'Amon-Rê à Karnak* (Kairo 1962) 32.

18 Philippe Derchain, *Réflexions sur la décoration des pylôns,* in: Bulletin de la Société Française d'Égyptologie 46 (1966) 17; Sylvie Cauville, *Edfou, Les guides archéologiques de l'Institut français du Caire* (Kairo 1984) 6.

19 J. F. Pécoil, *Le soleil et la cour d'Edfou,* in: BIFAO 86 (1986) 277–297.

20 Richard A. Parker, Jean Leclant, Jean-Claude Goyon, *The Edifice of Taharqa by the Sacred Lake of Karnak* (London 1979).

21 Hellmut Brunner, *Die Sonnenbahn in ägyptischen Tempeln,* in: *Archäologie und Altes Testament, Festschrift für Kurt Galling* (Tübingen 1970) 27–34.

22 Grundsätzlich: Herbert Ricke, *Bemerkungen zur ägyptischen Baukunst des Alten Reiches* (Beiträge Bf I, Zürich 1944) 5–20.

23 E. A. E. Reymond, *The Mythical Origin of the Egyptian Temple* (Manchester 1969); S. Cauville und D. Devauchelle, *Les mesures réelles du temple d'Edfou,* in: BIFAO 84 (1984) 23–34.

24 Alexander Badawy, *Ancient Egyptian Architectural Design* (Berkeley und Los Angeles 1965); J.-P. Lauer, *Le triangle sacré dans les plans des monuments de l'Ancien Empire,* in: BIFAO 77 (1977) 55–78; W. Meyer-Christian, *Der «Pythagoras» in Ägypten am Beginn des Alten Reiches,* in: MDAIK 43 (1986) 195–203.

25 Dieter Arnold, *Das Raum- und Bildprogramm in den Tempeln des Neuen Reiches* (Münchner Ägyptologische Studien 2, München 1962); Erich Winter, *Untersuchungen zu den ägyptischen Tempelreliefs der griechisch-römischen Zeit* (Denkschriften der phil.-hist. Klasse der Österr. Akad. d. Wiss., 98. Bd., Wien 1968); Françoise Labrique, *Observations sur le temple d'Edfou,* in: Göttinger Miszellen 58 (1982) 31–48; Dieter Kurth, *Die Dekoration der Säulen im Pronaos des Tempels von Edfu,* Göttinger Orientforschungen 4 (Göttingen 1983); S. Cauville, *Une règle de la «grammaire» du temple,* in: BIFAO 83 (1983) 51–84.

26 Henry G. Fischer, *The Orientation of Hieroglyphs* (New York 1977).

27 J. Yoyotte, *Une monumentale litanie de granit,* in: Bulletin de la Société Française d'Égyptologie 87/88 (1980) 47–75.

28 T. E. Peet, *A Historical Document of Ramesside Age*, in: JEA 10 (1924) 116/17.

29 N. C. Grimal, *La stèle triomphale de Pi(ankh)y au Musée du Caire* (MIFAO 105, Kairo 1981) 130 ff.

30 Barry J. Kemp, *Ancient Egypt. Anatomy of a Civilization* (London und New York 1989) 191–197.

31 B. Jaros-Deckert, *Pylon*, in: LÄ IV 1202–1205; H. Sourouzian, *L'apparition du pylone*, in: BIFAO 18 (1981) 141–151.

32 Zu Pflanzensäulen: Ludwig Borchardt, *Die aegyptische Pflanzensäule* (Berlin 1897).

33 Hermann Kees, *Das Alte Ägypten* (Berlin 1955) 192.

34 Die in Napata regierenden und in El-Kurru und Nuri bei Napata begrabenen Könige von Kaschta bis Amanibachi (806–295 v. Chr.) werden als napatäische Dynastie gezählt, die späteren Könige (295 v. Chr. bis 320 n. Chr.) als meroitisch.

35 Günther Roeder, *Die Kapellen zweier nubischer Fürsten in Debod und Dakke*, in: ZÄS 63 (1928) 126–140.

36 Month als Ba des Schu in Tod, als Ba des Re in Armant, als Ba des Geb in Medamud und als Ba des Osiris *Bkn* in Karnak-Nord.

37 Nach: Richard A. Parker, Jean Leclant, Jean-Claude Goyon, *The Edifice of Taharqa by the Sacred Lake of Karnak* (London 1979) 82/83, und Beatrix Gessler-Löhr, *Die heiligen Seen ägyptischer Tempel* (Hildesheim 1983) 167–174.

38 Zu weiteren siehe Luc Gabold, *Les temples «mémoriaux» de Thoutmosis II et Toutânkhamon*, in: BIFAO 89 (1989) 127–178.

39 Echte Ziegeltonnen treten bereits in der 3. Dynastie auf, Scheingewölbe aus Stein (Stemmplatten- und Kraggewölbe) in der frühen 4. Dynastie.

40 N. de Garis Davis, *The Rock Tombs of El Amarna*, Bd. III (London 1905) 19–29, Taf. 8–11.

41 Das ältere Artemision von Ephesos (560–546), das Heraion auf Samos (nach 530), das Olympieion von Athen (vor 510) und später der Kybele-Tempel von Sardes (um 350?) und der Apollo-Tempel von Didyma (313 v. Chr.).

42 Diese Zahl erscheint zu hoch und ist vermutlich als 14 Ellen [= 6,21 Meter] zu lesen.

BILDNACHWEIS

Verfasser und Verlag danken allen Personen und Institutionen für die freundliche Überlassung der Abbildungsvorlagen. Zahlen = Seitenzahlen.

Lara Bernini, New York: 15 oben und unten, 18, 128, 170, 180, 193, 205; mit Verfasser 200.

Dr. Artur Brack, Riehen: 28 oben, 79, 80, 99, 101.

The Brooklyn Museum: 207.

Betsy Bryan, Baltimore: 73 oben und unten.

Deutsches Archäologisches Institut, Abteilung Kairo: 16, 133, 192, 222, 223.

Arne Eggebrecht, Das alte Ägypten: 26, 102.

Josiane d'Este-Curry: 154 oben, 166 oben, 178, 224; mit Verfasser 112/13.

Dr. Georg Gerster, Zumikon: 72, 81.

Lehnert und Landrock, Kairo: 83 oben.

Metropolitan Museum of Art, New York, Department of Egyptian Art: 13, 23, 24 oben, 27 unten, 33, 37 unten, 89 oben, 115, 121, 122 oben, 123, 136, 137, 142 unten, 143, 149, 154 unten.

Adela Oppenheim, New York: 99, 111, 144, 163.

Oriental Institute der Universität Chicago: Frontispiz, 152.

Les Presses du C. N. R. S., Paris: 119.

Jan Roewer, Frankfurt am Main: 117, 122 unten, 130, 134 unten, 135, 142 oben, 145, 147, 151.

Thames and Hudson, London: 90 unten.

Rick Veleu, New York: 75, 100 oben, 164.

Verfasser: 14, 17, 19 oben und unten, 20, 21, 22, 31, 35, 37 oben, 41, 43, 47, 48, 49, 58, 61, 86 oben, 89 unten, 90 Mitte, 96, 97, 107, 110, 111, 114, 116, 118, 124, 126, 127, 131, 138 oben und unten, 139, 141, 144, 146, 156, 157, 159, 161, 162, 163, 167, 173 unten, 186, 187, 188, 190, 198, 199, 202, 207 unten, 209, 213, 214, 215, 216, 219; mit Josiane d'Este-Curry 112/13; mit Lara Bernini 200.

Die Reproduktionen stammen – mit Dank – von Adela Oppenheim, New York.

GRÖSSENVERGLEICH DER WICHTIGSTEN ÄGYPTISCHEN TEMPEL

(in Metern, Abfolge nach Größe der Umfassungsmauern)

	Umwallung	Quadrat-meter	Länge des Tempelhauses
Heliopolis	900 × 1000	900 000	?
Sais	675 × 675	455 600	230
Thot von Hermopolis	637 × 637	405 769	115
Amenhotep III. in Qurna	550 × 700	385 000	315 (ab 3. Pylon)
Amun von Karnak	530 × 515 × 530 × 610	300 000	450
Ptah in Memphis	410 × 580 × 480 × 630	269 000	?
Tuch el-Qaramus	454 × 514	233 356	136
Tell el-Jahudije	450 × 470	211 500	?
Per-Iten in Amarna	270 × 760	205 200	210
Tanis	370 × 430	159 100	234
Dendera	280 × 280	78 400	83
Iseum (Behbeit el-Hagar)	210 × 362	76 020	80
Luxor	210 × 280	58 800	256
Ramesseum	178 × 380	67 640	183
Bubastis	?	?	180
Medinet Habu	205 × 315	64 575	150
Sethos I. in Abydos	220 × 273	60 060	157
Soleb	210 × 240	50 400	170
Amun von Napata	?	?	150
Edfu	?	?	137
Mendes	?	?	120
Achmim	?	?	119

REGISTER

Personennamen

(auch mit . . .-Tempel gebildete Namen)

234

Ortsnamen

(nur Tempel)

Ägyptische Ausdrücke

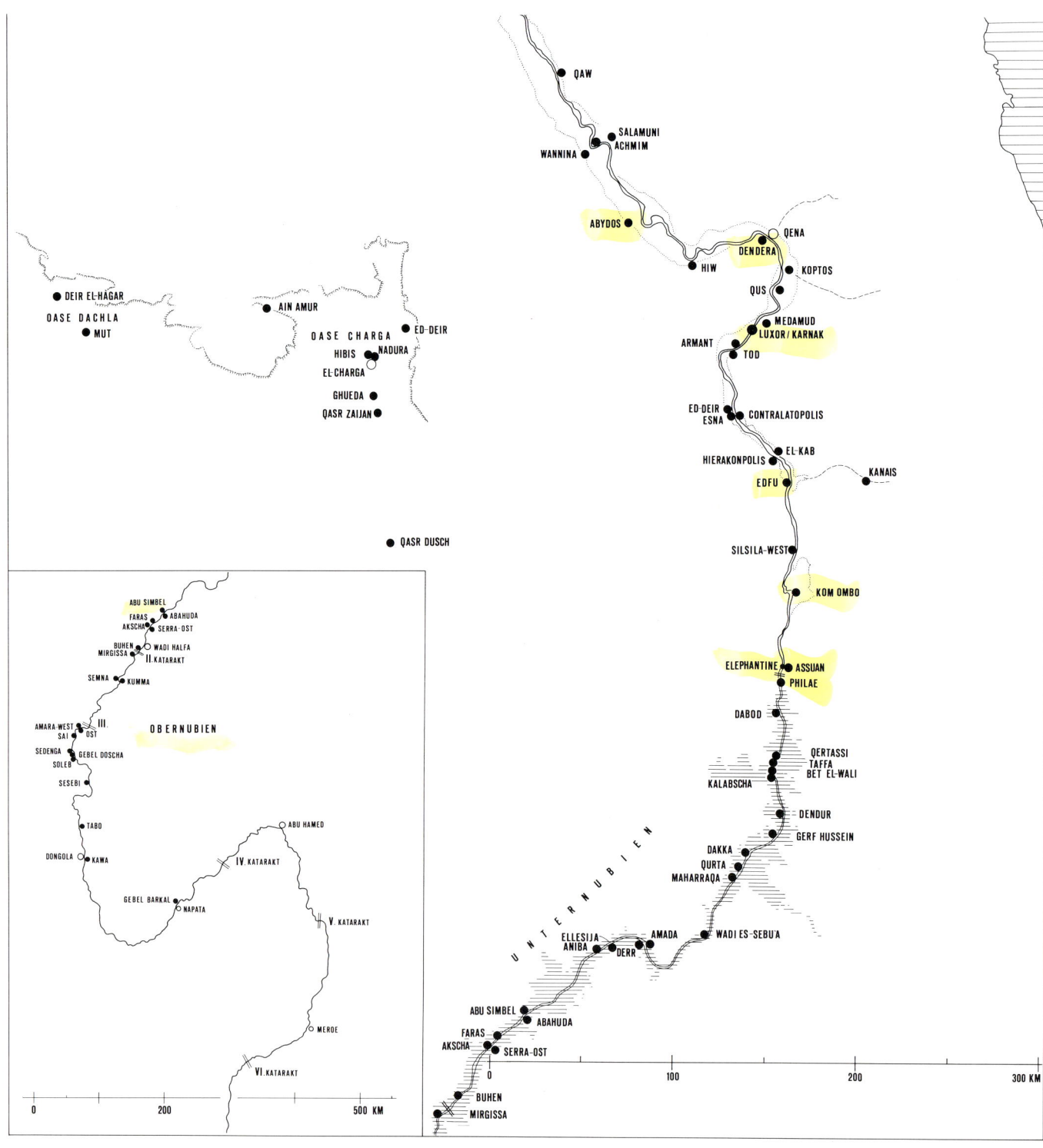

QAW

SALAMUNI
ACHMIM
WANNINA

ABYDOS
QENA
DENDERA
HIW
KOPTOS
QUS
MEDAMUD
LUXOR / KARNAK
ARMANT
TOD

ED-DEIR
ESNA
CONTRALATOPOLIS
EL-KAB
HIERAKONPOLIS
KANAIS
EDFU

SILSILA-WEST

KOM OMBO

ELEPHANTINE ASSUAN
PHILAE

DABOD

QERTASSI
TAFFA
BET EL-WALI
KALABSCHA

DENDUR
GERF HUSSEIN
DAKKA
QURTA
MAHARRAQA

U N T E R N U B I E N

ELLESIJA
ANIBA
DERR
AMADA
WADI ES-SEBU'A

ABU SIMBEL
ABAHUDA
FARAS
AKSCHA
SERRA-OST

0

BUHEN
MIRGISSA

100   200   300 KM

DEIR EL-HAGAR

AIN AMUR

OASE DACHLA   ED-DEIR

MUT   OASE CHARGA

HIBIS NADURA

EL-CHARGA

GHUEDA

QASR ZAIJAN

QASR DUSCH

ABU SIMBEL
FARAS ABAHUDA
AKSCHA SERRA-OST
BUHEN WADI HALFA
MIRGISSA
II. KATARAKT
SEMNA KUMMA

AMARA-WEST III.
SAI   OST   O B E R N U B I E N
SEDENGA
GEBEL DOSCHA
SOLEB
SESEBI

TABO

ABU HAMED

DONGOLA KAWA

IV. KATARAKT

GEBEL BARKAL
NAPATA

V. KATARAKT

MEROE

VI. KATARAKT

0   200   500 KM

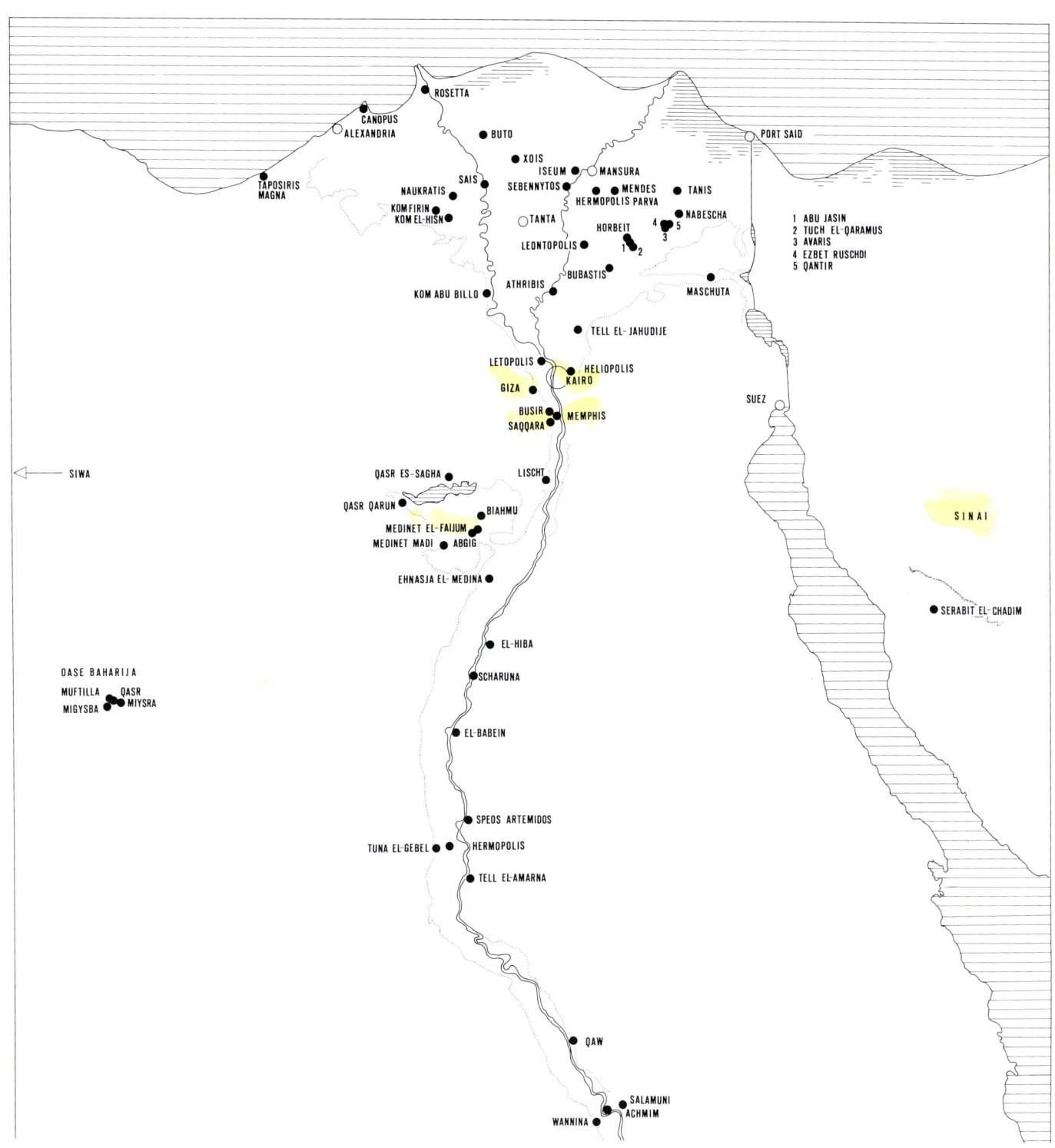

ROSETTA

CANOPUS
ALEXANDRIA

BUTO

PORT SAID

TAPOSIRIS
MAGNA

XOIS

ISEUM   MANSURA

SAIS   SEBENNYTOS   MENDES   TANIS

NAUKRATIS   HERMOPOLIS PARVA

KOM FIRIN   NABESCHA

KOM EL-HISN   TANTA   HORBEIT   4 5

LEONTOPOLIS   1 2   3

ATHRIBIS   BUBASTIS

KOM ABU BILLO   MASCHUTA

TELL EL-JAHUDIJE

LETOPOLIS   HELIOPOLIS

GIZA   KAIRO

SUEZ

BUSIR   MEMPHIS

SAQQARA

SIWA

QASR ES-SAGHA   LISCHT

QASR QARUN   BIAHMU

MEDINET EL-FAIJUM   SINAI

MEDINET MADI   ABGIG

EHNASJA EL-MEDINA

SERABIT EL-CHADIM

EL-HIBA

OASE BAHARIJA   SCHARUNA

MUFTILLA   QASR

MIGYSBA   MIYSRA

EL-BABEIN

SPEOS ARTEMIDOS

TUNA EL-GEBEL   HERMOPOLIS

TELL EL-AMARNA

1 ABU JASIN
2 TUCH EL-QARAMUS
3 AVARIS
4 EZBET RUSCHDI
5 QANTIR

QAW

SALAMUNI
ACHMIM
WANNINA

239

ÄGYPTEN BEI ARTEMIS

Erik Hornung: Tal der Könige
Die Ruhestätte der Pharaonen. 5. Auflage. 224 Seiten, mit 174 farbigen und 127 schwarzweißen Abbildungen.

Erik Hornung: Geist der Pharaonenzeit
2. Auflage. 272 Seiten, mit 40 Abbildungen.

Erik Hornung: Die Nachtfahrt der Sonne
Eine ägyptische Jenseitsbeschreibung nach Amduat und Pfortenbuch. 224 Seiten, mit 30 Illustrationen.

Die Unterweltsbücher der Ägypter
Eingeleitet, übersetzt und erläutert von Erik Hornung. 528 Seiten, mit 114 Illustrationen.

Das Totenbuch der Ägypter
Eingeleitet, übersetzt und erläutert von Erik Hornung. 544 Seiten, mit 92 Abbildungen.

Die Weisheitsbücher der Äypter
Lehren für das Leben. Eingeleitet, übersetzt und erläutert von Hellmut Brunner. 528 Seiten.

Gesänge vom Nil
Dichtung am Hofe der Pharaonen. Ausgewählt, übersetzt und erläutert von Erik Hornung. Mit einem weiterführenden Literaturverzeichnis. 208 Seiten, mit zahlreichen Vignetten.

Marie-Ange Bonhème / Annie Forgeau: Pharao, Sohn der Sonne
Die Symbolik des ägyptischen Herrschers. Aus dem Französischen von S. Ris-Eberle. 350 Seiten, mit 73 Abbildungen.

T. G. H. James: Pharaos Volk
Leben im alten Ägypten. Aus dem Englischen von H. Jenni. 2. Auflage. 312 Seiten, mit 33 Abbildungen.

Lise Manniche: Liebe und Sexualität im alten Ägypten
Aus dem Englischen von Chr. und W. A. Mäder. 198 Seiten, mit 100 Illustrationen.

Erik Hornung: The Tomb of Pharaoh Seti I / Das Grab Sethos' I.
Englisch und deutsch. Fotos von Harry Burton (The Metropolitan Museum of Art, New York) und ein Textbeitrag von Marsha Hill. 264 Seiten, mit 234 schwarzweißen und 8 farbigen Abbildungen, Großformat.